权威·前沿·原创

皮书系列为
"十二五""十三五"国家重点图书出版规划项目

街道蓝皮书

BLUE BOOK OF SUB-DISTRICT OFFICE

北京街道发展报告 No.2
大栅栏篇

THE DEVELOPMENT OF BEIJING'S SUB-DISTRICT OFFICES No.2:
DASHILAR CHAPTER

主　编／连玉明
执行主编／朱颖慧　邢旭东　张俊立

社会科学文献出版社
SOCIAL SCIENCES ACADEMIC PRESS (CHINA)

图书在版编目(CIP)数据

北京街道发展报告.No.2.大栅栏篇/连玉明主编. ——北京：社会科学文献出版社，2018.12
（街道蓝皮书）
ISBN 978 - 7 - 5201 - 3299 - 2

Ⅰ.①北… Ⅱ.①连… Ⅲ.①城市道路 - 城市建设 - 研究报告 - 西城区 Ⅳ.①D669.3

中国版本图书馆 CIP 数据核字（2018）第 192863 号

街道蓝皮书
北京街道发展报告 No.2 大栅栏篇

主　　编 /	连玉明
执行主编 /	朱颖慧　邢旭东　张俊立
出 版 人 /	谢寿光
项目统筹 /	郑庆寰　邓泳红
责任编辑 /	郑庆寰　王　展
出　　　 /	社会科学文献出版社·皮书出版分社（010）59367127
	地址：北京市北三环中路甲29号院华龙大厦　邮编：100029
	网址：www.ssap.com.cn
发　　行 /	市场营销中心（010）59367081　59367083
印　　装 /	三河市龙林印务有限公司
规　　格 /	开　本：787mm × 1092mm　1/16
	印　张：17.25　字　数：260千字
版　　次 /	2018年12月第1版　2018年12月第1次印刷
书　　号 /	ISBN 978 - 7 - 5201 - 3299 - 2
定　　价 /	128.00元
皮书序列号 /	PSN B - 2016 - 551 - 15/15

本书如有印装质量问题，请与读者服务中心（010-59367028）联系

▲ 版权所有 翻印必究

北京国际城市发展研究院社会建设研究重点项目
北京市社会发展研究中心西城区街道发展研究重点项目
北京国际城市文化交流基金会智库工程出版基金资助项目

街道蓝皮书编委会

编委会主任 卢映川 王少峰

编委会副主任 王 飞 郁 治

编 委（按姓氏笔画排序）

马光明 王 毅 王中峰 王书广 王乐斌
王其志 尹一新 史 锋 白 杨 毕军东
刘 倩 许晓红 许德彬 孙广俊 孙晓临
苏 昊 李 婕 李 薇 李丽京 李健希
吴立军 何焕平 陈 新 陈振海 周 沫
庞成立 宫 浩 贾冬梅 高 翔 高兴春
海 峰 桑硼飞 彭秀颖 彭启宝 谢 静
魏建明

《北京街道发展报告 No.2 大栅栏篇》 编 写 组

总　策　划　李　薇　连玉明　朱颖慧

主　　　编　连玉明

执 行 主 编　朱颖慧　邢旭东　张俊立

副　主　编　张　南

核心研究人员　（按姓氏笔画排序）

　　王　琨　王苏阳　王彬彬　邢旭东　朱永明
　　朱盼盼　朱颖慧　刘　征　米雅钊　李　帅
　　连玉明　吴　佳　张　南　张　涛　张俊立
　　陈　慧　陈盈瑾　陈惠阳　郎慧慧　孟芳芳
　　赵　昆　姜思宇　贾冬梅　高桂芳　唐　平
　　康晓彤　黄晓洁　翟萌萌

主编简介

连玉明 著名城市专家，教授、工学博士，北京国际城市发展研究院院长，全国政协委员，北京市朝阳区政协副主席。兼任北京市人民政府专家咨询委员会委员，北京市社会科学界联合会副主席，北京市哲学社会科学京津冀协同发展研究基地首席专家，基于大数据的城市科学研究北京市重点实验室主任，北京市社会发展研究中心理事长，北京奥运功能区首席规划师，北京新机场临空经济区发展规划首席战略顾问。2013～2017年，在贵阳市挂职市长助理，兼任贵州大学贵阳创新驱动发展战略研究院院长、大数据战略重点实验室主任。

研究领域为城市学、决策学和社会学，近年来致力于大数据战略研究。著有《城市的觉醒》《首都战略定位》《重新认识世界城市》《块数据：大数据时代真正到来的标志》《块数据2.0：大数据时代的范式革命》《块数据3.0：秩序互联网与主权区块链》《块数据4.0：人工智能时代的激活数据学》《块数据5.0：数据社会学的理论和方法》等，主编《大数据蓝皮书：中国大数据发展报告》《社会管理蓝皮书：中国社会管理创新报告》《街道蓝皮书：北京街道发展报告》《贵阳蓝皮书：贵阳城市创新发展报告》《临空经济蓝皮书：中国临空经济发展报告》等。主持编制了北京市西城区、朝阳区、门头沟区和贵州省贵阳市"十三五"社会治理专项规划。

摘　要

构建超大城市有效治理体系是首都发展的要务。作为首都功能核心区，西城区带头以"四个意识"做好首都工作，坚持深入推进科学治理，全面提升发展品质的主线，不断加强"四个中心"功能建设，努力提高"四个服务"水平，城市治理能力和城市发展品质取得重要突破。街道作为基层治理的排头兵和主力军，发挥着不可替代的作用。西城区15个街道立足自身发展实际，统筹区域各类资源、构建区域化党建格局、加强城市精细化管理、提升公共服务水平、完善综合执法体系、精准指导社区建设、探索基层治理创新实践，积极为超大城市基层治理创新"过险滩""闯路子"，不断为基层治理增加新的内涵和提供可复制、易操作的鲜活经验，对于国内大城市基层治理创新具有极强的理念提升价值和路径借鉴意义。

《北京街道发展报告No.2大栅栏篇》立足于大栅栏历史文化街区特性、传统老字号聚集的优势，以历史文化街区治理为主线，紧紧围绕城市有机更新、文化与城市可持续发展关系进行综合分析；总结项目制推进区域化党建、小微博物馆群助力公共文化供给、社区故事汇推动社区宣传、北京坊构建多元主体参与的融合发展模式等典型经验。

本书认为，作为首都重要的历史文化街区，大栅栏街道应从开放型历史文化街区综合治理入手，突出非物质文化遗产保护，改进全响应网格管理工作，加强对人员密集地区流动人口管理服务工作，探索新媒体背景下基层宣传的模式等，在保护和利用好历史文化街区的基础上推动区域向更高品质发展。

目 录

代前言　城市有机更新使居民有获得感…………………………………… 001

Ⅰ 总报告

B.1　大栅栏：创新历史街区治理方式 ………………………………… 001
　　一　大栅栏历史街区保护与社会治理的有机融合 ………………… 002
　　二　大栅栏历史街区治理面临的博弈 ……………………………… 009
　　三　欧洲历史街区保护模式对大栅栏的启示 ……………………… 013
　　四　进一步推动大栅栏历史街区治理的思考 ……………………… 016

Ⅱ 数据报告

B.2　大栅栏街道基于常住人口的地区公共服务调查报告 …………… 019
B.3　大栅栏街道基于工作人口的地区公共服务调查报告 …………… 039

Ⅲ 理论报告

B.4　历史文化街区软性发展模式思考
　　——以大栅栏更新计划为例 ……………………………………… 063

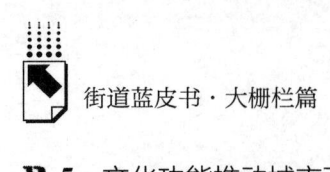

B.5 文化功能推动城市可持续发展研究
　　——以大栅栏街道推动文化功能建设为例 ⋯⋯⋯⋯⋯⋯ 079
B.6 新媒体背景下基层政府宣传工作创新研究 ⋯⋯⋯⋯⋯⋯⋯⋯ 098

Ⅳ 调研报告

B.7 人口调控背景下大栅栏街道流动人口服务管理调研报告 ⋯⋯⋯ 114
B.8 大栅栏街道非物质文化遗产保护调研报告 ⋯⋯⋯⋯⋯⋯⋯⋯ 127
B.9 项目制管理推进区域化党建模式研究
　　——以大栅栏街道为例 ⋯⋯⋯⋯⋯⋯⋯⋯⋯⋯⋯⋯⋯⋯ 144
B.10 大栅栏机关干部进网格工作调研报告 ⋯⋯⋯⋯⋯⋯⋯⋯⋯ 160

Ⅴ 案例报告

B.11 文明劝导队：大栅栏街道志愿服务新升级 ⋯⋯⋯⋯⋯⋯⋯ 177
B.12 大栅栏街道小微博物馆群打造基层公共文化品质的"北京样本"
　　 ⋯⋯⋯⋯⋯⋯⋯⋯⋯⋯⋯⋯⋯⋯⋯⋯⋯⋯⋯⋯⋯⋯⋯ 192
B.13 北京坊：探索多元主体参与的跨界融合发展机制 ⋯⋯⋯⋯ 203
B.14 "石头社区故事汇"：探索社区文化宣传新模式 ⋯⋯⋯⋯⋯ 217
B.15 基层消防小微治理模式的创新与探索 ⋯⋯⋯⋯⋯⋯⋯⋯⋯ 228

Abstract ⋯⋯⋯⋯⋯⋯⋯⋯⋯⋯⋯⋯⋯⋯⋯⋯⋯⋯⋯⋯⋯⋯⋯⋯ 241
Contents ⋯⋯⋯⋯⋯⋯⋯⋯⋯⋯⋯⋯⋯⋯⋯⋯⋯⋯⋯⋯⋯⋯⋯⋯ 243

代前言
城市有机更新使居民有获得感[*]

王志忠[**]

一 大栅栏历史文化街区保护与更新五个阶段

大栅栏作为我国国家级历史文化街区之一，其所经历的保护和更新过程，在一定程度上反映了我国旧城风貌保护与更新的普遍规律和基本趋势，是一部中国城市更新的活教材。

第一阶段，2001年实行的城市开发模式。这一时期，一些城市街区实行大拆大建开发模式。大栅栏没有跟随当时的"主流"脚步，仅在一小块地区开展重建工作，就是现在北京坊的一部分。旧城保护是一个世界性课题，至今还没有最佳方案。而大栅栏一直致力于了解和学习国外旧城保护的成功经验，对英国伦敦、法国巴黎、以色列耶路撒冷等世界历史文化名城等进行过深度研究。

第二阶段，2008年奥运会前后，以城市环境、市政设施建设带动城市风貌保护。这一时期，大栅栏集中拆除商业街违建，对街区环境和空间进行整治，并亮出老城区传统风貌。这一时期，大栅栏基础设施改造迫在眉睫：交通方面，114条胡同可供机动车通行的只有十几条；生活方面，没有集中供暖、燃气管线、上下水、院厕和户厕。同时，大栅栏历史文化街区的定位制约了市政道路建设和市政基础设施改造。以西河沿道路修补为例，该处道

---

[*] 根据街道蓝皮书课题组2017年5月访谈内容整理。
[**] 王志忠，时任中共北京市西城区委大栅栏街道工作委员会书记（2016年3月至2017年5月）。

路紧邻二个不可移动文物，难以施工。2014年，借"群众路线提意见"契机，大栅栏在不破坏地区文物和历史肌理的前提下进行市政道路改造、启动道路修补工作。大栅栏街道在施工过程中特别重视对历史文物、历史建筑和街区风貌的保存，对改造条件苛刻、改造难度大的市政道路工程项目做好前期准备，聘请专家反复论证，并设计科学合理的改造方案。

第三阶段，自2012年开始，进入历史文化街区软性保护阶段。这一时期，大栅栏首次提出历史文化街区软性发展和有机更新理念。以杨梅竹斜街模式为例，在改造项目推动过程中，采取自愿腾退即登记式疏解方式，该项目是注册资本金投资方式的试点，相关行政部门给予大力支持，多种有利条件使杨梅竹斜街更新改造获得了积极经验。北京坊模式也是这一时期大栅栏街道软性保护理念的一个代表。2012年，大栅栏在吸取前几个阶段经验和模式的基础上，精心打造北京坊这一文化新地标。该项目重点在于理顺了地区新地标与历史建筑的关系、城市建设与旧城肌理之间的关系。按照专家反复论证后制定的大栅栏文保区建筑导则，由专业研究院和知名设计师共同打造。

二 大栅栏历史文化街区保护与更新过程中要妥善处理好三大问题

（一）处理好历史街区保护与城市发展的矛盾

一是历史文化街区的保护与城市道路、基础设施改善之间存在矛盾。保护文物和改善民生都是政府义不容辞的责任，历史文化街区既是历史文物和建筑的保存地，也是居民生活的家园。因此，大栅栏历史文化街区的保护和更新工作，既要完整地保护好文物原貌，又要满足新时期居民生活需求。该地区的更新改造工作必须符合相关文物保护政策，但受客观条件所限，如胡同狭窄、低洼院落多等，大栅栏更新改造工作难以满足文物保护要求，面临更新改造技术要求高、难度系数大、成本高、可持续推进难等问题。

二是历史风貌保护与新增城市建设之间的矛盾。大栅栏之所以被评为国家级历史文化保护街区，就是因为街区保存较为完好，尤其是胡同肌理600年来基本保持原貌。大栅栏地区的房屋建筑风貌丰富，包罗了明清以来不同时期的多种风格，这是大栅栏地区的特色和魅力。为保持大栅栏历史文化街区传统风貌，必须严格限制和严格要求新增的建筑，使其融入地区整体环境，实现与历史文化街区的有机结合。

（二）处理好历史文化街区保护与腾退空间有效利用的问题

一是腾退后的房屋利用。一方面，居民拆迁腾退后的房屋大多为直管公房，而直管公房的房屋产权不能改变、不能自由流转，传统的居改商模式难以推行。另一方面，自愿腾退模式不利于整体院落腾退，而零散腾退的院落开发利用又比较困难。为更好地保护历史街区风貌、整合地区房屋资源，大栅栏开展了一系列实践创新、理论创新，不仅探索了危房改造模式、内合院模式等，还充分利用国际设计周平台探讨腾退院落开发利用新模式，开展零散空间使用相关课题研究。

二是腾退后的民生改善。大栅栏通过拆迁腾退优化了街区环境，但仍有部分居民生活水平没有得到改善。从硬件条件看，厨房、厕所等设施落后；从软件条件看，大栅栏是北京市人口密度最高的地区，而且残疾人、老年人、低保户等弱势群体比重较大。对腾退后的房屋空间进行改造用于改善当地居民的实际生活还面临一定困难。

三是腾退政策与居民诉求差距大。历史文化保护区的腾退工作推进缓慢，很大一部分原因就是居民的期望值比较高，政府当前的腾退政策很难满足居民的过高要求。要进一步创新腾退改造模式，采取多样化居民安置方式，如自愿腾退、资金安置、私房产权置换、公房平移、优先回购、"两权分离"等，尽可能照顾居民的合理需求和正当利益。解决这个问题可以借鉴和学习其他地方经验，但也要充分考虑大栅栏地区的特点。

（三）处理好历史文化街区保护与民生需求满足的问题

历史文化街区的保护与改善地区民生并不矛盾。政府要立足群众利益思

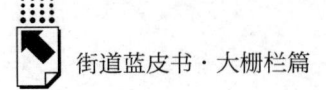

考和解决问题，通过创新思维、改革方式，扎实有效推进旧城改造工作，让居民在城市更新改造过程中得到实惠，实现历史文化街区得到有效保护、历史文化得到有效传承、居民生活品质得到有效提升的"三赢"。

当前一些政策规定与居民生活改善目标相冲突，直接限制了大栅栏地区的更新和改造。一方面是现有的文保政策不支持历史文化保护区的市政建设，不能对接居民生活条件改善的需求。基于文保政策限制，大栅栏为改善居民生活，积极探索地下空间改造和利用，邀请专业设计师对现有空间格局进行重新设计和优化（如二次装修、阁楼式和折叠式），改善居民生活环境，但这些方法成本过高，难以大面积推广和复制。另一方面，现有的房屋管理政策也限制民生改善。政府在直管公房、私产、单位产等房屋产权管理方面比较松散，而行政审批手续又比较严格，这使房屋改造和修缮工作难以推进，居民居住环境改善困难。

三　大栅栏历史文化街区保护与城市有机更新探索

（一）以特色文化为引领

深挖文化资源、文化价值，打造中华文化"金名片"。大栅栏地区的文化资源和文化元素极为丰富，是首都文化中心功能的良好体现。大栅栏是全国首个"中华老字号集聚区"，融会了商业文化、梨园文化、故居文化、会馆文化、红色文化等多种文化。要充分保护好、建设好、利用好地区的历史文化资源，深入挖掘其文化价值，既提升地区文化魅力和品牌效应，带动地区经济发展和产业升级，又提升地区居民文化认同感，丰富居民精神文化生活。

（二）以民生需求为导向

历史文化街区保护工作和更新改造计划要以人文本，实现历史文化与居住居民环境之间的和谐，让居民得到实惠。大栅栏不断探索和创新历史文化街区保护与更新工作机制和工作模式，不断推进地区平房煤改电、电力电信架空线入地、道路微循环、停车设施等市政基础设施更新改造工程，逐步提升地区公共服务水平。大栅栏通过改善地区风貌，提升地区发展品质和居民获得感。

（三）以机制创新为突破口

大栅栏街区改造和更新工作创新了"五个一"工作机制，采用多平台参与模式，搭建多种平台、整合多元力量，实现历史文化街区的保护和发展相协调。"五个一"包括以下五方面。

一个参与主体。政府是重要的参与主体，政府在历史文化街区的保护和更新工作中占据主导地位。历史文化街区的客观条件和政策限制，如风貌限制、容积率的限制等，决定了政府必须承担起历史文化街区保护与发展的社会责任，履行好政府职责。大栅栏地区设立了大栅栏琉璃厂建设指挥部，对地区更新改造工作进行统筹规划。

一个前置企业。历史文化街区的保护和更新项目事关文物保护、民生改善、基础设施改造升级、产业提升等各个方面，技术要求高、资金需求量巨大、回报周期长，因此，一般的社会资金和私人企业很难承接，融资渠道狭窄，只有国有企业有能力承担。大栅栏历史文化街区保护与更新的实施主体就是一批国有企业，如北京大栅栏投资有限公司。

一批专家团队。历史文化街区的改造和更新必须以尊重文化和保护文物为基础。大栅栏作为国家级历史文化街区，在对旧城进行更新改造过程中，特别重视对地区文物和传统风貌的保护和传承，大栅栏地区有两支专家团队，即文物专家团队和风貌专家团队，街区内的更新改造项目都要组织专家团队进行反复论证和设计，再实施。

一系列管理和创新政策。历史文化街区的更新和改造要符合历史文化街区保护的要求，必须有一批适用的管理和创新政策进行规范和引导。大栅栏以政府令的形式制定和发布了一系列专门规范和指导历史文化街区保护与发展的政策和导则，从城市建设、城市管理、社会治理、环境保护等方面对历

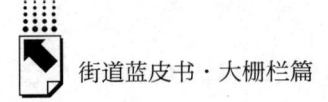

史文化街区的建设进行规范，如《大栅栏和琉璃厂历史文化街区管理办法》《关于大栅栏琉璃厂历史街区业态发展的指导意见》等。

一批保障房。要全面提升大栅栏地区的发展品质和人居环境，亮出历史文化街区的原始风貌，必须降低地区人口密度，限制外来流动人口，有效推进疏解腾退工作，但现有各项政策限制了地区居住条件和市政条件的改善，当地居民的幸福感和获得感在城市更新和改造中没有明显提升。政府必须提供一批保障房，做好居民安置工作，让居民走得了、留得下、住得好，从而保障地区的和谐稳定。

总 报 告

General Report

B.1
大栅栏：创新历史街区治理方式

摘　要： 大栅栏是北京第一批受保护的历史街区，也是北京历史街区更新的重要"试验地"。近年来，大栅栏街道在杨梅竹斜街、北京坊的保护与更新过程中积累了历史文化街区保护与更新的经验，取得了良好效果，但在后续发展中也面临着一系列问题。为此，本报告在系统研究大栅栏历史保护街区实践的基础上，梳理国外历史街区保护的相关经验和做法，以期为大栅栏破解发展中面临的问题、提升街区发展品质提供借鉴和参考。

关键词： 历史街区保护　社会治理　旧城改造　大栅栏街道

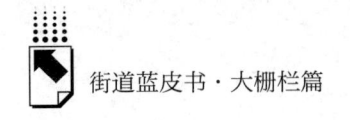

一 大栅栏历史街区保护与社会治理的有机融合

（一）大栅栏历史街区保护观念转变

1. 从旧城改造到有机更新

旧城改造与有机更新几乎同时被提出。旧城改造倾向于大拆大建、全面翻新；有机更新注重在保护历史风貌的基础上进行修复。大拆大建因操作便捷、节省人工在20世纪90年代初运用较多，但这一改造方式的成果并不理想，导致了历史街区趋同化、产品低端化、特色模糊化等问题。随着城市的发展，有机更新、整体保护的理念在我国得到越来越多的认同。城市有机更新更加强调城市的整体性和传承性，有机更新、软性发展将成为主流方式之一。"大栅栏更新计划"采用有机更新、软性发展的方式，按照"统筹规划推进、突出文化内涵、注重多元参与、坚持循环渐进"的要求开展工作，获得了初步成效。

2. 从局部限制到系统治理

传统的保护规划、名城规划多按照同心圆的方式确定保护控制范围，重点是对范围内建筑的保护，而对保护范围外的环境、资源等考虑较少，普遍忽略城市发展规律或与城市发展关系不够密切。传统保护方式会导致保护区内外割裂，历史建筑如"孤岛"般存在。保护历史建筑、历史街区的方式应随着城市发展环境的变化而进行调整。现行国际上普遍认同的历史街区保护理念与19世纪初的保护理念相比发生了明显变化：从单体建筑保护到对整个街区的保护；从对建筑本身的保护到注重文化、习俗的传承；从就保护讲保护到将保护与环境、社会治理相结合等。大栅栏历史街区的保护就是从关注街区建筑、文物到保护，到关注街区整体，并把这种历史街区保护与地区社会发展、经济发展、文化发展相结合。大栅栏街道将历史街区保护工作视为关系城市发展的战略性、整体性、全局性的重要内容。

3.从新旧对立到与旧为新

历史建筑、历史街区的风貌修复设计一直以来都是难题。从设计手法来看，多数设计者在处理历史建筑或历史街区的外观时，新旧往往只能选择其中一端，要么统一为仿古造型，要么统一为新派造型，但这样会使保护建筑与一般建筑产生新旧对立的强烈视觉效果，从整体上看并不美观。历史建筑、历史街区的风貌保护是历史文化创新和延续问题，大栅栏历史街区就在风貌设计与保护上探索出了一条全新的道路。大栅栏商业街可追溯到明代，街区建筑有明、清、民国、西洋等多种风格。"大栅栏更新计划"没有将建筑风格强制统一，而是或按照建筑现存风格，或按照明确记载的图片资料进行修复。这是因为大栅栏对历史街区保护有独特的认识：保护是创新的前提，而创新也是为了更好地保护。具体来说，保护是要留下文化基因和传统特色，这一过程就是文化推陈出新的过程；创新则是为了历史文化、历史建筑能够适应当前城市发展的需要。"大栅栏更新计划"使保护与创新相辅相成。

（二）大栅栏地区社会治理方式优化

1.深化党建统筹平台建设

一是打造作风过硬的领导班子和干部队伍。街道领导班子立足区域特点，认真分析街情，每周召开书记办公会、主任办公会，每两周召开工委扩大会，每个月召开班子专题研讨会、矛盾排查会，坚持民主集中，合理分工，科学决策，形成了务实高效、团结和谐的良好工作氛围。认真开展"三严三实"专题教育，坚持每周理论中心组专题学习。完善处级领导联系社区、企业制度，每周参加定点联系社区工作例会，领导班子建立每周社区工作日制度，参加社区工作例会。发挥人大、政协、统战、群团工作的人才优势，形成服务区域发展、服务居民群众的工作合力。坚持德才兼备、群众公认的用人导向和公开、公平、公正、民主的选人用人程序。选派干部参加市区专项培训，每年委托区委党校对中层干部进行脱产培训，多渠道加强干部培养锻炼，不断提升干部履职能力。近年来先后向中央、市、区等部门输送优秀干部20余名。

二是以区域化党建助推区域发展。坚持大工委的工作格局，积极发挥统筹职能，坚持开展老字号"党建沙龙"区域化党建品牌活动，如老字号企业技能展示、学习讲座、综合包户、捐资助学、文商旅科技平台建设研讨等，引进专业队伍，实行社会化运作。创新区域化党建项目制运作机制，制定区域化党建实行项目制管理方案。与内联升、张一元、同仁堂、老舍茶馆等10家企业和社会组织党组织建立项目合作关系，开展"红立方"区域化党员教育实践、关爱特殊群体、非遗文化体验、传统文化讲座等区域化党建服务项目，有效调动区域党组织参与社会建设的积极性。加快推进"活力大栅栏"党建科技平台建设，完成了"活力大栅栏"党建APP开发工作。坚持以区域化党建统筹志愿服务项目、资源、队伍，作为全国志愿服务发源地，学雷锋"综合包户"成为全国邻里守望志愿服务三个典型之一。率先使用"志愿云"志愿服务计时系统，促进志愿服务规范化、科学化。

三是以落实"两个责任"为载体，深化党风廉政建设。夯实党风廉政建设工作基础，层层签订党风廉政建设责任书。完善中小工程建设管理制度，加大中小工程监督检查力度，提升廉政风险防控体系建设水平。全面实施大栅栏街道党风廉政建设"三级警示"制度，针对群众反映强烈的突出问题，按照情节轻重，对当事人及相关领导干部实施责任追究，切实改进工作作风、提升服务质量。加强党风廉政教育，重点节假日前夕向机关、社区干部发送廉洁提醒短信。结合"千家评政府"工作，对街道党风政风监督员进行了调整续聘，聘请了专业咨询机构对街道机关、窗口服务单位、九个社区工作站开展明察暗访和电话采访，强化外部监督，切实改进工作作风。

2. 完善安全稳定平台建设

一是健全完善"全响应"网格化社会治理体系。成立了全响应办公室，发挥其地区社会管理指挥中枢和调度中心的作用，将应急响应、城市管理、安全稳定、民生服务纳入全响应指挥平台。加强社会治安防控体系建设，与清华大学合作建立地区GIS系统，实现"一院一图""一房一表"的信息化管理，依托科技手段夯实安全稳定工作基础。依托全响应社会服务管理调度系统，有效提升了社会治理效能。围绕政府代表进网格工作，将公安、工商、城管、派出所、消防、机关干部、社区工作者实名制落实到网格,制定"五查五看"工作内容,细化网格力量工作职责(一看居民院落,检查流动人员变化;二看辖区门店,检查消防隐患;三看特困群体,检查用火用电安全;四看消防设施,检查消防设施配备;五看环境卫生,检查乱停乱放问题),着力形成"源头发现、信息采集、任务分派、问题处置、核查反馈"的闭环工作模式。

二是科学构建"1+6"综治维稳工作模式。街道始终将安全稳定作为首要工作任务抓紧、抓好、抓实。为深化地区平安建设,街道探索建立了"1+6"综治维稳格局,即以一个综治维稳中心为中枢,健全完善风险评估、矛盾排查、社会面防控、联动响应、督办考核和综合救助六项机制。街道社会治安综合治理工作在全区综治系统考核中连续三年排名第一,摘掉了"治安秩序问题高发区"的"红帽子",地区安全指数显著提升,在全区排在前列。在重点时期和重要节日,动员实名制志愿者参与社会面防控工作。调动武警七支队、消防中队等驻街部队和河北张家口驻京流动党委等共建单位参与地区安全维稳、普法宣传、助老服务、防灾减灾、环境建设等工作,营造全民参与社会建设的良好氛围。落实"反恐处突一分钟处置"预案,提升地区突发事件快速反应处置能力。强化对矛盾排查会梳理出的问题进行督办反馈。创新社会管理,全面推广出租房屋星级评比、新居民志愿服务积分制、五小门店自律自管会、商户安全示范岗等特色项目,引导社会各界参与社区建设,提升服务管理水平。

三是多措并举筑牢安全生产防线。建立完善"1533"安全生产工作模式。针对平房区安全建立地区"大安监"工作格局,整合消防、交通、食品、药品、生产安全等相关部门,捆绑执法。开展综合检查,隐患整改率达100%。加强平房区消防能力建设,建立社区消防志愿者队伍,为社区配备消防车,推广"胡同集合式灭火法",对辖区内文保院、木质楼进行防火等级划分并安装防火重点标识牌,为院落安装消防水喉和水带等紧急救援装置,聘请北京燃气公司为地区居民检修燃气灶具,为餐饮企业开展液化气罐安全检测,为地区老旧中式楼更换内线,免费为地区60岁以上的高龄空巢老人和困难残疾人家庭发放家庭式消防报警器，多措并举全面提升地区火灾防控能力，地区火情呈下降趋势。

3. 加强城市管理平台建设

一是全力以赴，服务保障重点工程顺利推进。充分发挥街道在统筹辖区发展中的基础性作用，服务保障了杨梅竹斜街保护修缮试点，西河沿市政景观工程，珠宝市街、粮食店街改造提升项目等街区改造类项目，CH 地块等土地整体开发项目，以及大栅栏历史文化展览馆保护利用、钱市胡同等历史文物保护节点修缮项目的顺利推进。加强城市建设，融入孝文化、法制宣传等特色元素，完成 31 条精品胡同建设，实行分级分类管理。将环境改善工作向院落延伸，为全部居民院落铺设渗水砖，改造下水管线，安装便民扶手、坡道、便民信报箱、国旗基座。出资 50 万元建设爱心便民浴池，解决老人洗澡难的问题。

二是协调联动，破解城市发展难题。深入推进社会服务、城市管理、社会治安"三网融合"，健全完善城市管理监督指挥平台，全方位保障城市秩序。全面推进"六大战役"，积极推进非首都核心功能有序疏解，完成市场撤市工作，积极开展无证无照专项治理行动，地区各职能部门联合执法，取缔"七小门店"，地区整体环境得到明显改善。严格落实人口调控各项措施，通过推进地区产业升级、规范违法出租、整治地下空间、拆除违法建设等方式推动地区流动人口疏解，努力营造城市发展良好环境。在区委、区政府的大力支持和相关部门的密切配合下，彻底取缔了违规废品回收点四处，切实解决地区城市管理中的痼疾顽症。

三是以街区建设为动力，助推区域经济发展。街道以认定为首批中国历史文化街区为契机，坚持以服务促发展，深入落实"服务直通车——处级领导联系重点企业"制度，为企业的发展提供"绿色通道"。协助同仁堂、张一元、瑞蚨祥、祥义号、步瀛斋等企业开展各类宣传活动，为六必居酱菜博物馆、三庆园等建设改造工程提供服务保障与支持，努力为老字号企业营造良好发展环境。健全完善人群预警与疏散决策系统，推进大栅栏国家AAA 级景区导览系统建设，提升旅游景区品质。加强导游志愿者服务队伍建设，对社区、企业的导游志愿者队伍开展历史文化知识培训，着力提升地区旅游服务水平。强化疏导理念带动提升地区整体业态，引进书画工作室、创意咖啡厅等特色商户资源，打造杨梅竹斜街文化新地标。整合地区旅社资源，融入传统特色文化，打造粮食店第十旅馆文化主题酒店。

4. 加强公共服务平台建设

一是问计于民，改善提升民生福祉。街道多年来致力于打造"公共服务+社会服务+志愿服务"的民生服务格局，满足多元化民生需求。加强街道公共服务平台建设，有效利用现有行政服务资源，采用1.N.9.1的组织模式，提升"一窗式""一站式""一网式"服务能力。进一步加强社会保障体系建设，健全完善综合救助平台，梳理救助政策，建立急难求助"转介"工作制度，通过"一门受理、协同办理"实现社会救助的高效运转，提升助老、助残、助困、助学等救助能力。坚持以居民群众的实际需求为导向，探索建立民意立项机制，推行领导干部社区工作日、机关干部进网格等制度。充分征求社区居民意见，改造及新建胡同绿化设施。发挥大栅栏养老照料服务中心、银鹤居家养老服务站、爱心互助浴池等服务实体作用，组织开展各类服务活动。有效利用老北京民俗图书馆、文体活动中心、人口家庭活动中心、残疾人康复室等公共服务设施，服务各类群体。

二是引智借力，着力提升社会建设水平。完成社区党委、居委会换届选举工作，选优配强社区班子，进一步优化了社区工作者队伍结构，推动社区工作向科学化、专业化方向发展。探索建立居民参与社区管理和议事新途径，建立了"社区议事厅"暨胡同议事会，健全社情民意信息收集机制、志愿服务参与机制、民生驿站协调机制，由街道科室代表、驻区企业代表、社会组织负责人代表和居民代表，共同参与社区议事，创新推进"参与式协商"民主自治模式。充分发挥22万元社会建设专项资金作用，重点打造未成年人安全自护教育社区培训、社区文化学堂、社区助老志愿者团队建设等三个社会组织项目。

三是传承创新，弘扬"大栅栏"特色文化。强化网络媒体宣传手段，开办了"魅力大栅栏"微信公众号，定期发布地区历史文化、工作开展、活动情况、先进人物等内容文章，不断扩大宣传影响力。与大栅栏琉璃厂指挥部、大栅栏投资公司连续多年共同举办北京国际设计周活动；利用地区传统特色文化资源，举办了老字号体育文化节；通过大栅栏老字号企业趣味运动会、大栅栏胡同运动会、促进项目挑战赛等活动，打造特色民俗体育品牌。开展"新春中华传统饮食技艺"系列活动、"我爱北京"国际影展、北京传统民俗知识讲座、社区文化学堂、兔儿爷木板年画制作手工艺培训、非遗体验周等活动，与人民出版社共同出版《泉源——大栅栏街道综合包户志愿服务 30 年》图书，编纂"大栅栏故事"系列书籍之《大栅栏金融文化》，有效扩大地区文化的影响力和凝聚力。

（三）大栅栏历史街区保护与社会治理的共同之处

1. 注重多元参与

从"大栅栏更新计划"来看，大栅栏历史街区保护采用的软性发展模式非常注重政府、企业、居民等多元参与，特别是在房屋腾退、房屋改造或修缮等关键环节。而社会治理更是需要政府、组织、居民等共同参与，特别是网格化管理、居民议事厅等，居民参与显得愈加重要。由此可以看出，注重多元参与是大栅栏历史街区保护工作与大栅栏地区社会治理工作的共通之处。

2. 强调长效运行

"大栅栏更新计划"坚持循环渐进、可持续发展，其过程虽然相对缓慢，却是一种有生命力的、长效发展的模式。在社会治理方面，各地也都在探索长效治理的路径，且成果长效化是"治理"的内在要求。也就是说，可长效运行、可持续发展是大栅栏历史街区保护工作及大栅栏地区社会治理工作的重要目标和共同目标。

3. 坚持以民为本

"大栅栏更新计划"是对历史文化街区进行系统考虑的微循环有机更新模式，该模式坚持以民为本的原则，通过街区改造实现地区产业优化、民生改善、社区共建、风貌保护、城市可持续发展之间的均衡发展,并通过引导地区居民主动参与街区改造和创新社会治理,将大栅栏建设成为持续更新、和合共生的城市社区,形成了支撑历史文化街区保护和发展的持续有效运行模式,让历史文化街区在新时代重新焕发生机与活力。

二 大栅栏历史街区治理面临的博弈

(一)大栅栏历史街区保护面临的内外矛盾

1. 外部:大栅栏历史街区的多元利益主体的多样化需求

历史街区保护中的多元利益主体有政府、原住居民、开发商以及专家、社会组织等,其中前三者是利益博弈的核心群体。政府需求以地区发展、历史建筑和文物的保护为主;居民需求以个人得失为重;企业则看重利润。而从"编制保护规划,应当进行科学论证,并广泛征求有关部门、专家和公众的意见"[①]的要求来看,在历史街区保护中,学者、公众等也应是参与的主体之一。不过,由于历史街区保护与这类群体不产生直接的或者重要的利益冲突,他们也不直接参与历史街区保护的博弈,而是通过提供咨询服务、建言献策等形式参与其中,他们属于外围监督群体。

大栅栏地区存在多元利益主体和多样化的需求:居民热切期望改善居住环境;街道一方面希望改善居民生活,另一方面又肩负保护历史街区的重任;驻区商铺、企业则希望优化商业环境,吸引更多游客;北京大栅栏投资有限责任公司(以下简称"大投公司")则希望合情、合理、合法地推进腾退工作,做好地区开发建设。主要有以下矛盾关系:居民的居住需求与街道的保护管理需求存在冲突,居民的居住需求与大投公司发展需求存在冲突,驻区商铺、企业发展需求与街道的保护管理需求存在冲突,等等。

---

① 《历史文化名城名镇名村保护规划编制要求》第九条的规定。

2. 内部：大栅栏历史街区存在的行政组织冲突

行政组织冲突的解读有两种，一种是行政冲突的形式，另一种是组织冲突的类别。前者可以理解为行政主体围绕行政权力、行政职能、行政方式等产生的矛盾，分为行政组织冲突、行政领导冲突、行政机关与公民冲突等。后者是组织内部或与工作对象，由于个人因素、利益、沟通等产生的对抗行为。造成大栅栏历史街区行政组织冲突的原因有两方面：一方面大栅栏历史街区具有双重属性，可视为公共物品也可视为生产要素；另一方面大栅栏历史街区受双重管控，既是规划管理部门保护工作的主要对象，也是街道办进行城市建设、推动地区经济社会发展的重要载体。

另外，大栅栏历史街区所受到的保护，实际上源于文保部门和规划部门两大部门，相应的法规体系也有两套。一套是《中华人民共和国文物保护法》《北京市文物保护管理条例》；一套是《历史文化名城保护规划规范》《北京旧城历史文化保护区保护和控制范围规划》《北京旧城25片历史文化保护区保护规划》《西城区"十三五"时期历史文化名城保护规划》等。前者注重对文物本身的保护，后者注重街区整体环境保护等。但是，历史街区保护规划的视角仍旧不够宽泛，仅仅围绕保护与开发的层面展开。

事物的内部矛盾是事物发展的根本原因。影响大栅栏历史街区保护与发展成效的关键不仅仅是客观存在的多元利益主体和利益需求，更重要的是大栅栏历史街区的内部矛盾：发展规划不够全面和系统，且多个规划、方案间未完全实现统一、同步。实际上，从历史街区保护更新的规划或方案内容的演变来看，整体趋势是从单体向整体、单一向全面发展的。也就是说，大栅栏历史街区发展的内在需求与历史街区保护更新的趋势相一致。历史街区保护可以分为三个阶段：在萌芽阶段，注重保护单体建筑；在初步发展阶段，注重古迹的保护，这一时期历史街区的价值逐步走入群众视野；在全面深入阶段，更关注历史街区、片区的发展，包括历史名城、名镇、名村，且历史街区保护更新的研究视角更加多样化。大栅栏历史街区保护应遵循三个阶段，并抓住所处阶段的重点进行深入研究。

（二）大栅栏历史街区社会治理存在的问题

1. 居住环境问题

居民认为大栅栏地区改造流于表面，资金多数花费在整治街巷、粉刷墙面等"面子工程"上，没有深入解决居民的实际问题。

一是居住条件问题。部分大栅栏居民居住的房屋不超过 10 平方米，与达到小康生活标准的人均住房面积还有很大距离。地区实施煤改电后，存在后续问题影响居民生活。电采暖设备出现故障维修渠道不畅通、维修不及时。政府补贴的采暖设备到期后更换难，厂家联系渠道不畅通，全部由个人承担经费有困难。同时，不少家庭没有厨房、卫生间，缺少基本生活设施，严重影响生活质量。院内私搭乱建现象严重，影响出行和日常生活，居民迫切希望住房条件尽快得到改善。

二是公共厕所问题。地区街巷中的公共厕所不足（如廊房二条无公厕），特别是老年人用的座式厕位少，不能满足居民生活需求，导致早晚"高峰"时需要排队如厕。

三是小广告问题。随意进入院内张贴散发小广告，街巷内随意张贴小广告，严重影响环境和安全。

四是照明问题。随着一户一电表的改造，院内没有公用电表，无法安装院内照明灯，许多深宅大院内没有一盏灯，夜里出行极不方便，容易被绊倒，也存在治安隐患。

五是环境脏乱问题。街巷内垃圾桶周边易出现裸露垃圾，雨水口易有污物，成为街巷里的脏乱点。另外，缺少水电、管道、房屋等维修服务。个别居民在门道内建设违建，影响公共安全。延寿街社区对面粮店违建严重影响街巷交通，培英胡同社区对面民防地下室租住人员混乱，影响居民生活。

2. 房屋管理问题

一是公租房问题。公租房出租整治不彻底，有反弹现象，影响政府公信力。私房、单位房出租缺乏管理，造成院内人员混杂、秩序混乱，对居民的日常生活和安全秩序造成影响。

二是已腾退房屋使用问题。腾退方式要求整院一起搬不合理，没有满足大部分群众改善住房的心愿。在部分区域腾退过程中，腾退公司人员素质低、办事效率低，存在推诿扯皮现象。平移政策附加条件多，不从居民实际生活需求出发，效果受影响，出现许多腾空房屋。一部分房屋是危房，存在安全隐患，没有及时修缮；一部分房屋在院落隐蔽处，日常巡视管理不到位，易出现泡水、电路损坏等安全隐患；还有一部分房屋临时出租，租住人员身份复杂、更换频繁，存在治安隐患。房屋闲置，没有合理利用。

三是房屋翻建问题。公房房屋翻建缺少计划，不按片区推进，对周边居民生活造成一定影响。大多数居民无力承担翻建费用。

3. 交通问题

一是共享单车问题。胡同内共享单车增多，但监督管理尚未跟上，车辆损坏、乱停乱放现象比较普遍，已成为影响胡同交通和环境的新问题。

二是机动车乱停问题。机动车乱停放，给居民出行造成极大不便，南新华街、琉璃厂东街、杨梅竹斜街尤其严重。胡同内车辆乱停乱放，导致消防车、救护车无法进入。

三是机动车停车难问题。居民家庭用车周边没有停车位，子女探望不能停放车辆，居民自己的机动车要停在周边很远的地方，给日常生活造成极大不便。

四是出行难问题。煤市街为单行线，居民出行需绕圈，可进一步研究微循环问题。和外东街有两栋楼无电梯，居民上下不方便，建议安装电梯。

4. 生活问题

一是购物不便问题。地区没有大型超市，小菜站、小商店商品质量不能令人放心，许多居民购买日用品要去周边其他地区，老年人出行不方便，成为影响日常生活质量的重要因素。

二是食品安全问题。地区小餐饮较多，经营不规范，污水、餐厨垃圾等污染环境，卫生状况较差，存在食品安全隐患。

三是"老年餐桌"问题。地区能为老人提供用餐服务的场所太少，不能满足需求。

四是老旧线路问题。随着线路不断升级改造,院内线路混乱。老化裸露的电线网线缠绕一起,没有得到清理管护,不仅给居民出行造成不便,还存在极大安全隐患。

五是液化气安全问题。地区居民和单位大多使用液化气,安全意识薄弱,有管道老化现象,存在安全隐患。

三 欧洲历史街区保护模式对大栅栏的启示

(一)环境改造型:法国巴黎中央大市场

19世纪中叶,法国的历史街区保护工作已经起步,并形成了自己的流派,主要特点是:强调历史街区和建筑的完整性,提倡"修旧如新"。但是,部分历史建筑的原貌已不可考,凭主观想象推断风格并加以修复,是过于苛求"新"和"外貌"的表现,这种保护理念在一定程度上忽视了建筑物的历史。

法国巴黎的中央大市场是地区最大的食品零售和批发市场,毗邻卢浮宫、巴黎圣母院等著名历史建筑,被称为"巴黎之勇"。这一区域,一直以来都是城市的中心和生长点,聚集了大量人流、物流、车流。1970年,政府着手改造,缩小用地范围,注重对周边历史建筑和街区环境的保护。一是明确以环境改造为主的保护修缮模式,杜绝大拆大建。二是高效利用,制定了向地下发展的策略:构建大型商业中心、地铁换乘站、图书馆等公共空间。三是注重历史文化遗产的保护及后续工作,严格控制地上新增建筑的高度和风格,使其与周边老建筑相协调。四是坚持以人为本,在景观设计方面凸出人文关怀,修建了大量凉亭、公园等。

这一次改造虽然整体上较为成功,基本达到了规划设计的要求,但是也存在一定问题,例如地下空间与地上空间功能离散、地下空间的作用相互不匹配。为此,2010年巴黎市政府又对地下部分进行了调整与改造,使其更符合市民活动需要与城市发展需要。巴黎中央大市场的几次改造不但改变了

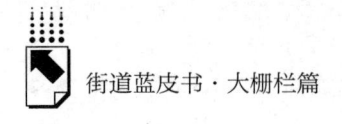

市场本身的环境，而且提升了整个街区的发展品质、保护了历史文化遗产、丰富了建筑的功能，真正实现了环境、历史、人的协调统一。

（二）历史保护型：英国伯明翰历史街区更新改造

同时期的英国，在历史街区保护方面更注重"保持现状"，他们不主张过多地修复和改造，认为修复和改造会抹去建筑物的历史痕迹，是一种破坏。英国的街区保护更致力于延长建筑物的使用寿命，让历史建筑保持其本来的模样。这种保护理念过于理想化，与现实有一定差距。静态的、孤立的、完全维持现状的保护会导致历史建筑和历史街区在城市发展中失去功能作用，与城市发展割裂。

伯明翰是英国工业革命的发源地。然而随着工业发展、产业结构调整，这座工业城市一度遭遇人口流失、失去活力。特别是距离市中心较近的Soho House街区，甚至沦为城市的贫困地带。但是街区中被废弃的工厂具有浓厚的英国工业革命时期的风格。为了改善城市环境、提高居民生活水平，也为了保护重要街区和历史建筑，1980年后当地政府开始城市形象再造，Soho House历史街区是其中的重点。一是遵循城市的发展趋势，改变街区原有职能。Soho House街区处在旅游区的外围，故将原来的工业街区打造为休息旅游的街区。二是平衡保护与发展的关系，实施分类修复：对破损度高的建筑尽量不改变原结构，并进行加固保护；对破损度低的建筑进行还原修复，使街区改造或新增的建筑与街区原有的建筑风格统一，将修复的建筑作为展厅、小型陈列馆等。三是在街区改造过程中，实施社区重建计划，鼓励多元文化、力量参与街区建设。改造后的Soho House历史街区不仅聚集了一定数量的人口、恢复了活力，还受到良好的保护，并成为一处著名的旅游目的地。

（三）经济复兴型：意大利古城热那亚老港保护利用

自19世纪中叶起，意大利在历史建筑保护领域就一直保持领先地位。意大利不仅重视历史建筑和历史街区的价值，也关注非物质文化的价值挖掘：对历史街区的演变进行详细的梳理，包括其出现的背景、发展的契机、繁荣的状态以及衰退的原因等；对历史街区的内涵进行深度挖掘，包括历史记载的相关的名人、名景以及习俗文化等。意大利派的主要观点是：完整性、整体性、原真性和长效性。完整性是指不仅要保护建筑的风格外貌，也要重视建筑物承载的历史信息。整体性是指从单体建筑的保护扩展到周边自然环境和建筑环境的整体保护。原真性是指不对建筑物上已存在的历史痕迹进行修复，另外，在开展保护工作前必须进行科学论证，避免臆断影响工作。长效性是指历史建筑和历史街区的保护绝不能只着眼于过去和现状，必须从未来、历史、现在等多个方位去思考，特别是要使历史建筑和历史街区的传统功能与城市未来发展相结合。意大利派的保护理念和成熟经验，是很多国家借鉴学习的对象。

意大利热那亚老港是意大利的重要海港，也是城市的核心区、造船工业中心，周边有不少教堂等历史建筑。但是在1960年，高速公路将老港与城市分割，造成人口逐渐流失，工业衰退。1992年，政府着手老港的改造复兴。一是遵循城市发展，明确改造目的，即在保护街区的同时，恢复地区经济活力，研究探索了以经济恢复为主导的保护模式。二是制定详细的、具有约束性的保护规划，对值得保留的历史建筑按照保护原则进行修复，尽量避免大拆大建。而新增建筑与地区整体环境相融合，"膜结构会议广场"的圆顶与周边建筑的圆顶相得益彰。三是完善仓库功能，在修复建筑的同时，置换仓库的功能使其更符合城市发展，也为热那亚老港注入新的活力。

（四）欧洲历史街区保护的启示

直到19世纪，欧洲各国的历史街区保护仍停留在对单体建筑保护的层面，对非物质文化和街区整体考虑得较少。"二战"后为了修复被破坏的城市，西方国家开展大规模的翻新工程，虽然部分珍贵建筑因此退出了历史舞台，但很多专家已经注意到历史建筑的保护工作不应限于单体建筑，而应关注整个街区。20世纪60年代后，欧洲各国的历史街区保护理念和方式在相互学习、借鉴下逐步提升，其中有些理念、方式具有普遍性、科学性、实用性，有一定参考价值。

一是尊重城市发展规律。开展历史街区保护工作不仅是为了保存历史建筑，也是为了激发衰退街区的活力，使其跟上城市发展的步伐。上述案例中的历史街区功能都发生了改变，例如巴黎中央大市场从菜市场、食品批发市场转为交通枢纽和公共活动空间；伯明翰 Soho House 街区从工业产房转变为旅游街区；意大利热那亚老港从废弃船厂转为新型工业聚集地和旅游胜地。这些街区为了跟随城市发展，改变了其原有功能，这是客观现实的需要，也是保证街区长效发展的基本条件。因此，历史街区的保护更新工作需要遵循城市发展规律，及时置换其功能。

二是重视居民的需求。建筑是为人服务的，在历史街区的修复改造过程中，则更应注重这一点。街区衰退、需要改造的原因就是建筑当前作用与人的需求、城市发展需求不匹配。例如，对巴黎中央大市场的改造就充分考虑到人的需求，地上新增休憩区，地下空间多为市民活动需要；伯明翰 Soho House 街区的修复保护更是与居民密切相关，有居民力量加入；意大利热那亚老港改造的目的之一就是吸引人流，其非常关注地区居民的需求与喜好。虽然三个国家重视居民需求的方式不同，但在制订和实施保护规划的过程中都坚持以人为本。

三是历史街区保护与治理相辅相成。从上述三个案例可以看出，历史街区的保护工作往往与地区治理相结合。修复更新街区的时候，正是加强治理的契机。例如，在改造巴黎中央大市场的同时，治理了周边地区的交通环境；改造伯明翰 Soho House 街区的同时，实施了社区重建；等等。可以说，保护工作与治理工作是相辅相成、相互促进的关系，治理工作为保护工作增加新动力、新内涵，保护工作为治理工作提供发展平台、外部条件。

四 进一步推动大栅栏历史街区治理的思考

（一）宏观层面：提升规划引导的科学性

1. 增强与落实保护规划

制订保护规划是保护传统建筑和历史文化名城的一种重要措施。在我国，保护规划是申报国家级历史文化保护区的必备条件。但是，部分历史文化地区的保护规划未能发挥作用。就历史文化街区的保护规划来说，很多城市的这一规划与城市建设规划脱离。也就是说，这些历史文化街区的保护规划只停留在理论层面，不具备约束力或不易于实现。

世界上在历史文化保护方面做得较好的国家，在处理地区历史文化保护规划和地区建设规划上主要有两种方式：一是将保护规划与建设规划相结合，在建设规划中明确体现保护规划的内容，也就是通过具有法律效力的建设规划来实现保护规划；二是赋予保护规划法律效力。目前，我国尚未明确如何增强保护规划的法律效力，这一问题需要进一步探索。

2. 编制地区管控导则

参照《南锣鼓巷历史文化街区风貌保护管控导则（试行）》（下文简称《管控导则》）编制《大栅栏历史文化街区保护管控导则（草案）》并广泛征求意见。南锣鼓巷既是历史文化保护街区，也是商业街区，街区定位与大栅栏地区十分相似，具有重要参考意义。《管控导则》有利于历史街区的系统保护，从花坛、古树到院落结构等，都有详细的管理标准，是实现城市精细化管理的科学方法。《管控导则》也是保护规划一贯而终的重要保障，该地区后续的保护规划也需要参考《管控导则》。另外，在一定程度上，《管控导则》将有效促进居民、社会组织、专家等参与历史街区的保护和治理工作。

（二）中观层面：找准街区保护与区域发展重点工作的契合点

1. 以历史街区保护更新促进背街小巷整治

2017 年，北京市出台了《核心区背街小巷环境整治提升设计管理导则》，文件从外形、颜色等对背街小巷的组成——牌匾、景观等 36 项元素进行规范。在建筑立面上，对街巷胡同沿线具有不同历史文化价值的建筑实施分类管控。在交通设施上，就胡同实际，提出相应的通行方案。整治提升后的胡同要展现具有首都风范、古都风韵和时代风貌的城市新形象。从内容看，背街小巷整治与历史街区保护有密切关系，都涉及建筑外观、风貌、周

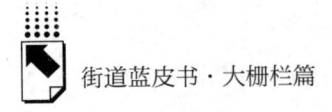

边环境等。因此，对于大栅栏这类历史街区而言，完全可以将历史街区保护工作与背街小巷整治工作结合到一起，共同推动。

2. 以地区社会治理提升历史街区发展品质

从上述案例可以看出，国外历史街区保护工作多数是将保护与治理统筹推进。不少专家认为，历史街区保护的绝不只是对建筑的保护，还应包括对周边植物、小物件、街区风格以及整体环境的保护。在这种理念的引导下，历史街区的保护工作必然是复杂的，单靠政府出面难以完成。因此，国外的历史街区保护工作往往有不少居民、社会组织参与。对街区的治理亦是对街区的保护，是提升和保持街区特色和品质的重点内容。

（三）微观层面：提升网格化、加快智能化管理水平

1. 丰富网格化管理内容

近几年来，在政府的大力推动和支持下，大栅栏街道网格化管理发展迅速。在社会面防控方面，2015年以来，地区共启动16个社会面防控项目，累计出动网格内的治安志愿者力量21581人次。在防火防灾方面，大栅栏地区创新推行"胡同集合式灭火法"，集合人员力量，实现基层消防社会化。在街道60个网格基础上设立60个消防网格，每天由网格长负责组织网格队员在格内巡视检查，网格长负责填写检查记录簿。在安全生产方面，大栅栏地区创新推行"1533"网格模式，做实社区、重点单位、五小单位三个层面的安全生产网络，延伸工作覆盖面，等等。但是这种常规的网格化管理，不能满足历史街区管理的需求。在历史街区实施网格化管理，还需注重景观的保护，例如古树、古建筑等，它们都可以归入网格化管理之中。

2. 优化智能治理水平

当前，我们已进入大数据时代。现行社会治理的网格化管理，也是基于数据技术支撑而来的。城市的数字化管理水平，体现了城市现代化水平。城市数据类型有地图与兴趣点数据、客流数据、手机数据、GPS数据等。大栅栏作为历史街区和著名商业街区，应掌握地图与兴趣点数据、客流数据等数据信息，这是街区安全发展和商业发展的关键所在。

数 据 报 告

Data Reports

B.2 大栅栏街道基于常住人口的地区公共服务调查报告

摘　要： 随着我国改革的深入发展，推动政府转型发展，构建服务型政府是适应我国社会发展需求的必然选择。公共服务是政府为人民提供的用以服务人民生存与发展的各类资源，政府通过促进城乡基础公共服务均等化发展和完善城乡公共服务体系，以不断提高人民的生活水平。本报告通过发放调查问卷的形式，对西城区大栅栏街道9个社区的常住人口开展社区公共服务与居民生活质量问卷调查，以便了解街道组织开展公共服务的具体情况，获取居民对社区服务满意度的评价信息，并通过数据分析得出相关结论，最后针对调查中存在的问题提出对策建议。

关键词： 大栅栏街道　社区居民　公共服务　生活质量

一 调查样本情况

（一）调查样本基本情况

调查对象中，男女比例约为0.8∶1。年龄在35岁以下的39人，36~55岁的53人，55岁以上的23人，其中65岁以上老年人为8人。从婚姻状况看以已婚为主，占84.3%。从政治面貌看，党员和群众分别为32人和75人，群众占65.2%。常住人口中，有82.6%是西城区户籍，非京籍占4.3%。在本市自有住房者88人，占76.5%。从受教育程度看，本科或大专的人群占比最高，为57.4%。家庭组成结构方面，47.8%的家庭是三口之家，所占比例最高（见表1）。

表1 调查样本基本情况统计

单位：人

性别	男		52		女		63	
婚姻状况	已婚		97		未婚		18	
年龄	25岁以下	26~35岁		36~45岁	46~55岁		56~65岁	65岁以上
	8	31		33	20		15	8
政治面貌	党员		民主党派		团员		群众	
	32		0		8		75	
户籍	本区户籍		本市其他区户籍				非本市户籍	
	95		15				5	
住所	本区自有住房		本市其他区自有住房		本区非自有住房		本市其他区非自有住房	
	75		13		22		5	
学历	博士研究生		硕士研究生		本科或大专		高中或中专以下	
	5		5		66		39	
家庭人数	四口以上		四口		三口		二口	一口
	23		17		55		16	4

（二）样本家庭收入情况

从家庭收入情况看，调查显示，受调查人员的人均月收入在 1890～3400 元的被调查居民数量最多，占比为 53.0%；其次是 3400～8700 元的居民，占比为 22.6%；而人均月收入水平超过 15000 元的只有 5 人，占比为 4.3%。我们取人均月收入的区间平均值，可以得出大栅栏街道居民年均收入的估算值（见表2）。如果比照西城区 15 个街道的平均值 64855.2 元的标准，可以发现，大栅栏街道的平均值为 53073.4 元，低于西城区各个街道整体的平均值水平，其中参与调查的月收入低于 3400 元的人群值得关注，占到总数的 66.1%，在这 76 人中，月收入在最低工资标准线 1890 元以下的有 15 人，占比为 13.0%。本次调查对象中不存在家庭人均月收入低于 800 元的低保户。

表 2　大栅栏街道样本收入情况

人均月收入(元)	800	800～1890	1890～3400	3400～8700	8700～15000	15000 以上
居民年均收入(元)	9600	14940	31740	72600	142200	180000
人数	0	15	61	26	8	5

注：居民年均收入由人均月收入的区间平均值乘以 12 个月估算得出，其中"15000 以上"的区间平均值按照 15000 计算，"800 元以下"的区间平均值按照 800 计算。

二　公共服务供给及居民满意度状况

（一）公共教育资源评价：高达85%的受访者认为上幼儿园的便利度低

大栅栏街道教育资源配置方面的调查结果显示，大多数受访者认为地区教育资源分布总体均衡或者局部均衡。其中，有 33.9% 的受访者认为教育资源配置"总体均衡"，认为"局部均衡"的占 42.6%，还有 16.5% 的受访者表示"基本失衡"，表示"说不清楚"的受访者占比为 7.0%（见图

1)。由此可见，本次参与调查的受访者总体上对大栅栏地区的教育资源状况还是比较乐观的。

调查问卷专门设计了关于学前教育资源方面的问题选项，有超过八成的受访者在"您及周边的孩子上幼儿园方便不方便"这个问题上持否定态度，只有13.0%的受访者的回答是肯定的。在持否定态度的受访者中，有13.9%的受访者表示"很难"，有占46.1%的受访者表示"不方便"，认为"不是很方便"的受访者达到27.0%（见图2）。由此可见，大栅栏地区居民对幼儿园教育资源分配和供给的满意度不高，大栅栏在地区学前教育问题方面仍然需要投入更多的资源和精力，提高地区居民送孩子上幼儿园的便利度，满足地区适龄儿童对学前教育的需求。

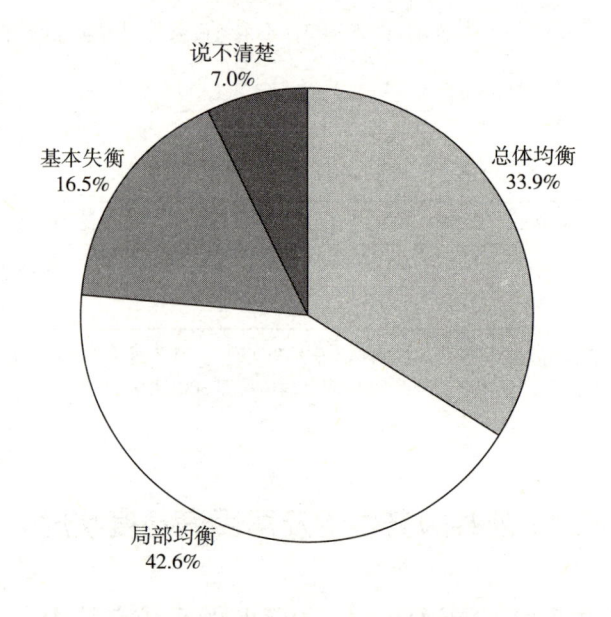

图1 大栅栏街道教育资源配置情况

（二）公共文化服务评价：对公共文化设施和场馆的服务满意度偏低

本次问卷通过"您知道您家附近的图书馆、文化馆、博物馆、美术馆

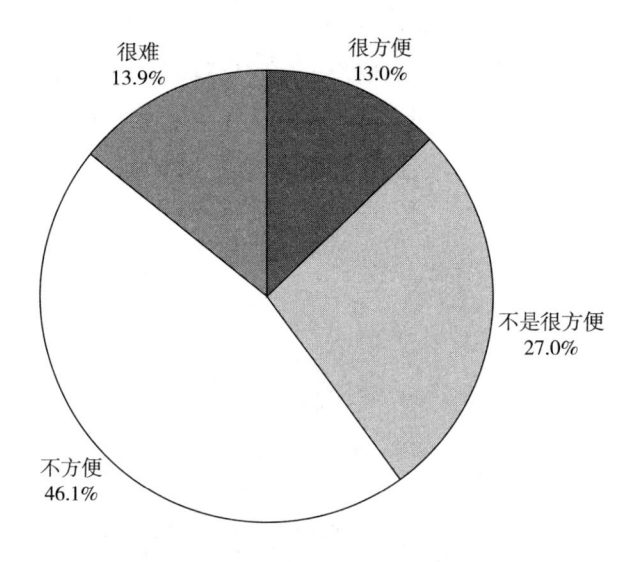

图 2　大栅栏街道上幼儿园便利度

等公共文化服务设施分布情况吗"这一问题来了解被访者对街区公共文化资源的了解程度，数据结果显示17.4%的受访者表示"了解"，2.6%的受访者表示"不了解"，有八成的受访者表示部分了解（见图3）。在

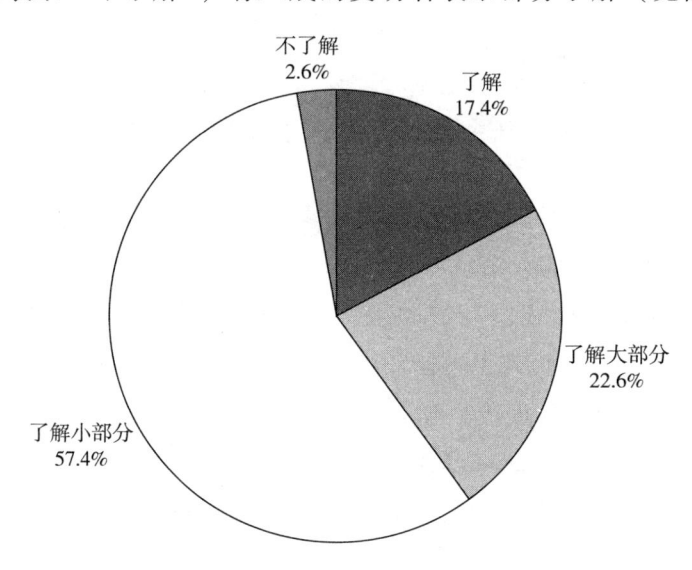

图 3　对附近公共文化服务设施的了解程度

对公共文化设施及服务的满意度调查中，表示"满意"和"很满意"仅仅占24.4%，表示满意度"一般"的高达71.3%，还有4.3%的人表示"不满意"（见图4）。这说明地区居民对社区现提供的公共文化服务设施和项目的满意度不高，地区居民在该领域的需求没有得到很好的满足。

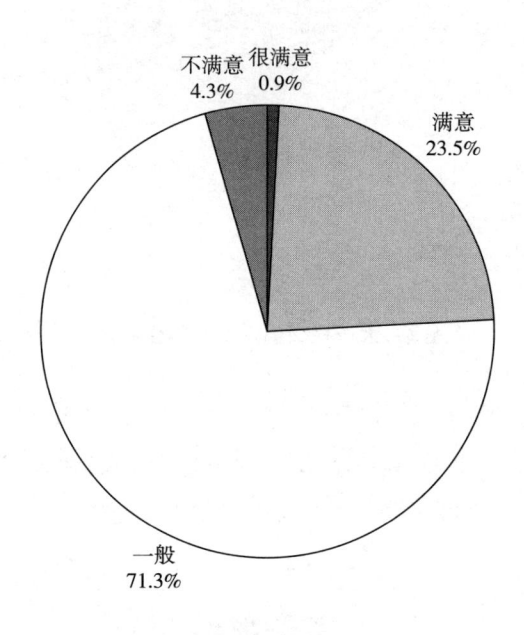

图4 大栅栏街道公共文化服务情况满意度

在街道提供的具体服务项目的居民参与度方面，调查数据显示，参与"免费的电影放映"的受访者人数比例最高，为60.9%；其次是参与"戏剧、音乐会等文艺演出"和"书画展览、摄影展等"，两者比例相当，分别为48.7%和46.1%。此外，还有5.2%的受访者参与过社区组织的文体娱乐活动，如广场跳舞、打太极拳等，表示"以上都没去过或参加过"的受访者占比达到40.9%，由此可以看出，本次调查的受访者普遍倾向于参与欣赏性和观娱性的公共服务项目，地区居民整体的活动参与意愿和积极性相对较高（见图5）。

免费的电影放映 60.9

戏剧、音乐会等文艺演出 48.7

书画展览、摄影展等 46.1

文体娱乐活动，如广场跳舞、打太极拳等 5.2

以上都没去过或参加过 40.9

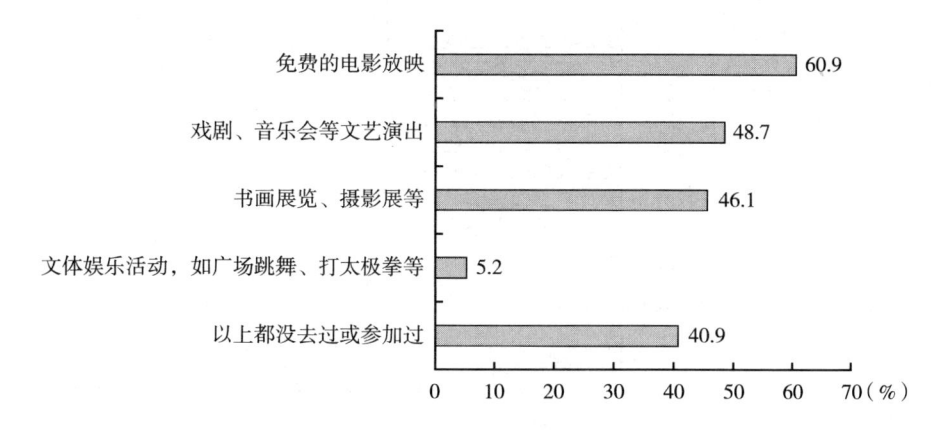

图5 大栅栏街道公共文化活动参与度

（三）社区服务评价：受访者对群众文化服务的满意度最高，达到67%

在社区服务项目评价调查方面，67.0%的受访者表示满意度最高的社区服务选项为"社区群众文化服务"，其次是"社区健身宣传培训服务"和"社区教育培训服务"，分别占36.5%和33.9%，其中，本次调查中的"社区体育设施建设服务"和"社区科普服务"的满意度相同，都是26.1%，此外，对"社区居民体质测试服务"和"社区早教服务"项目的满意度偏低，分别只有6.1%和3.5%。由此可以看出，受访者对大栅栏社区提供的各类公共服务项目的满意度评价差异较大，除了排在第一位的"社区群众文化服务"的满意度过半外，其他公共服务项目的满意度均在37%以下，因此，街道在更好地推进地区公共服务工作方面，要在巩固优势的同时进一步补齐短板。

（四）就业（创业）服务评价：平均参与率在30%左右

调查数据显示，在就业（创业）服务方面，参与度最高的是"社区劳动就业政策咨询服务"选项，为35.7%，其次是"社区专场招聘会"和

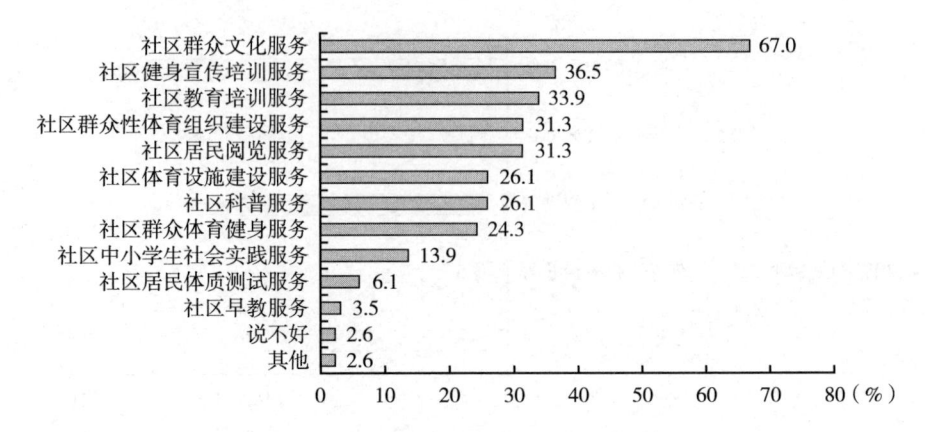

项目	百分比
社区群众文化服务	67.0
社区健身宣传培训服务	36.5
社区教育培训服务	33.9
社区群众性体育组织建设服务	31.3
社区居民阅览服务	31.3
社区体育设施建设服务	26.1
社区科普服务	26.1
社区群众体育健身服务	24.3
社区中小学生社会实践服务	13.9
社区居民体质测试服务	6.1
社区早教服务	3.5
说不好	2.6
其他	2.6

图6 大栅栏街道社区服务满意的项目情况

"就业信息发布",分别占33.9%和32.2%;其中,"'零就业家庭'就业帮扶服务"和"就业能力提升培训或讲座"参与比重一样,同为31.3%;其他就业(创业)服务选项参与率均低于30%;参与率最低的选项为"社区就业困难人员再就业服务",所占比例为18.3%;此外,还有28.7%的受访者表示"不清楚"(见图7)。由此可见,大栅栏地区居民在就业(创业)服务方面的参与率普遍不高,但相对均衡,各个项目参与度之间的差距相对较小。

项目	百分比
社区劳动就业政策咨询服务	35.7
社区专场招聘会	33.9
就业信息发布	32.2
"零就业家庭"就业帮扶服务	31.3
就业能力提升培训或讲座	31.3
不清楚	28.7
自主创业指导咨询	27.8
社区职业介绍和岗位推荐服务	20.9
社区就业困难人员再就业服务	18.3

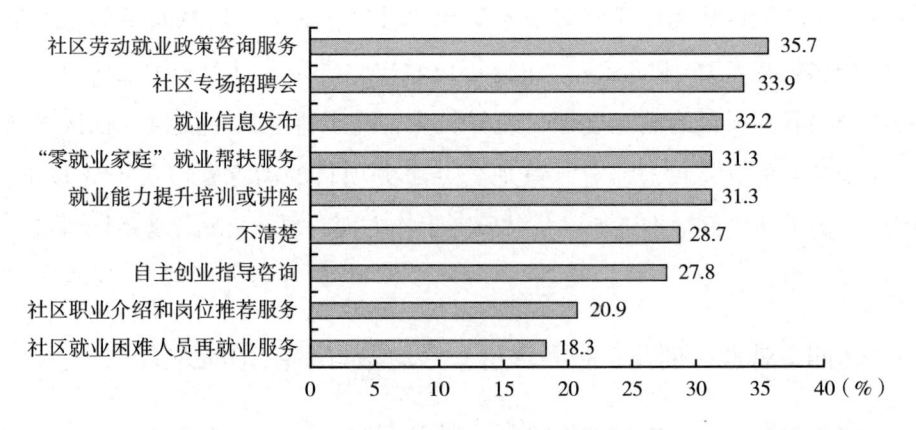

图7 大栅栏街道就业指导和就业服务项目情况

（五）为老服务评价：有59.1%的受访者表示"满意"或"很满意"

在社区为老服务项目的供需方面，调查问了"社区应该提供何种为老服务项"问题，选项涉及10大类服务选项，需求程度参差不齐。其中"生活照料"的需求度最高，达到87.8%，其次为"心理护理"，为45.2%。此外，除了排在最后两位的"日托服务"（16.5%）和"参与社会活动"（8.7%）选项占比偏低外，其他6个选项占比相对接近，普遍为28%～34%（见图8）。

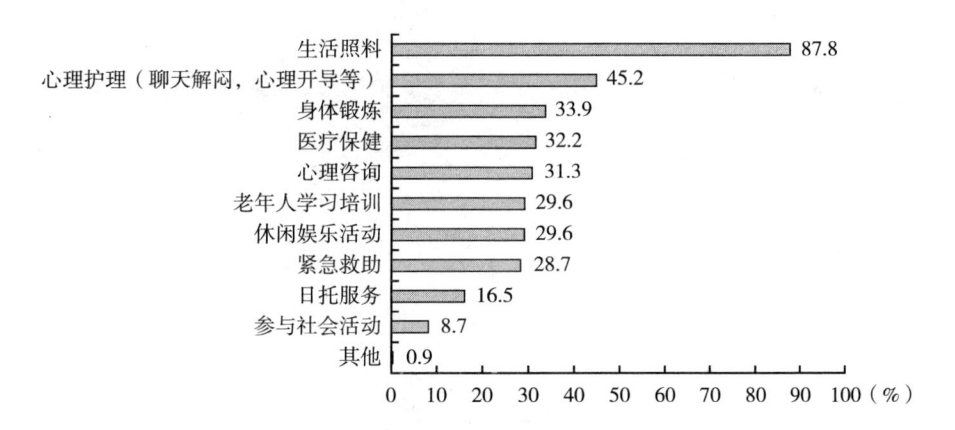

项目	百分比(%)
生活照料	87.8
心理护理（聊天解闷，心理开导等）	45.2
身体锻炼	33.9
医疗保健	32.2
心理咨询	31.3
老年人学习培训	29.6
休闲娱乐活动	29.6
紧急救助	28.7
日托服务	16.5
参与社会活动	8.7
其他	0.9

图8 大栅栏街道社区为老服务项目需求情况

大栅栏街道在推进地区为老服务工作方面有许多值得肯定的亮点。街道建立了银鹤居家养老服务站，并按照《银鹤零距离养老服务体系建设方案》，建立了"1512"[①] 区域养老服务体系。街道还积极与专业社工组织或者企业合作，补充地区养老资源的不足。如街道委托大林志华爱心服务中心开展了爱心互助浴池项目，引入中国老年学会组织为地区老人提供文体娱乐活动，邀请北京枫华老年互助资源中心协助银鹤零距离养老服务体系的建设

---

① 即通过一个服务平台、五个硬件设施、十二项主要服务功能的系统性建设和服务深化，推动区域化养老服务。

工作。在养老服务设施方面，街道通过建设养老助残服务中心，以中心为平台，整合社会资源，为地区老年人提供多元化、专业化的一站式服务。对大栅栏街道现有为老服务项目的满意度进行调查得出的数据结果显示，有59.1%受访者表示"满意"或"很满意"，有38.3%的受访者表示"一般"，但仍分别有1.7%和0.9%的受访者表示"不满意"或"很不满意"，这说明街道在做好地区为老服务工作和保障好老年人生活权益工作方面还任重道远（见图9）。

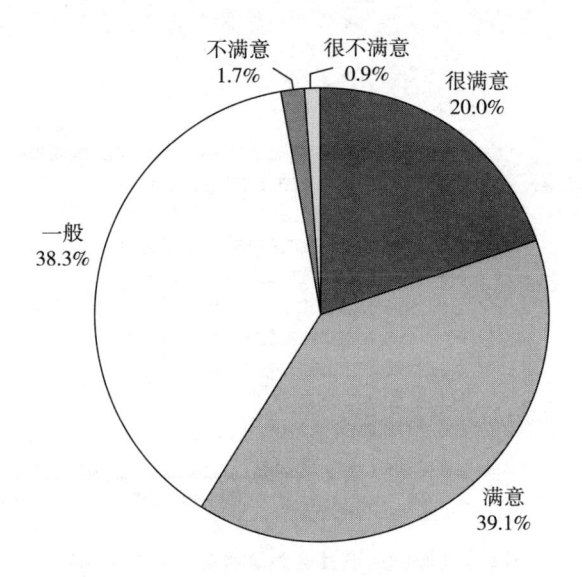

图9 大栅栏街道社区为老服务项目满意度

（六）残疾人专项服务评价：高达87.8%的受访者对社区"康复照料"残疾人服务项目表示满意

问卷调查结果显示，有33.0%受访者表示所在社区的残疾人专项服务设施"比较完善"或"非常完善"，有超过五成的受访者选择了"有部分专用设施"选项。而表示"基本没有"的受访者占比为13.9%（见图10）。从反馈数据信息上看，大栅栏街道社区的残疾人专用设施还是比较完善的，得到了大多数受访者的认可。

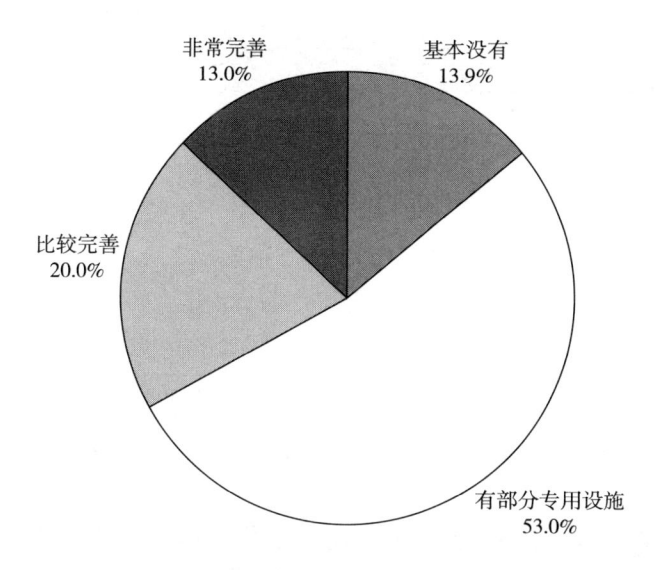

图 10 社区残疾人专用设施完善度

从受访者对社区残疾人服务的满意度评价来看,"康复照料"是本次调查中满意度最高的社区残疾人服务项目,其次是"法律援助""日常生活"和"就业指导"项目,分别为57.4%、48.7%和31.3%。此外,"文教服务""心理抚慰"和"慈善捐款"项目的满意度评价偏低,分别为13.9%、11.3%和4.3%,还有2.6%的人选择了其他。由此可以看出,大栅栏地区涉及残疾人基本生存和生活的服务供给充足,如康复照料、日常生活和就业指导服务方面,今后街道在推进社区残疾人服务项目工作中要注重物质帮扶和精神帮扶的统一,从软硬件方面着手全面提升地区助残服务工作水平(见图11)。

(七)便民服务评价:废旧物品回收和末端配送服务最为稀缺

对"最后一公里"社区便民服务的便利度情况调查显示,18个选项中,80.9%的受访者认为"早餐"最为便利;其次是"超市便利店"和"洗衣洗浴",便利度分别为76.5%和71.3%;此外,便利度比值超过五层的社区便民服务项目还有"幼儿园、小学"、"维修服务"和"美容美发",分别

街道蓝皮书·大栅栏篇

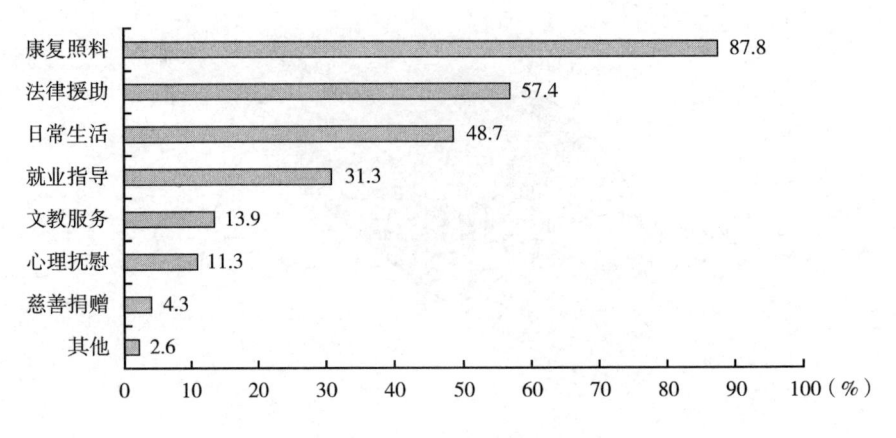

图11 大栅栏街道社区残疾人服务项目供给满意度情况

项目	百分比
康复照料	87.8
法律援助	57.4
日常生活	48.7
就业指导	31.3
文教服务	13.9
心理抚慰	11.3
慈善捐赠	4.3
其他	2.6

是61.7%、57.4%和53.0%。而其他选项的便利度评价占比则普遍不高，其中"体育运动场所""公园或公共绿地""公共停车场站"等十个便民服务项目的便利度都低于10%，"废旧物品回收"的便利度最低，只有0.9%（见图12）。从以上数据可以看出，大栅栏街道的便民服务设施和项目虽然比较丰富，但是这些设施的便利度评价值呈现出两极化，街道要进一步促进社区便民服务设施的均衡发展，及时有效补充相对短缺的服务资源。在

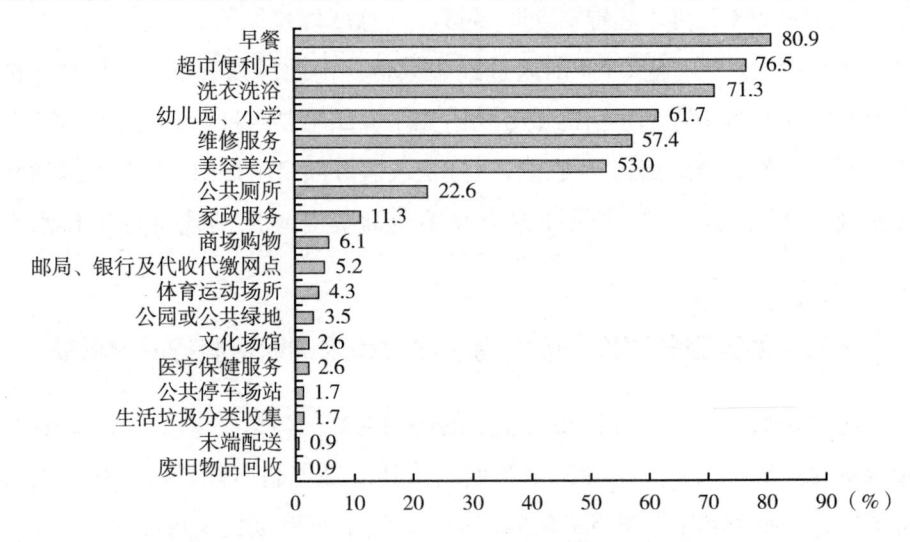

图12 大栅栏街道社区的一刻钟便民服务设施的便利度情况

项目	百分比
早餐	80.9
超市便利店	76.5
洗衣洗浴	71.3
幼儿园、小学	61.7
维修服务	57.4
美容美发	53.0
公共厕所	22.6
家政服务	11.3
商场购物	6.1
邮局、银行及代收代缴网点	5.2
体育运动场所	4.3
公园或公共绿地	3.5
文化场馆	2.6
医疗保健服务	2.6
公共停车场站	1.7
生活垃圾分类收集	1.7
末端配送	0.9
废旧物品回收	0.9

对社区现有便民服务的满意度调查中，有47.8%人表示"很满意"或"满意"，有50.4%的受访者表示一般，只有1.7%的人表示"不满意"（见图13）。

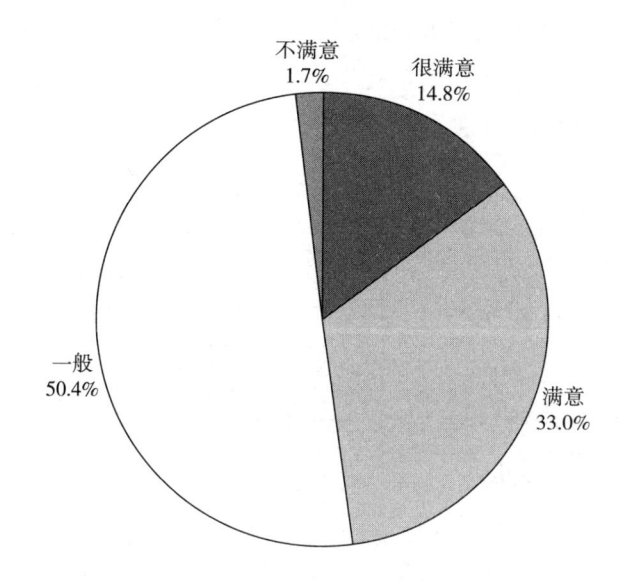

图13 大栅栏街道社区便民服务满意度情况

（八）社区安全服务评价：社区应急服务供给最好

在公共安全服务项目供给情况调查涉及的12个选项中，排序最靠前的是"社区应急服务"，占比为57.4%；之后依次是"社区矫正服务""社区消防安全服务"和"社区警务设施和警力配备服务"，分别为48.7%、46.1%和42.6%。其中，供给情况最差的是"社区帮教安置服务"，只有11.3%（见图14）。位于首都核心区的前门大栅栏接待的游客众多，承办的大型活动众多，地区综治维稳工作任务艰巨、责任重大。本次调查中比较靠前的社区安全服务项目都与大栅栏街道的地理位置和政治敏感特性紧密相关，如"社区应急服务""社区消防安全服务""社区警务设施和警力配备服务""社区安全稳定服务"等都是地区综治维稳工作的重要内容。

在大栅栏街道社区开展安全方面的培训和活动方面，调查数据显示，有37.4%的受访者表示街区经常开展安全方面的培训和活动，有六成的受访者表示社区偶尔开展安全领域的相关培训和活动，此外，还有2.6%的受访者表示社区从来不开展相关培训和活动（见图15）。这说明，大栅栏各个社区对开展安全培训和活动工作的重视程度不同，宣传力度存在差异，街道要督促各社区深入扎实地推进地区安全建设工作。

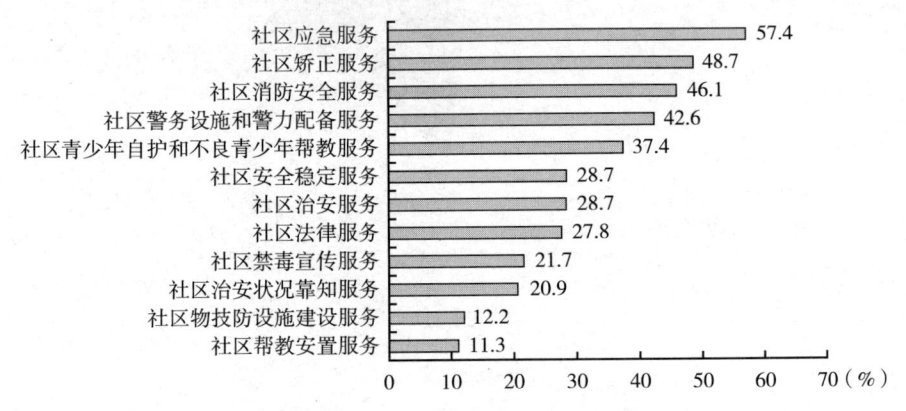

项目	比例(%)
社区应急服务	57.4
社区矫正服务	48.7
社区消防安全服务	46.1
社区警务设施和警力配备服务	42.6
社区青少年自护和不良青少年帮教服务	37.4
社区安全稳定服务	28.7
社区治安服务	28.7
社区法律服务	27.8
社区禁毒宣传服务	21.7
社区治安状况告知服务	20.9
社区物技防设施建设服务	12.2
社区帮教安置服务	11.3

图14　大栅栏街道社区安全服务项目供给状况

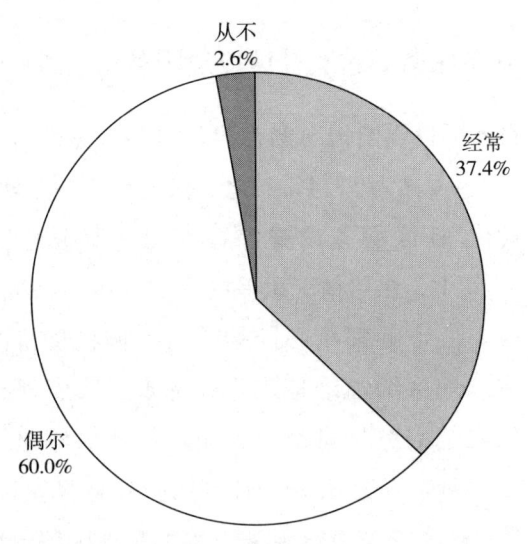

图15　大栅栏街道社区开展安全方面的培训和活动情况
（从不 2.6%；经常 37.4%；偶尔 60.0%）

（九）地区信息基础设施评价：受访者普遍对推进智慧化、便利性基础设施投入表示支持

在社区信息基础设施服务需求方面，有58.3%的受访者选择了"社区停车缴费智能化"，有55.7%的受访者支持"社区便民服务在线办理"，53.9%的受访者支持"社区生活服务信息查看"。此外，选择"加强智慧社区信息基础服务设施建设"和"社区政务信息查看"的占比分别为40.0%和23.5%（见图16）。从总体上看，大栅栏居民普遍支持地区信息化基础设施建设，街道要从地区居民最关心的问题着手，推动智慧社区建设，将智能化与基层管理和服务工作相结合。

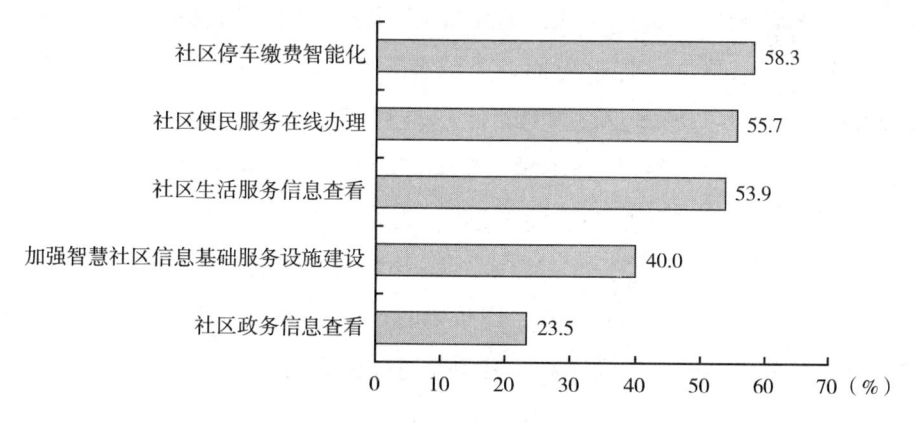

图16 大栅栏街道社区信息基础设施服务需求情况

三 基本数据结论

通过对调查报告涉及的各项地区公共服务数据结果进行整理，我们可以发现，从地区家庭收入来看，有超过半数的受调查者的收入水平是处于全区平均水平之下的，在家庭支出主要方向上，"医疗卫生""食品消费生活"和"购物"在家庭支出项目中占据主导地位，其次是"文化娱乐"和"上学及教育培训"，这表明地区整体居民的生活水平还有待提高。本报告通过

对大栅栏地区的公共教育资源、公共文化服务、社区服务、就业（创业）服务、为老服务、残疾人专项服务、便民服务、公共安全服务和地区信息基础设施服务等九个方面的供需状况和居民满意度进行访问和调查，得出以下主要结论。

第一，在公共教育资源评价方面，被调查者对地区教育资源配置是否均衡的问题评价不一，大栅栏地区的教育资源还存在配置不均衡和不合理的地方。根据地区上幼儿园的便利度数据分析，街道需要加大对地区公共教育资源的投入力度，尤其是要保障地区居民对学前教育机构的需求。

第二，在公共文化服务评价方面，调查数据显示街区居民对社区公共文化设施的知晓度高达九成，但受访者对社区提供的公共文化设施的满意度一般。在具体项目中，受访者对"免费的电影放映"的参与度最高。

第三，在社区服务评价方面，受访者对"社区群众文化服务"的满意度较高，达到67.0%；满意度最低的选项为"社区早教服务"，只有3.5%。在社区文化教育服务不满意度调查中，29.6%的受访者认为最不满意的选项是"社区体育设施建设服务"。就各项数据现实来看，大栅栏地区的社区体育服务资源配置欠均衡，居民对社区服务的满意度一般。

第四，在就业（创业）服务评价方面，大栅栏街道居民在地区就业（创业）服务活动的参与度不高。其中参与度最高的是"社区劳动就业政策咨询服务"选项，为35.7%；其他服务选项则都处在18%~34%；参与率最低的选项为"社区就业困难人员再就业服务"，所占比例为18.3%。街道要加强社区就业（创业）服务的供给和宣传工作。

第五，在为老服务评价方面，地区居民在社区为老服务项目的需求度和满意度方面的数据差异较大，其中对"生活照料"服务的需求度最高，达到87.6%；而仅次于它的"心理护理"服务需求度只有45.2%；需求度最低的服务选项"参与社会活动"则只有8.7%。街道需要促进地区各类为老服务项目的均衡发展，以不断满足地区老年人的多元化需求。

第六，在残疾人专项服务评价方面，有33.0%受访者认为社区的残疾人专项服务设施"比较完善"或"非常完善"，超过五成的受访者表示社区

"有部分专用设施"。在社区残疾人服务项目满意度方面,"康复照料"满意度最高,占比高达87.8%;满意度最低的是"慈善捐款",只有4.3%。街道要继续重视社区残疾人专项服务设施的建设和完善,保护地区残疾人的各项权益。

第七,在便民服务评价方面,有47.8%的人对社区的便民服务表示"很满意"或"满意",有50.4%的受访者表示一般,还有1.7%的人表示"不满意"。在街区提供的各项便民服务项目中,80.9%的受访者表示"早餐"最为便利,便利度最低的是"废旧物品回收"和"末端配送",两者同为0.9%。街道要进一步加强基层调研,了解群众需求,以便更好地调整和优化现有的社区便民服务项目结构和资源。

第八,在社区安全服务评价方面,有57.4%的受访者认为"社区应急服务"供给情况最好;供给情况最差的是"社区帮教安置服务",只有11.3%。在宣传教育方面,有37.4%的受访者表示街区经常开展安全方面的培训和活动。大栅栏街道特殊而敏感的区位因素决定了地区综治维稳工作必须常抓不懈。

第九,在地区信息基础设施评价方面,支持率在50%以上的项目有"社区停车缴费智能化""社区便民服务在线办理"和"社区生活服务信息查看",这些服务选项都与居民的日常生活紧密相关。大栅栏街道要加快推进地区信息基础设施建设,不断提高社区服务的智能化和便利化程度,提高工作效率。

根据以上数据结论,报告梳理出了以下12项公共服务选项,需要大栅栏街道在今后地区公共服务工作方面给予重点关注(见表3)。

表3　大栅栏街道公共服务重点选项调查数据

序号	需重点关注的调查选项	调研占比(%)
1	满意度最高的社区文化教育体育服务选项"社区群众文化服务"	67.0
2	满意度最低的社区文化教育体育服务选项"社区早教服务"	3.5
3	参与度最高的公共文化活动选项"免费的电影放映"	60.9

续表

序号	需重点关注的调查选项	调研占比（%）
4	参与度最低的公共文化活动选项"文体娱乐活动,如广场跳舞、打太极拳等"	5.2
5	满意度最高的就业（创业）指导和服务选项"社区劳动就业政策咨询服务"	35.7
6	满意度最低的就业（创业）指导和服务选项"社区就业困难人员再就业服务"	18.3
7	需求度最高的社区养老服务选项"生活照料"	87.8
8	满意度最高的残疾人服务选项"康复照料"	87.8
9	便利度最高的便民服务选项"早餐"	80.9
10	便利度最差的便民服务选项"废旧物品回收"	0.9
11	满意度最高的公共安全服务选项"社区应急服务"	57.4
12	需求度最高的信息基础设施选项"社区停车缴费智能化"	58.3

四 对策建议

北京前门大栅栏紧靠天安门广场，其敏感而特殊的地理位置给地区的综治维稳工作带来了巨大的挑战。大栅栏是北京重要的历史文化保护区之一，也是著名的旅游文化商业街区，众多的老字号商铺和独特的京味儿文化吸引了大量的游客。商业旅游业的发展和地区外来人口的增加使得地区公共服务供需紧张。综合大栅栏街道的特殊区情，建立和完善良好的地区公共服务体系，提高公共服务质量，是促进改善居民生活环境和地区发展环境的重要基础。大栅栏街道下辖九个社区，每个社区的公共服务发展水平不同，本报告把大栅栏地区公共服务的供需情况和满意度的调查数据作为分析材料，细致地梳理了地区公共服务发展中存在的问题，立足地区居民需求，结合地区实际，优先解决人民群众最为关心的重点问题和难点问题，并有针对性地提出以下建议。

（一）以党建引领地区公共服务建设，结合全响应网格化社会管理服务工作，推动地区公共服务全覆盖

街道党工委是组织和领导基层各项事业顺利推进的核心力量，只有以党

建引领地区公共服务事业的发展,发挥基层党组织和党员的战斗堡垒作用,才能保障地区公共服务建设的正确方向,实现地区公共服务的可持续发展。大栅栏街道在公共服务发展中注重发挥党的领导作用和政府的统筹作用,并深入结合全响应网格化社会管理服务工作,不断推动地区公共服务在基层的全覆盖。街道积极利用地区党建资源,推出一系列地区特色公共服务项目,如依托地区丰富的老字号资源,围绕基层党建、经济发展、环境建设、精神文明、服务民生等工作,开展"党建沙龙"、党员教育实践活动基地、非遗文化体验、传统文化讲座等区域化党建服务项目,拓展了地区公共服务发展的平台和渠道。街道还大力开展政府代表进网格工作,通过建立"一格五员"和"五查五看"工作机制,有效地将公安、工商、城管、派出所、消防、机关干部、社区工作者等力量实名制落实到网格,让网格成为机关干部深入基层调研,倾听群众心声,服务社区居民的平台,不断提高地区公共服务的覆盖率和影响力。

(二)以地区重点民生服务建设项目为抓手,提升地区公共服务品质,改善居民生活水平

大栅栏地区常住居民中老年人、残疾人和低保户等弱势群体多,地区外来流动人口多,加之其政治敏感性高,地区公共服务工作面临诸多压力和挑战,如不同群体对地区公共服务项目的需求度不同,公共服务资源分配局部不均衡,结构不够优化等。街道需要坚持群众路线,站在人民群众的立场上,以地区居民重点关注的民生服务项目为抓手和突破口,提高居民对街区公共服务工作的满意度,如针对地区养老问题,建立了银鹤零距离养老服务平台,关照地区老年人的生活服务需求;在地区综治维稳工作方面,创建了治安维稳"1+6+X"工作模式;在大栅栏更新改造进程中,街道还统筹推进了养老助残服务中心、大栅栏商圈综合服务中心等项目,探索平房区"停车微循环"模式,解决地区停车难问题,有效地将提升地区公共服务水平和改善街区整体发展环境相结合。

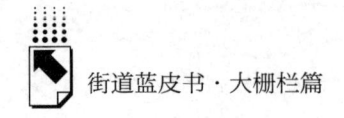

（三）积极创新地区公共服务内容和手段，打造多元化社会参与平台，激发地区发展活力

随着改革的深入推进，个体需求得到了更大程度的释放，大栅栏街道要实现转型发展，服务首都功能，必须主动创新地区公共服务的内容和手段，满足各类群体的多样化需求，灵活应对新时期的新问题和新情况，积极打造多元化的社会参与平台，整合地区有效的公共服务资源，调动驻区企事业单位的力量，鼓励居民开展自治活动，不断提高地区的公共服务水平和质量，激发地区发展活力。街道要进一步加强公共服务平台建设，有效整合现有行政服务资源，提升工作效能。要继续完善1.N.9.1的组织模式，实现"一窗式""一站式""一网式"服务；要运用好新一代信息技术，加大技术创新服务区域发展的力度，进一步支持"魅力大栅栏公众号"为地区居民提供实时信息服务，要为社会组织参与地区公共服务建设提供政策引导和发展平台，有效补齐政府在公共服务建设领域的短板；要进一步加强地区社会保障体系建设，不断完善综合救助平台，制定精细化的救助政策和工作制度，保障地区民生服务保障带建设工作的持续推进。

B.3
大栅栏街道基于工作人口的地区公共服务调查报告

摘　要： 地区公共服务是服务地区发展的基础条件，地区工作人口是推动地区发展的人力资源，因此，关于地区工作人口对地区公共服务供给状况的了解程度和满意度的调查具有重要的现实意义。本文采用问卷调查的形式，对西城区大栅栏街道9个社区的工作人口开展地区公共服务供需情况和满意度的调查，通过调查掌握大栅栏街道工作人口对地区公共服务状况的评价信息，发现存在的问题，并以此次调查获取的数据信息为依据，就改善地区公共服务供给状况提供相关对策建议，有针对性地完善地区公共服务体系，为地区工作人口提供一个安心、舒适、便利、宜居的工作和生活环境，让其更好地为促进地区和谐发展做贡献。

关键词： 大栅栏街道　工作人口　公共服务　生活品质

　　为进一步掌握地区公共服务的供给情况，明确地区公共服务工作的开展方向，我们对大栅栏街道开展了基于工作人口的地区公共服务问卷调查，以此来了解和把握大栅栏街道工作人口对社区公共服务的供需状况和评价信息。同时，将本次调查数据结果与2015年1月的调查数据结果进行对比分析，以便街道更好地制定改善地区公共服务的政策和措施。本次报告涉及的调查对象是大栅栏街道9个社区的工作人口。调查时间为2017年5月。本次调查中共有275人填写了调查问卷，其中有效问卷158份，有效回收率为57.4%。

一 调查样本情况

调查对象中,中高层管理人员和普通员工的比例为0.9∶1,男女比例为1.1∶1,在本单位工作三年以上的占比为62.7%,本科或大专学历占绝大部分,为75.3%,硕博高端人才占比为8.9%。年龄分布在26岁到55岁的工作人口比例达到79.1%,是企业劳动力的中坚力量。从户籍分布来看,本市户籍人口达到了88.6%,其中本区户籍人口占比为47.5%,本市其他区户籍人口占比为41.1%。从居住地情况看,在西城区居住人员占39.8%,其中,拥有自有住房的工作人员占72.8%。从家庭结构来看,三口之家占比最高,达57.6%。从员工收入来看,85名普通员工中,家庭人均月收入在5000元以下的占比为67.1%,其中,收入水平高于1890元且低于3400元的占比最高,达38.8%;超过10000元的人员占比为30.0%;此外,还有4人表示家庭人均月收入低于北京市最低工资标准1890元。73名中高层管理人员中,月收入在5000元以下的占比为27.4%;月收入在5000元到10000元的有43.8%,占比最高;月收入在10000元到20000元的人员占比为21.9%;在而月收入在20000元以上的人员仅占6.9%。

表1 调查样本基本情况统计

单位:人

性别	男		82		女		76
年龄	25岁以下	26~35岁	36~45岁	46~55岁	56~65岁		65岁以上
	24	56	35	34	6		3
户籍	本区户籍		本市其他区户籍			非本市户籍	
	75		65			18	
居住情况	本区,自有住房		44	本市其他区,自有住房			71
	本区,非自有住房		19	本市其他区,非自有住房			24
工作年限	三年以上		一年到三年			一年以下	
	99		41			18	
学历	博士研究生	硕士及研究生		本科或大专		高中或中专以下	
	1	13		119		25	

续表

家庭构成	四口以上	四口	三口	二口	一口
	17	24	91	19	7

收入情况	普通员工家庭人均月收入(元)					
	1890以下	1890~3400	3400~5000	5000~10000	10000~20000	200000以上
	4	33	20	18	8	2
	中高层管理人员月收入(元)					
	5000以下	5000~10000	10000~20000	20000~30000	30000~50000	50000以上
	20	32	16	1	3	1

二 社区服务机构认知度

(一)街道办事处服务事项:有75.3%的受访者表示有一定的认知

在地区工作人口对街道办事处提供的企业服务事项的认知程度方面,有25.9%的受访人群表示"知道",49.4%的人表示"知道一些",还有24.7%的人表示"不知道"(见图1)。从数据显示来看,虽然有超过七成的受访者表示对大栅栏街道提供的企业服务事项有一定的认知,但认知不够全面、不够深入,街道需要进一步做好建设工作和宣传工作。

(二)社区居委会:近八成受访者表示"知道办公地点"

调查数据显示,本次受访者对社区居委会的认知度较上次调查相比整体有所下降。两次调查中认知度最高的选项都是"知道办公地点",本次调查结果为79.1%,但低于2015年的调查结果89.6%;其次是"参加过活动"选项,这是所有选项中唯一比值上升的选项,由43.9%上升至48.5%;选择"知道领导姓名"的受访者占比为34.3%,与上次的调查结果43.9%相比下降了9.6个百分点;本次调查中的"了解服务项目"选项所占比值最低,由上次的55.5%下降至30.6%,下降了24.9个百分点(见图2)。从

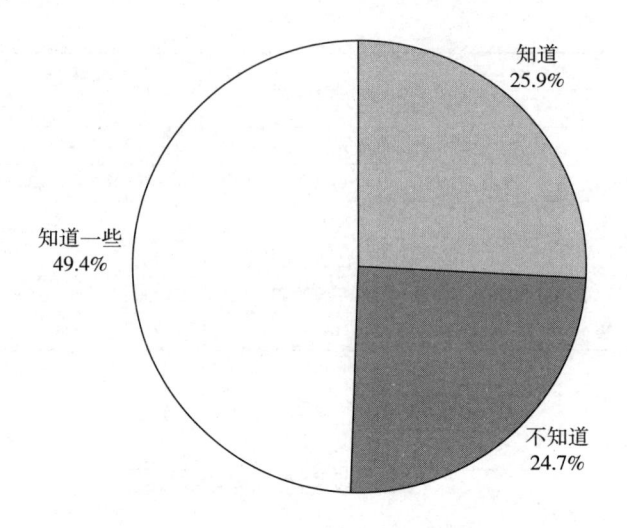

图 1　大栅栏街道服务企业事项认知度

两次数据结果对比来看，只有"参加过活动"选项有所提升，但幅度很小，仅有4.6个百分点，而其他三个选项数值都有所下降。因此，从本次受访工作人口对大栅栏社区居委会的认知度整体呈下降趋势，其中下降幅度最大的是"了解服务选项"，这说明地区工作人员对社区居委会的认知度有待进一步提高。

三　社区服务参与度

（一）社区服务项目：受访者的参与度普遍不高

关于大栅栏地区工作人员参与社区服务项目的情况，调查问卷从10个选项着手进行了调查，其中"都未参与"所占比重最高，达52.9%，而上次调查显示只有23.0%。其他9个社区服务项目的参与度均不超过20%，且除了"人才交流"选项占比有所上升外，其他选项都有不同程度的下降。从具体服务项目看，参与度排在前两位的是"法律服务"和"图书预览"，分别是19.6%和19.0%，与上次的35.2%和29.1%相比下降不少，两次调

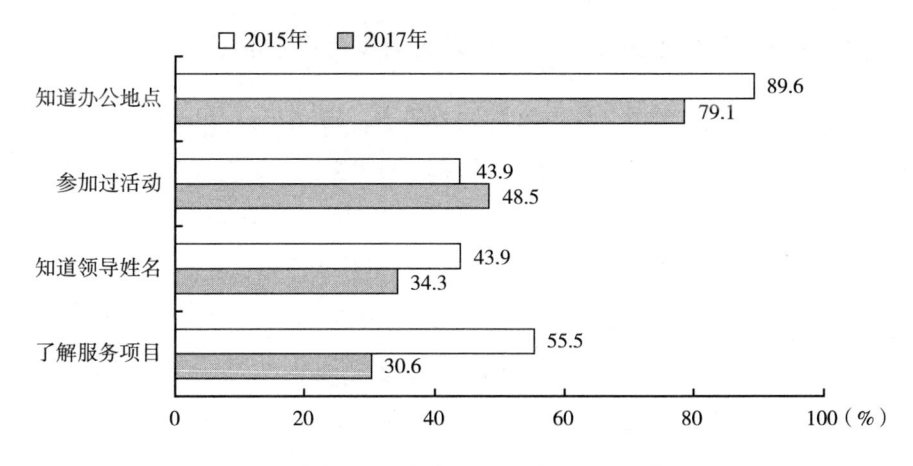

图2 2015年与2017年大栅栏街道社区居委会认知度

查中参与度最低的选项都是"婚姻介绍",由上次的4.2%下降至3.9%(见图3)。两次调查数据对比,反映了地区工作人员对社区服务项目的参与度普遍偏低,而且下降趋势明显,未参加社区服务项目的人员比重上升幅度较大,街道有必要进一步提升社区服务项目的吸引力,积极调动地区工作人口参与社区服务活动的积极性。

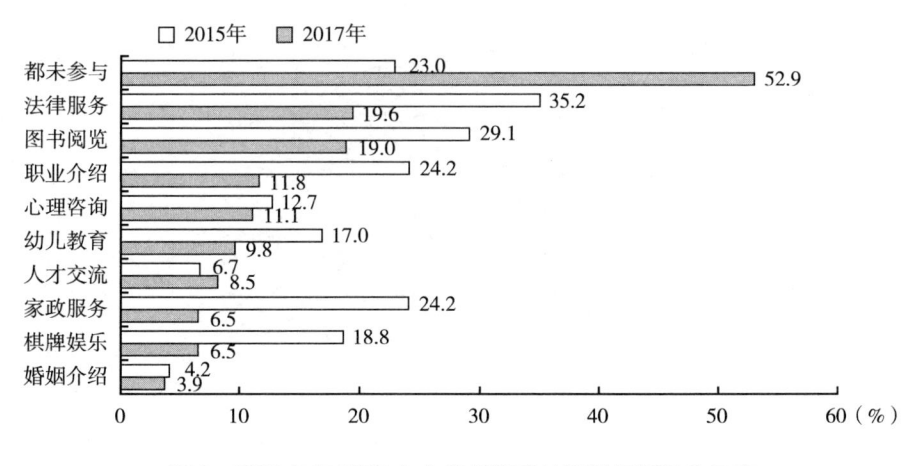

图3 2015年与2017年大栅栏街道社区服务项目参与度

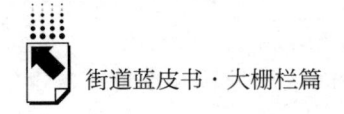

（二）社区文化活动：受访者的活动参与度亟待提高

对街道组织的文化活动参与度的调查显示，2017年只有9.5%的受访者表示"经常参加"，与2015年的调查结果29.7%相比，下降了20.2%；"偶尔参加"的受访者比重有所上升，由2015年的43.6%上升至50.0%。此外，"从来没有参加过"的数据也由上次的26.7%上升为40.5%，提高了13.8个百分点（见图4）。这三组数据对比表明，多数受访者参与社区文化活动的积极性不高，参与率较低，特别是与2015年的调查数据相比，"从来没有参加过"社区文化活动的人员占比明显升高，"经常参加"的人员比重明显下降。街道应该重视和加强开展社区文化活动，丰富地区工作人员的日常生活。

（三）社区公益事业："公益培训"项目的参与度最高

在社区公益事业参与度调查方面，问卷一共设计了五个选项，其中参与度最高的是"公益培训"，占比为46.8%，与2015年相比增长了18.5个百分点；其次是"绿化"选项，由上次的30.7%上升为38.3%。而"文艺演出"选项在两次调查中占比相同，都是25.3%，其他三个选项"助老助

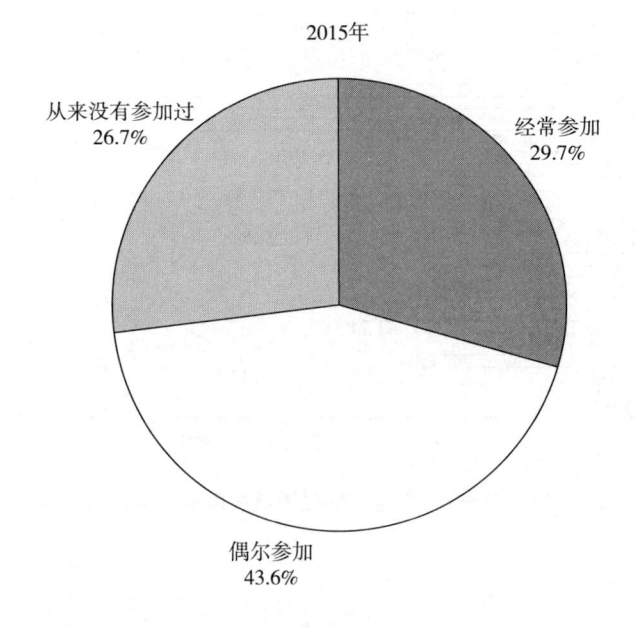

2015年

从来没有参加过 26.7%
经常参加 29.7%
偶尔参加 43.6%

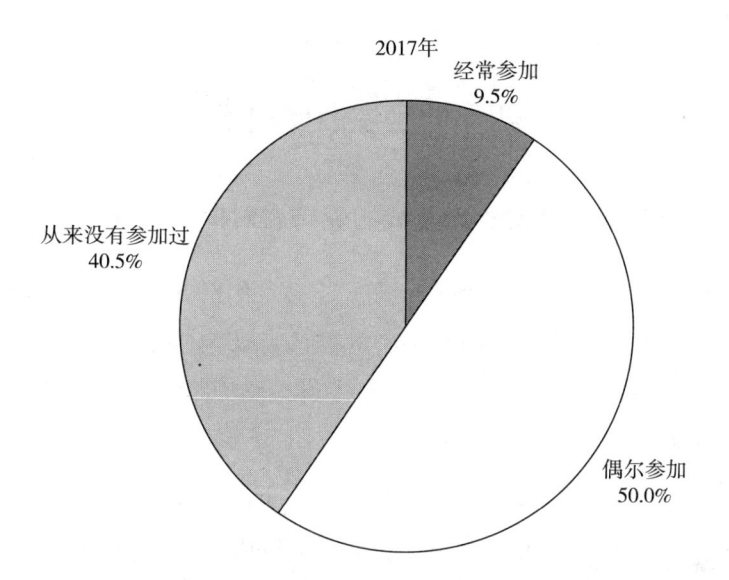

图4　2015年与2017年大栅栏街道文化活动参与度

残"、"治安"和"APEC会议志愿者"所占比重均出现不同程度的下降，分别由2015年的35.5%、37.3%、18.7%下降为23.4%、22.7%和14.9%（见图5）。从上述数据变化来看，大栅栏地区工作人员对社区组织的公益活动的参与意愿普遍很高，这与大栅栏地区坚持传承雷锋精神，坚持开展社会公益活动的优良传统分不开。

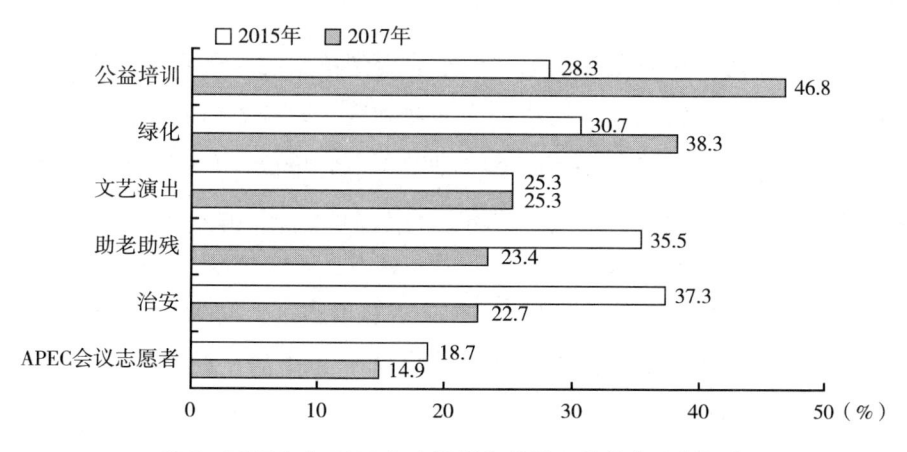

图5　2015年与2017年大栅栏街道社区公益事业参与度

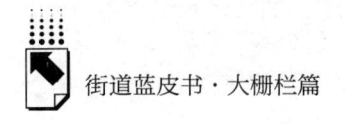

四 地区生活便利度

(一)停车资源情况：近九成的受访者对停车条件不满意

对大栅栏地区停车资源情况的调查显示，有89.9%的受访者对单位周边停车条件表示不满意，其中有一半的受访者认为停车条件"不太好，但不影响工作"，有39.9%的人表示"很不好，严重影响工作"，只有10.1%的受访者认为"很好，没有影响工作"。与上次调查数据相比，停车资源紧张的状况没有得到有效的改善，认为"不太好，但不影响工作"的受访者比重有所上升，由2015年的45.3%上升至50.0%；认为"很好，没有影响工作"的受访者比重由上次的14.6%下降至10.1%；而两次调查中认为"很不好，严重影响工作"的受访者比重几近相同（见图6）。由此可以看出，驻区企业周边停车资源紧，工作人员上班停车难问题仍然是大栅栏街道今后要重点解决的民生服务问题，街道在增加和优化地区停车资源的同时，也可以鼓励地区工作人员换乘其他公共交通工具，缓解交通拥堵问题和停车难问题。

(二)交通便利度：一半以上的受访者表示"最后一公里"步行时间不超过10分钟

通过对受访者从公交车或地铁下车后走到单位的"最后一公里"步行时间进行调查来了解大栅栏街道的交通便利度。调查数据显示，有22.2%的受访者表示下车后步行不超过5分钟就可以到单位；有32.3%的受访者表示到单位的"最后一公里"时间为5~10分钟；表示超过10分钟但在15分钟以内的受访者占比为30.4%；此外，还有15.2%的受访者表示下车后到单位的路程超过15分钟。与2015年调查数据相比，大栅栏街道的交通便利度有了明显的改善，"最后一公里"在5分钟以下的比重取得了显著的增长，由2015年的7.4%上升至22.2%，选择10分钟以上的受访者所占比重由上次的60.1%下降至45.6%。以上数据反映，大栅栏街道的交通便利度

2015年
很好，没有影响工作
14.6%

很不好，严重影响工作
40.1%

不太好，但不影响工作
45.3%

2017年
很好，没有影响工作
10.1%

很不好，严重影响工作
39.9%

不太好，但不影响工作
50.0%

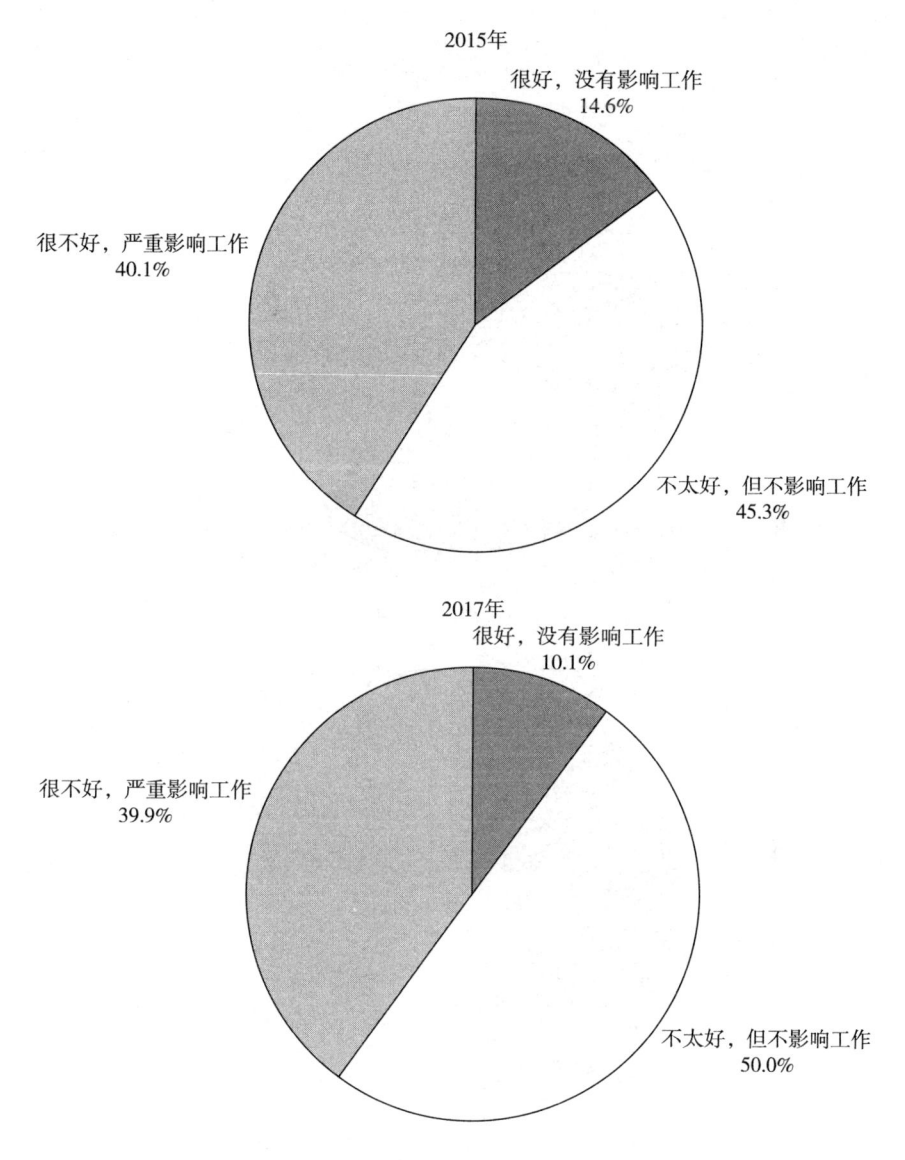

图6　2015年与2017年大栅栏街道停车条件便利度

有了一定程度的改善，为地区工作人员节约了大量的上班时间成本，街道要继续加强地区"最后一公里"工程建设，为驻区企业工作人员提供更加便利的出行条件。

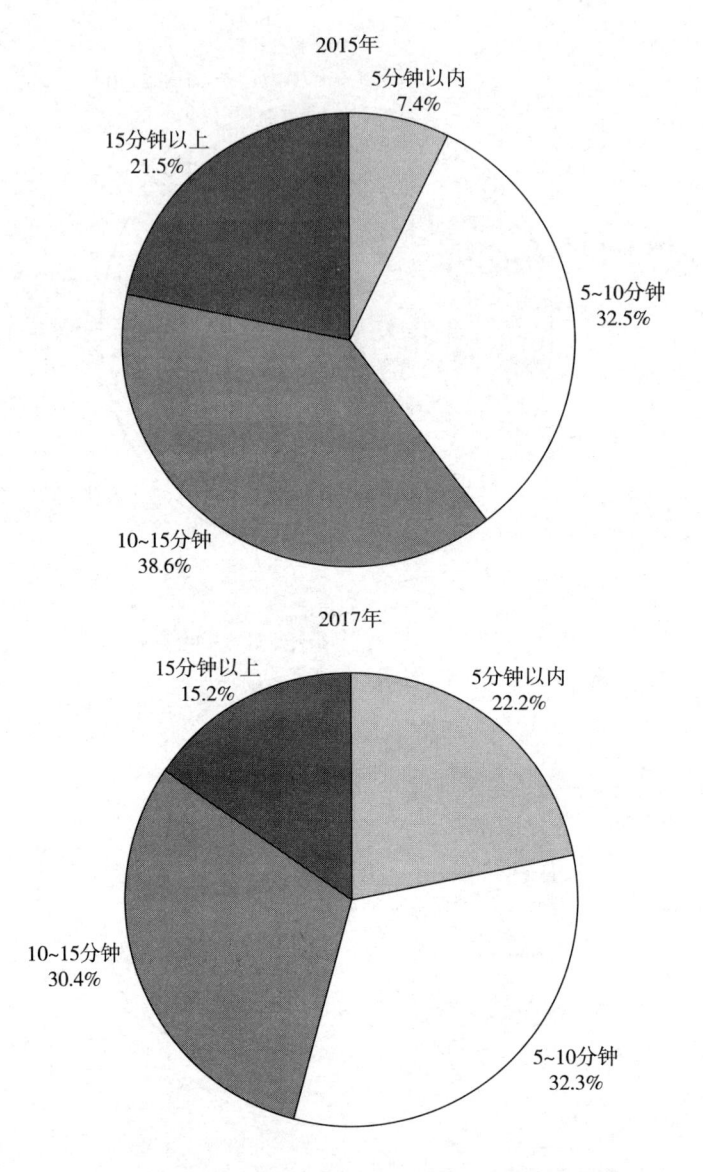

2015年
5分钟以内 7.4%
15分钟以上 21.5%
5~10分钟 32.5%
10~15分钟 38.6%

2017年
15分钟以上 15.2%
5分钟以内 22.2%
10~15分钟 30.4%
5~10分钟 32.3%

图7 2015年与2017年大栅栏街道"最后一公里"交通便利度

（三）早餐便利度：早餐供应点缺口依然很大

在街道早餐供应便利度方面，有16.5%的人表示"有流动摊点，卫生难以保障",选择"稍有不便,多走几步能找到"的有60.1%,还有12.0%的受访者和11.4%的受访者分别选择了"很不方便"和"基本没有"。与2015年的调查结果对比,四个选项所得数据均有波动,其中,"有流动摊点,卫生难以保障"选项占比下降了14.3个百分点,"稍有不便,多走几步能找到"选项占比上升了16.8个百分点,表示"很不方便"的受访者所占比重上升了6.3个百分点,而表示"基本没有"的受访者占比下降了8.7个百分点(见图8)。由数据对比可以看出,两次调查中与地区早餐供应便利度相关的四个选项所占比重虽然出现明显的数据波动,但有升有降。从整体来看,地区工作人口对街区早餐供应现状的满意度不高,早餐供应点缺口依然很大,街道要进一步提升地区早餐供应的便利度,以满足工作人口的基本需求。

五 社区基本公共服务满意度

(一)社会保障服务:医疗保险满意度最高

在社会保障服务方面,满意度最高的是"医疗保险"(50.7%),其次是"社会福利"(26.0%),两个服务选项的满意度与2015年的43.6%和24.5%相比均有所提升。在八个选项中,满意度提升最多的是"社会救助",由2015年的15.3%上升至22.9%,而其他社会保障服务选项的满意度普遍下降,其中下降幅度比较大的是"养老服务"和"就业服务",分别从2015年的39.3%和36.2%降至24.0%和21.3%,此外,表示"都不满意"的受访者比重也有所增长,由上次的6.7%上升至13.3%(见图9)。根据两次社会保障服务满意度调查数据对比图可以得出,地区社会保障服务体系还不够完善,发展还不够均衡,虽然地区医疗保险服务得到了很大程度的改善,但是除了医疗保险服务项目的满意度过半以外,其他社会保障服务项目的满意度均在26.0%以下,街道应该加强和改善地区社会保障服务的薄弱环节建设,如数据中反馈的养老服务和就业服务。

2015年

基本没有 20.1%

有流动摊点，卫生难以保障 30.8%

很不方便 5.7%

稍有不便，多走几步能找到 43.3%

2017年

基本没有 11.4%

有流动摊点，卫生难以保障 16.5%

很不方便 12.0%

稍有不便，多走几步能找到 60.1%

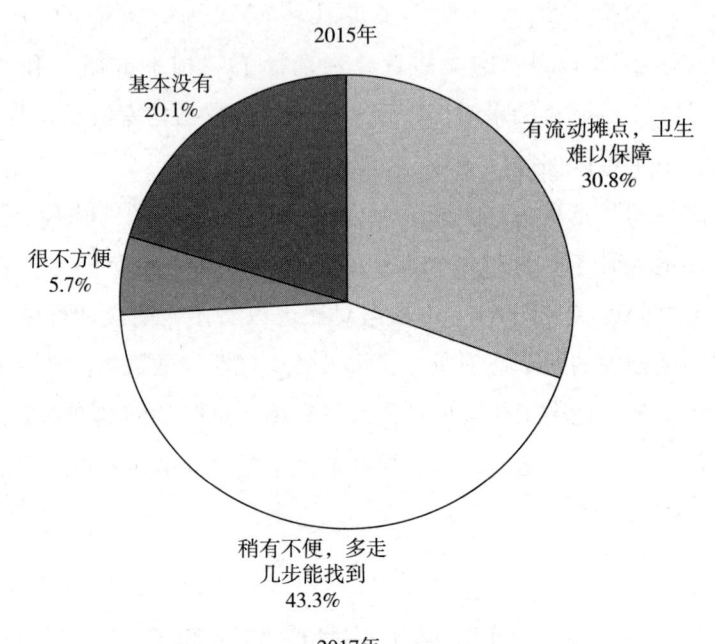

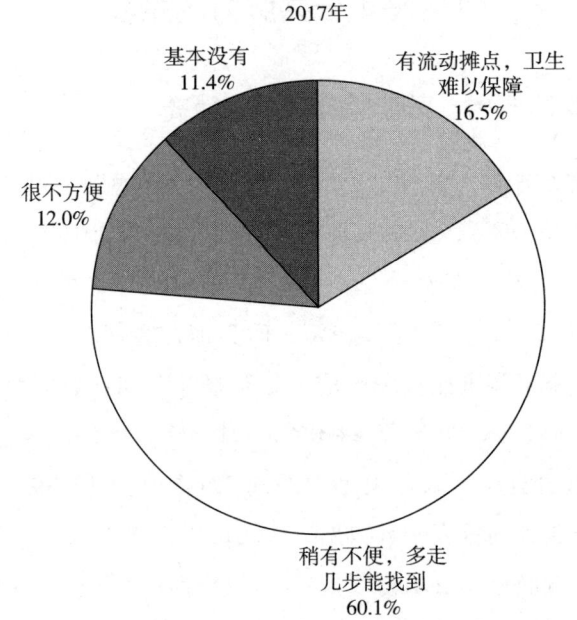

图8　2015年与2017年大栅栏街道早餐供应便利度

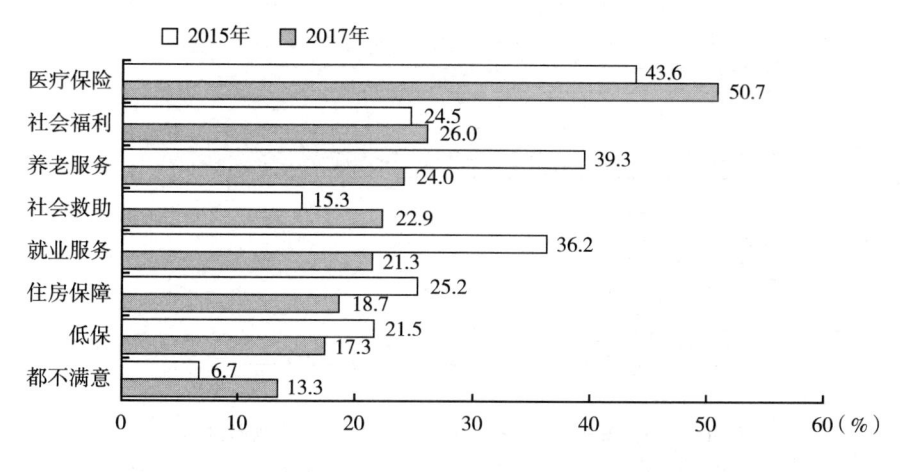

```
□ 2015年  ■ 2017年
医疗保险      43.6
              50.7
社会福利  24.5
          26.0
养老服务      39.3
          24.0
社会救助  15.3
          22.9
就业服务      36.2
          21.3
住房保障  25.2
          18.7
低保      21.5
          17.3
都不满意  6.7
          13.3
         0    10    20    30    40    50    60(%)
```

图9 2015年与2017年大栅栏街道社会保障服务满意度

（二）医疗卫生服务：45.2%的受访者认为"就医方便"和"价格满意"

在地区工作人口对医疗卫生服务的满意度调查方面，"就医方便"选项和"价格合理"选项所占比重相同，均为45.2%；其次是"设施先进"选项，有23.3%；此外，还有11.6%的受访者表示"都不满意"。与2015年调查数据相比，"就医方便"的满意度明显提升，在2015年35.6%的基础上增长了9.6个百分点，而"价格合理"选项和"设施先进"选项分别降低了7.9个百分点和3.6个百分点，此外，表示"都不满意"的受访者比例上升了1.6个百分点（见图10）。以上数据表明，大栅栏地区工作人口对地区医疗卫生服务的满意度不高，地区医疗卫生服务工作提升的空间还很大，根据不同项目的数据情况来看，街道在进一步巩固"就医方便"和"价格合理"的医疗卫生服务项目的同时，要更加注重引进先进的医疗卫生设备，不断提高地区的医疗卫生服务水平。

（三）公共安全：社会治安满意度最高

在公共安全的调查中，有66.5%的受访者对"社会治安"表示满意，

街道蓝皮书·大栅栏篇

```
□ 2015年  ■ 2017年
就医方便    35.6
           45.2
价格合理    53.1
           45.2
设施先进    26.9
           23.3
都不满意    10.0
           11.6
0    10    20    30    40    50    60（%）
```

图10　2015年与2017年大栅栏街道社会保障服务满意度

有32.3%的受访者对"流动人口管理"表示满意，还有29.7%的受访者对"突发事件处理"表示满意，表示"都不满意"的人占9.0%。按照满意度从高到低排序，两次调查排序结果相同，其中，"社会治安"和"流动人口管理"满意度分别下降了2.7个和8.6个百分点，而"突发事件处理"和"以上都不满意"选项占比分别上升了2.7个和5.9个百分点（见图11）。根据大栅栏地区工作人口对地区公共安全服务满意度的调查结果，我们可以了解到地区公共安全服务体系有待进一步完善，特别是流动人口管理和应对突发事件方面，街道要维护好地区发展的稳定局势，为疏解非首都功能，构建国际一流和谐宜居之都做贡献。

（四）城市管理：七成受访者认为违章停车是城市管理的主要问题

在关于城市管理中存在的主要问题调查方面，排在第一位的是"违章停车"问题，占比为70.1%，与2015年调查相比，增长了12.5个百分点。其次是"绿化不够"、"私搭乱建"和"街巷保洁"，所占比重分别为42.7%、37.6%和28.7%，与2015年相比分别下降了8.2个、10.9个和4.0个百分点。此外，"游商占道"（23.6%）和"乞讨卖艺"（11.5%）比上次增长了1.2个和5.4个百分点。还有17.2%的受访者选择了"门前三

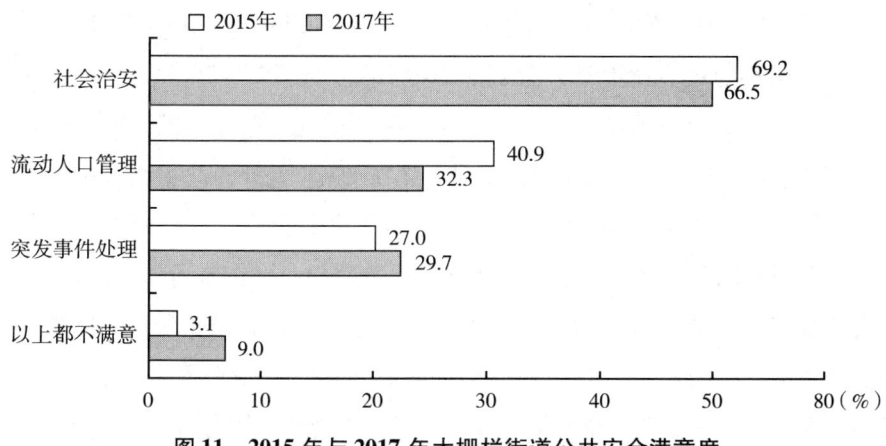

图 11　2015 年与 2017 年大栅栏街道公共安全满意度

项目	2015年	2017年
社会治安	69.2	66.5
流动人口管理	40.9	32.3
突发事件处理	27.0	29.7
以上都不满意	3.1	9.0

包"，与 2015 年相比减少了 7.6 个百分点（见图 12）。上述 7 个选项所得调查数据，在一定程度上反映了当前大栅栏地区城市管理面临的主要问题，为街道进一步做好城市管理和服务工作明确了重点和方向。

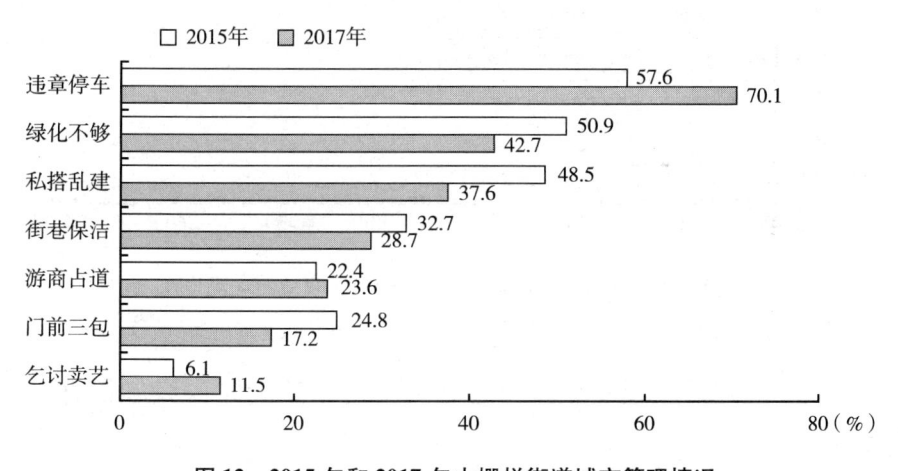

图 12　2015 年和 2017 年大栅栏街道城市管理情况

项目	2015年	2017年
违章停车	57.6	70.1
绿化不够	50.9	42.7
私搭乱建	48.5	37.6
街巷保洁	32.7	28.7
游商占道	22.4	23.6
门前三包	24.8	17.2
乞讨卖艺	6.1	11.5

（五）公用事业服务：超过五成受访者对供电供水服务表示满意

在公用事业服务方面，满意度最靠前的是"供电"和"供水"服务，分别为 59.9% 和 51.6%，与 2015 年调查数据相比，分别下降了 1.3 个和

5.4个百分点。其他公用事业服务项目中,"市容市貌"、"通信"和"信息化水平"的满意度有所上升,分别从2015年的28.5%、29.7%和19.4%提升至31.8%、30.6%和23.6%。"邮政"和"供气"服务的满意度,从2015年的33.9%和30.3%分别下降至30.6%和24.8%。此外,两次调查中"规划布局"服务项目的满意度最为稳定,相差0.1个百分点。综合两次调查数据来看,大栅栏地区的公用事业服务满意度提升缓慢,在调查所涉及的选项中,只有"供电"和"供水"项目的满意度超过五成,其他服务项目的满意度偏低且变化不大,因此,街道应该继续加大对地区公用事业服务的投入力度,推动地区公用事业服务项目的均衡发展,不断改善地区服务环境和品质。

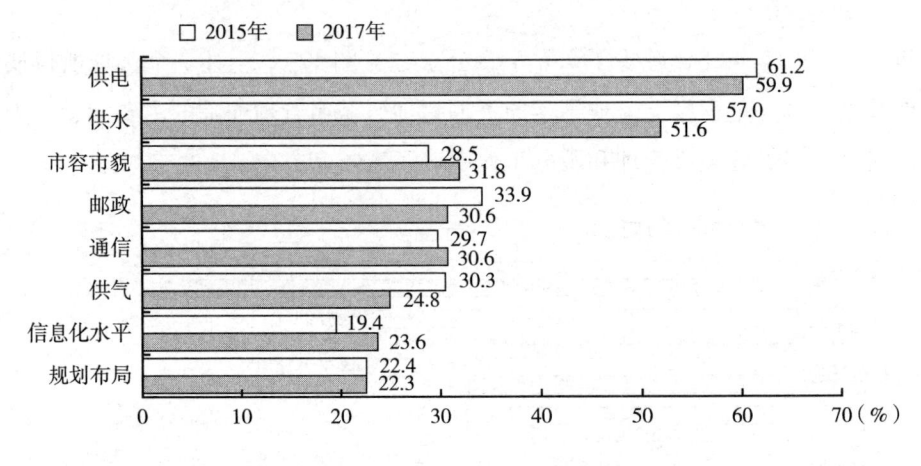

图13 2015年与2017年大栅栏街道公用事业服务满意度

(六)消防设施和安全:超过七成受访者认为防火设施很好,会安全逃生

此次调查显示,有72.2%的受访者表示"防火设施很好,会安全逃生",这一数据较上次调查数据有了大幅度的提升,上升了32.1个百分点,认为"防火设施一般,火势不大的情况下可以逃生"的受访者比重由上次的42.6%下降至22.8%,而认为"防火设施不好,逃生机会不多"的受访者占比从上次的17.3%下降为5.1%(见图14)。这些数据都说明大栅栏地

区的消防安全工作取得了很大的进步，地区消防安全设施和环境得到了很大改善，大栅栏街道通过定期开展消防安全知识讲座、举行消防安全演习、成立地区女子消防队等来克服地区消防安全隐患多和消防通道狭窄等问题。

2015年

防火设施不好，逃生机会不多 17.3%

防火设施很好，会安全逃生 40.1%

防火设施一般，火势不太大的情况下可以逃生 42.6%

2017年

防火设施不好，逃生机会不多 5.1%

防火设施一般，火势不太大的情况下可以逃生 22.8%

防火设施很好，会安全逃生 72.2%

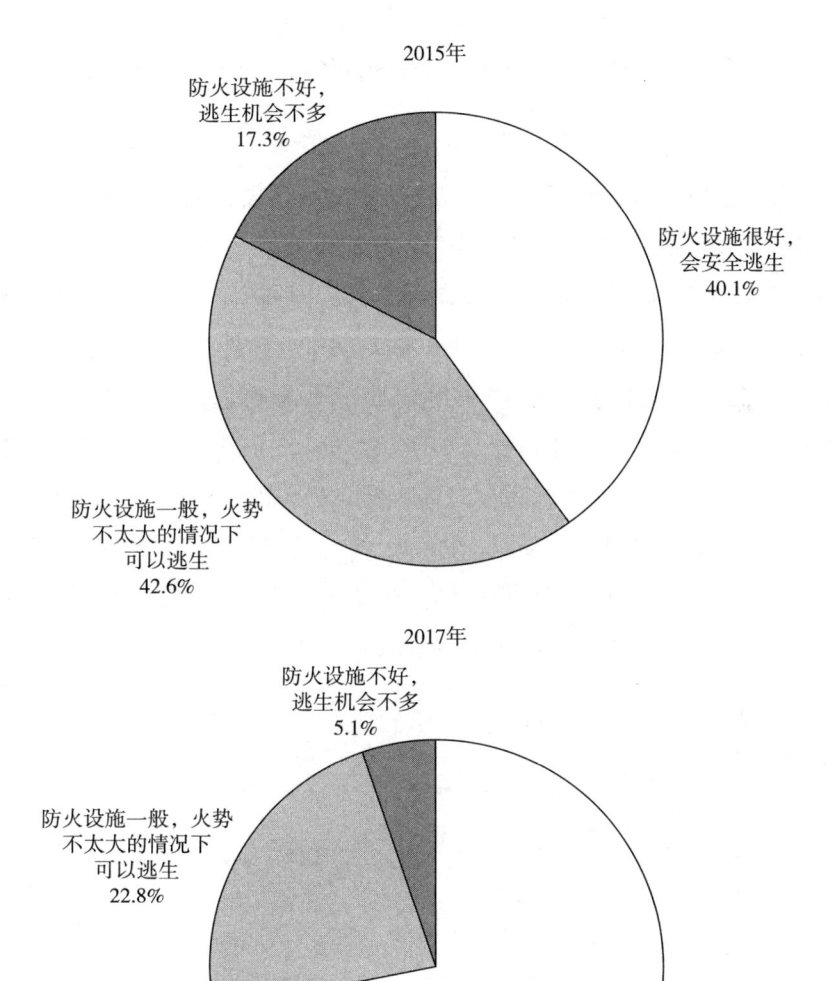

图14 2015年与2017年大栅栏街道消防设施和安全满意度

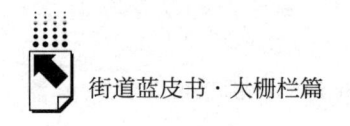

六 社区公共服务需求度

(一) 硬件设施需求：68.2%的受访者表示体育健身点需求度最大

社区公共服务既包括硬件设施的提供也包括软件环境的建设，问卷主要从以下六个方面来了解大栅栏社区工作人口对社区硬件服务设施的需求度状况。需求度最大的是"体育健身点"，从2015年的50.0%上升为68.2%，与2015年调查结果对比呈上升趋势的还有"图书室"和"文化活动室"，分别由21.9%和23.4%上升为28.0%和24.8%。此外，对"卫生所"、"公共广告栏"和"宣传栏"的需求度均处于下降趋势，分别由2015年的29.7%、28.1%和17.2%下降至2017年的20.4%、14.0%和11.5%（见图15）。可见，大栅栏街道工作人口对体育健身设施的需求度居高不下，在两次调查结果中都超过半数，街道应该加大社区健身设施的建设和更新投入。此外，街道也要注意其他硬件设施的协调发展，在图书室建设方面，可以推动自助图书馆建设，弥补传统图书室资源的不足。

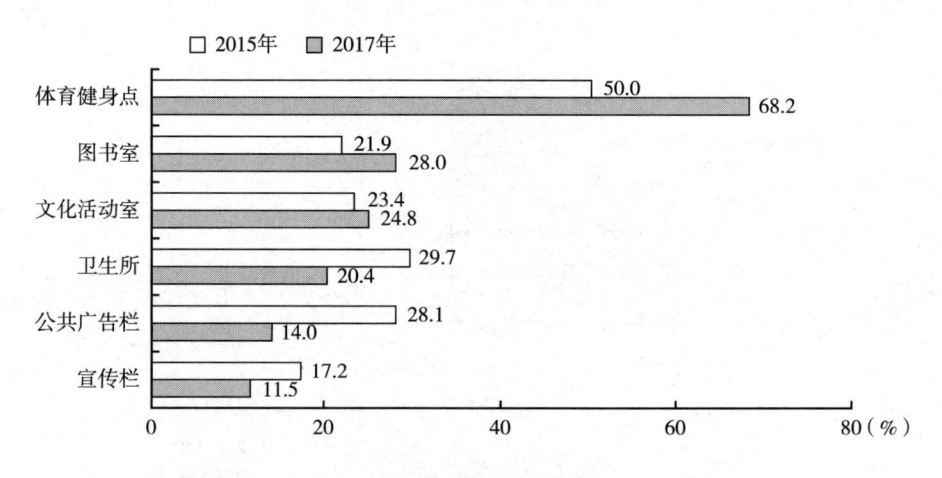

图15 2015年与2017年大栅栏街道硬件设施需求情况

（二）服务项目需求：便民利民服务、文化娱乐、医疗保健和法律援助服务需求增长明显

在10项服务项目需求调查方面，需求度排在前五位的也是需求度取得明显增长的项目，依次是"文化娱乐"（41.4%）、"医疗保健"（38.2%）、"便民利民服务"（35.7%）、"法律援助"（33.8%）和"公益培训"（25.5%）。与2015年调查数据相比，分别上升了13.7个、7.4个、17.2个、10.7个和4.0个百分点。其余五个服务项目的需求度则出现了不同程度的下降，其中下降幅度最大的是"老年服务"，由2015年的49.2%下降至22.9%，而"青少年课外服务""劳动就业""残疾人服务"和"家政服务"分别从2015年的24.6%、27.7%、27.7%和26.2%下降至24.2%、17.8%、15.9%和14.6%（见图16）。从两年的数据对比图来看，在大栅栏街道针对地区弱势群体的服务项目的需求度下降明显，说明相关服务供应情况良好，但在医疗、文娱、便民和法律等方面的服务缺口较大，街道要有针对性地加强社区服务建设。

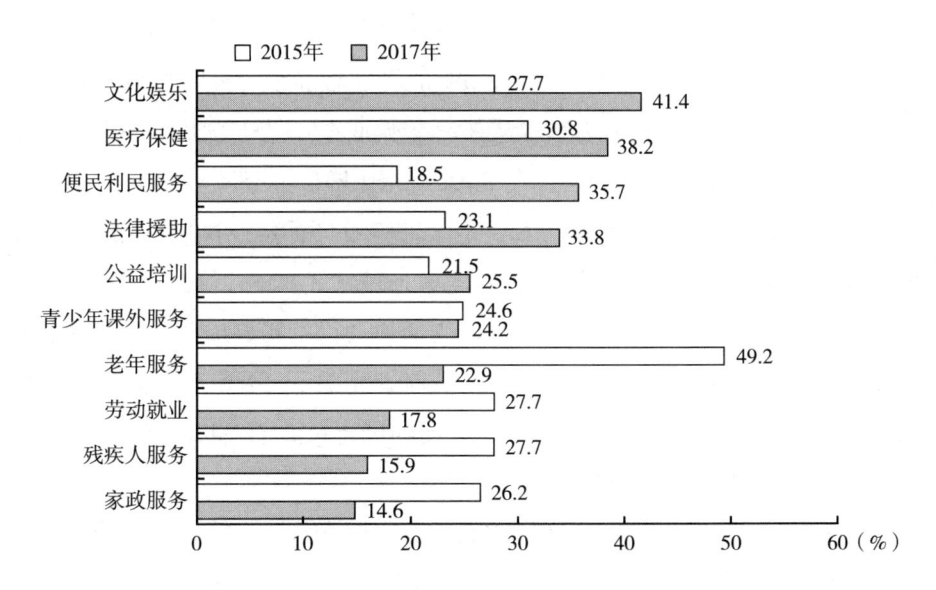

图16 2015年与2017年大栅栏街道服务项目需求情况

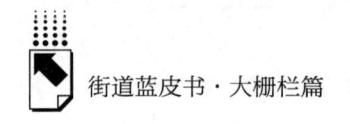

七 基本数据结论

通过对大栅栏街道的工作人口开展新一轮的地区公共服务调查，了解和把握大栅栏地区工作人口对社区公共服务的最新需求情况和评价情况，并结合2015年的调查数据制作对比图表，以社区服务机构认知度、社区服务参与度、地区生活便利度、社区基本公共服务满意度和社区公共服务需求度五个方面的数据对比结果为依据，整理出相关的数据结论，为街道进一步改善公共服务提供具体目标和方向，以下是对问卷调查中包含的五个方面16项数据情况进行归纳和分析后得出的基本数据结论。

第一，在社区服务机构认知度方面，有75.3%的受访者表示对街道办事处提供的企业服务项目有一定的认知，有接近八成的受访者表示知道社区居委会的办公地点，从数据结果来看受访者对社区服务的认知度有待进一步提升。

第二，在社区服务参与度方面，驻区企业工作人员的参与的积极性和普遍性都不高。其中，表示"都未参与"社区服务项目受访者高达52.9%，比2015年增长了29.9个百分点；只有9.5%的受访者表示"经常参加"社区文化活动，有40.5%的受访者表示"从来没有参加过"；参与度最高的社区公益事业是"公益培训"，为46.8%，与2015年相比增长了18.5个百分点。

第三，在地区生活便利度方面，有89.9%的受访者对单位周边停车条件表示不满意，近一半的受访者认为停车条件"不太好，但不影响工作"，地区停车问题没有得到有效解决；地区交通便利得到明显提升，一半以上的受访者表示"最后一公里"不超过10分钟，上升了14.6个百分点；早餐供应点不足，地区工作人员获取早餐的便利度不高，有60.1%的受访者表示"稍有不便，多走几步能找到"。

第四，在社区公共服务满意度方面，本次调查从六个服务项目着手来考察。首先在社会保障服务中，医疗保险服务的满意度最高，达50.7%；在医疗卫生服务方面，有45.2%的受访者认为"就医方便"或"价格满意"；

在公共治安方面,"社会治安"的满意度最高,为66.5%;有七成受访者认为违章停车是城市管理的主要问题;在公用事业服务方面,"供电"和"供水"服务满意度排在前列,分别为59.9%和51.6%;有72.2%的受访者表示"防火设施很好,会安全逃生"。

第五,社区公共服务需求度方面,在硬件设施需求中,体育健身点的需求度最大,是68.2%,上升了18.2个百分点;在服务项目需求中,需求度上升较快、需求度较高的依次是"文化娱乐"(41.4%)、"医疗保健"(38.2%)、"便民利民服务"(35.7%)、"法律援助"(33.8%)和"公益培训"(25.5%),与2015年相比,分别上升了13.7个、7.4个、17.2个、10.7个和4.0个百分点。

通过对本次调查数据进行分析和总结可以得知,大栅栏街道针对地区工作人口的公共服务工作取得了显著的进步,但也存在一些改善效果缓慢的重点和难点问题,需要街道加强统筹规划和部署落实。从具体公共服务项目的数据变化看,大栅栏街道的公共服务设施建设和项目开展需要更深入地结合地区群众需求,有针对性地解决好地区工作人口反映的地区公共服务问题。以下10个重点项目的数据值得关注(见表2)。

表2 德胜街道公共服务重点选项调查数据比较

序号	需重点关注的调查选项	2015年1月调查数据(%)	2017年5月调查数据(%)	数据变化情况
1	参与度最高的社会服务选项"法律服务"	35.2	19.6	下降15.6个百分点
2	参与度最高的社区公益事业项目"公益培训"	28.3	46.8	上升18.5个百分点
3	满意度最高的社会保障选项"医疗保险"	43.6	50.7	上升7.1个百分点
4	满意度最低的社会保障选项"低保"	21.5	17.3	下降4.2个百分点
5	满意度最高的选项医疗卫生服务选项"就医方便"和"价格满意"	35.6和53.1	45.2	下降9.6个百分点/上升7.9个百分点

续表

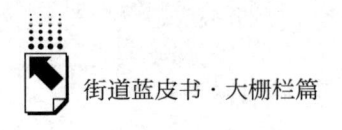

序号	需重点关注的调查选项	2015年1月调查数据(%)	2017年5月调查数据(%)	数据变化情况
6	满意度最高的公共安全选项"社会治安"	66.5	69.2	上升2.7个百分点
7	城市管理最突出的问题选项"违章停车"	57.6	70.1	上升12.5个百分点
8	满意度最高的公用事业选项"供电"	61.2	59.9	下降1.3个百分点
9	需求度最大的公共服务设施选项"体育健身点"	50.0	68.2	上升18.2个百分点
10	需求度最大的公共服务项目"文化娱乐"	24.5	38.9	上升13.7个百分点

八 对策建议

大栅栏街道是北京传统的商业文化街区，特色的商业文化和特殊的地理位置给大栅栏地区带来了众多的发展机遇和庞大的人口流量，但作为北京重要的历史文化保护区之一，大栅栏地区胡同较多，市政基础设施薄弱，社区公共服务体系不完善，在一定程度上制约了地区发展。大栅栏街道为实现发展转型，全面提升发展品质，在地区公共服务工作领域开展了深入的实践和探索，在提升医疗保险、养老助残、社会治安、文化娱乐等方面的品质上取得了良好的成效，但也存在一些改善难度较大的问题。本报告则主要基于大栅栏地区工作人口的地区公共服务调查的数据结果，了解和掌握地区工作人口对地区公共服务供需状况和满意度评价，并就数据对比结论和数据反馈的问题，提出有针对性的对策和建议。

（一）加强市政公共服务设施建设，推动地区服务品质的持续提升和居住环境的持续改善

大栅栏地区是典型的老旧城区和历史风貌保护区，城市基础设施和公共服务设施薄弱,而且这里是北京市人口密度最高的地区,也是北京市流动人口最为集中的地区之一,2016年的调查数据显示,大栅栏地区的人口密度达31000人/平方公里,为北京市全市平均人口密度2199人/平方公里的14倍,这些都带来了大栅栏地区公共服务供不应求且更新难度大、成本高的问题。因此,街道要推动地区公共服务品质的持续提升,打造和谐宜居的生活环境,就必须加强市政公共服务设施的建设,扩大地区公共服务硬件设施的覆盖面,满足地区各项公共服务需求。目前,大栅栏街道已经在消防设施、交通设施、残疾人设施建设等方面取得了积极成果,但在健身设施和停车设施等方面还存在很大的提升空间。街道一方面要强化自身的统筹规划职能,保障地区公共服务设施建设的科学性和实用性,以地区基础设施的更新和完善带动地区整体环境品质的提升;另一方面要紧密结合区情,按照"修旧如旧"的基本要求,在不破坏地区原始历史风貌的前提下进行公共服务设施建设。此外,采用项目制管理的方式推动地区基础设施的改造和升级,可以很好地解决资金问题和效率问题,如大栅栏商业街和杨梅竹斜街的成功改造。

(二)促进信息技术与公共服务的融合发展,提高地区公共服务效能

随着信息技术的发展,特别是以大数据和云计算为代表的新技术的推广和应用,信息化和数字化已经成为带动社会各项事业发展的新动能,在政府公共服务领域也不例外。应当在公共服务建设中积极引入先进的科学信息技术,促进二者融合发展,使有限的资源发挥最大的效能,实现资源的优化组合和科学配置,从而不断提高地区公共服务效能。大栅栏街道要结合全响应网格化社会管理服务工作,充分利用全响应指挥中心,及时了解服务需求,提高公共服务供应的准确性,增强服务政策的前瞻性;街道要加快公共服务的智能化建设,积极采用现代化手段,丰富公共服务的内容和形式,如开通大栅栏微信公众号,扩大了宣传教育的覆盖面,拓宽了政府和群众之间沟通互动的渠道,有利于提高群众对街道办事处和社区居委会的认知度和认同感，从而调动群众参与地区公共服务的积极性和主动性，共同致力于构建和谐宜居的大栅栏。

（三）充分发挥地区特色资源优势，打造一批有代表性的公共服务平台和品牌

大栅栏是老北京传统的商业文化街区，是众多中华老字号商铺的聚居地，也是许多民俗文化的传承基地，这些都为地区公共服务的发展和创新提供了资源和条件。大栅栏街道要把握好地区发展转型的契机，充分发挥地区特色资源的优势，力争打造出一批代表大栅栏街区特色的公共服务平台和品牌，不断扩大地区公共服务的影响力。街道可以依托地区老字号企业资源，为发展地区公共文化提供内容和场所，当前大栅栏商业街区已经形成了初具规模的小微博物馆群。同时，应搭建多元化的服务平台，为地区企业提供良好的经营环境，为居民提供舒适稳定的工作和生活环境，提高民众对公共服务的满意度。如大栅栏街道融合地区传统建筑风格和现代城市建筑风格，规划和建造了地区新地标北京坊，为发展高端商业和文化创意产业提供了空间和平台，有利于促进地区产业结构的调整和经济发展转型。结合地区文保区特点，街道还创建了"澜创园"就业创业孵化基地，通过深入挖掘优质的创业项目，培育优秀的创业带头人，鼓励发展特色手工艺创业型小微企业，打造居家就业品牌，将孵化工作和创业就业工作紧密结合，将居家就业与创业孵化相结合，不断创新地区就业创业服务模式，为地区居民提供高品质的就业创业服务。

理论报告

Theory Reports

B.4
历史文化街区软性发展模式思考

——以大栅栏更新计划为例

摘　要： 北京是我国首批历史文化名城之一，促进历史文化保护区发展是重中之重。作为首都核心功能之一，加强全国文化中心建设对历史文化保护区发展提出了更高要求。"软性发展"是一种新型的治理理念与治理模式，正在从城市更新向历史文化保护区发展拓展。把这一理念引入历史文化保护区的发展，就是要通过弹性的、灵活的、科学的、人文的方式提升历史文化保护区的发展品质与可持续性。大栅栏既是北京市重要的历史文化保护区，又是全国闻名的商业旅游体验区，一直都面临着在经济发展和历史文化保护之间如何平衡的问题。近年来，大栅栏提出了以"软性发展"为核心的更新理念，通过改善区域形象、复兴胡同文化、促进产业更新等措施，探索历史文化街区的可持续发展模式，为北京市历史文

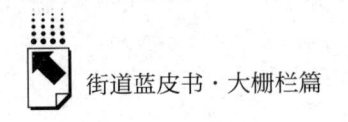

化保护区的发展做出了有益探索。

关键词: 历史文化街区　软性发展模式　大栅栏更新计划　可持续发展

一 历史文化街区的传统保护模式与软性发展模式的比较分析

城市现代化建设中,历史文化街区发展面临着强烈冲击。一方面,由于大部分历史文化街区的老旧现状,现代化的更新工作不可避免;另一方面,历史文化街区的保护更新往往涉及功能定位、保存规模、文化保护等因素。所以在更新过程中要因地制宜采取不同模式。通过对相关文献资料的研究,以参与主体为观察维度,历史文化街区保护模式可以归纳为五种类型:政府统改模式、市场开发模式、统规自建模式、多元参与模式、软性发展模式(见表1)。其中,政府统改模式与市场开发模式在发展中国家是比较常见的模式,强势主体和统一规划是其主要特征。统规自建模式与多元参与模式在发达国家比较常见,这两类模式强调自我更新,外部介入有限。随着城市发展日益复杂化,历史文化街区保护与发展需要采取多样化的策略,优化组合方式,切实有效地开展保护更新工作。

表1　历史文化街区保护模式比较

主要模式	实施主体	特点	代表案例
政府统改模式	政府	公共性和统一性	北京南池子历史文化保护区
市场开发模式	政府和企业	资源优势和产业价值得以充分发挥	成都宽窄巷子
统规自建模式	政府与居民自治组织	协同合作,共同建设	日本京都
多元参与模式	居民为主体,政府和市场共同参与	小聚落为单位,微循环渐进式改造	北京南锣鼓巷
软性发展模式	政府、社会、企业、公民等多元主体	保护和发展并举,循序渐进,共建共享	北京大栅栏更新计划

（一）政府统改模式：突出公共属性，发挥政府主导功能

历史文化街区的保护与发展具有公共事务的属性，政府是重要的推动主体。因此，在历史文化街区保护与发展中，政府统改模式比较常见。政府统改的优势和特点都体现在"统"上，既包括统一规划，又包括统一实施，还包括统一安置，特别是通过统一安置解决好居民生活改善、区域功能优化等问题。

北京南池子历史文化保护区是北京市历史文化保护区发展启动和完成较早的区域，也是政府统改模式运用比较成功的案例。在南池子历史文化保护区发展之初，政府成立专门工作小组统筹管理，以市属的城市规划设计院和工程设计院等单位为技术依托制定规划。由政府出资按照历史风貌对整个区域分功能进行腾退改造，历史建筑主要是修缮保护，居民院落主要是改造提升，危房和公共设施主要是改建新建。在改造过程中，采用了回迁安置、异地安置和货币安置三种方式，对区域内居民进行了统一安置，以此改善居民生活环境，提升生活品质。通过此次改造，在南池子历史文化街区的文化肌理得到有效保护的同时，区域的居住、文化、商业、旅游等功能也得到进一步优化。

（二）市场开发模式：放大综合价值，突出功能转换

合理地开发和利用历史文化资源一直是历史文化街区保护与发展中十分重要的问题。在我国，历史文化街区的市场化开发经历了一个逐步理性、规范的过程。特别是2008年《历史文化名城名镇名村保护条例》出台以后，过度的、无序的市场开发得到了一定程度的遏制。当然，市场开发模式也有其自身的优势，在国内外也不乏成功的案例，特别是在推动旅游业和文化创意产业的发展方面，发挥了积极的作用。

以成都宽窄巷子的更新改造为例，2003年以多家企业为主体，制定了成都市宽窄巷子历史文化街区改造工程方案。工程在保护历史建筑的基础上，注重对街区的整体性保护、整治、宣传、招商、经营和资产运作，最大

限度地保护了建筑所蕴含的历史文化与建筑价值,将成都特有的休闲文化变成一种可利用资源,着力打造以旅游休闲为主、内含四川地域特色和浓郁巴蜀文化氛围的文化商业街,使宽窄巷子成功地由单一功能居住区转换为文化、商业、旅游、居住复合型商业街。更新改造后的宽窄巷子在空间布局、功能优化、文化内涵等方面都得到了有效提升。除此之外,青岛的中山路、杭州的西湖天地、哈尔滨的中央大街等,都是以市场开发模式为主导的代表。同时在过去很长一段时间内,市场开发模式也是我国历史文化街区保护更新的主要模式。

(三)统规自建模式:统一规划设计,灵活实施改造

统规自建模式强调政府与居民自治组织两大主体以合理分工为前提,加强协同合作。具体来说,政府负责"统规",除公共基础设施的统一规划建设外,制定统一的规划和设计来指导实施改造,居民自治组织负责"自建",重点是筹集资金、施工建设等具体改造工作。

以日本古都京都为例,按照以居住功能为主的古建筑与民俗文化保护区的功能定位,京都采用统规自建模式,即政府负责当地的基础建设,对于古建筑的保护则按照历史原貌,由居民自行筹资修缮。为更好地推进古都保护发展,居民自发形成了三大社会组织,自治会负责社区的维护管理,协商解决社区问题;同业工会负责传统民俗文化的保护与传承;商会负责街区的业态的培育和行业规范。通过政府和居民自治组织的共同参与,在古都的历史风貌得到保护、功能不断完善的同时,居民的参与意识和参与能力也得到了极大的提升,为古都京都的持续发展提供了基础。

(四)多元参与模式:多方协同治理、小规模微循环推进

多元参与模式是以居民为主体,政府和市场共同参与的一种历史文化街区的保护与发展模式,目前多运用在更新条件复杂、更新技术难度大的区域,多以小聚落为单位,采用微循环渐进式的方式开展。

以北京南锣鼓巷为例,南锣鼓巷的居民以院落为单位,统一意见后向街

道办提出改造申请,街道办按照实际情况向区协调小组上报备案,由区协调小组制定集体搬迁方案,根据居民个别要求制定个案。在妥善安置群众后,区协调小组征求规划、建设、文保等相关部门的意见,制定修缮改造工程方案并开展改造工作。这种模式的特点在于更新进程相对缓慢,能够给历史保护街区预留自我更新的空间和时间。

(五)软性发展模式:优化组合方式、保护与发展共赢

历史文化街区保护与发展的模式之一"软性发展"(Flexible development)并不是一个标准化的模式,而更多地体现为一种治理理念。这种理念和模式的核心目标是实现历史文化街区的高品质和持续化发展。其要解决的核心问题是消除保护与发展的矛盾,在发展中实现保护,在保护中更好地发展,推动城市发展各个方面的协调以及历史文化街区各相关利益主体的多赢。历史文化街区的"软性发展"以科学规划为引领,改造实施的过程更多地体现动态性调整和优化,改造实施的措施更多地体现人文性关怀和文化的传承,改造实施的主体更多地体现多元性参与和成果共享。概括起来,主要体现为规划引领、循序渐进、文化传承、共建共享。

1. 坚持规划引领

历史文化街区的保护与发展要把规划作为工作的前置环节,按照前瞻性、可行性、指导性、系统性的原则制定历史文化街区保护与发展的总体规划,加强顶层设计,明确历史文化街区保护与发展的功能定位、标准规范、发展策略、实施路径和时间节点,为历史文化街区的保护与发展提供有力的支撑和保障。在此基础上,要研究制定历史文化街区保护的详细的控制规划,具体指导更新改造的推进和落实工作。

2. 倡导循序渐进

历史文化街区"软性发展"模式强调动态性调整和优化,这就决定了在改造实施过程中应该是循环式、渐进性的推进,避免大拆大建、突进建设。这种模式具有灵活性、适应性强的特征,能够有效降低更新改造成本,满足多元主体的利益诉求,更好地传承城市历史文脉。与此同时,循环渐进

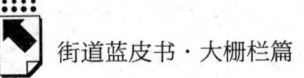

的发展模式进程缓慢，在更新改造之初就要充分考虑到改造周期和发展方向，进而建立一套多样化、可持续的融资机制，确保历史文化街区的保护与发展能够持续推进。

3. 注重文化传承

文化特别是历史文化是历史文化街区的重要组成部分。历史文化街区的"软性发展"模式，不仅强调要保护好街区的原有历史建筑、街区肌理、传统风貌等有形的文化符号，也要注重对内在的、无形的文化元素的保护与传承。对于有形的文化符号，要建立详细、系统的历史文化资源的目录和登录制度，拟订施行以保护历史文化资源为目标的保护措施、保护标准和激励计划。对于无形的文化元素，要以原住居民为重要的突破口，遵循生活延续性原则，保护好传统居住和文化习俗。同时，要加大对文化底蕴的挖掘力度，综合利用多种形式，做好历史文化街区宣传展示。

4. 强调共建共享

历史文化街区软性发展模式突出主体的多元参与和成果共享。要鼓励相关利益主体积极参与历史文化街区的更新改造，通过政府、社会、企业、公民等多元主体的共同参与，建立自上而下和自下而上相结合的协商共治机制，解决好历史文化街区保护与发展中多元主体利益诉求不一致、改造成本过高、文化保护与经济发展不协调等突出问题，形成历史文化街区保护发展的强大合力，实现发展共赢、成果共享。

二 大栅栏探索"软性发展"模式的可行性分析

在城市发展的不同阶段，其发展模式和目标也有所变化。过去一段时期内，传统的大拆大建模式是城市发展和改造的主流。但随着城市化进程的不断推进和城市规模的日益扩大，特别是城市病的出现，城市发展模式转型已经成为必然要求。城市发展目标已经超越了单纯地追求 GDP 的增长和土地规模的扩大，而是越来越注重综合性发展和可持续性发展，涵盖了经济发展、民生保障、环境保护、法制建设、历史文化、科学教育等多元诉求。大栅栏作为目前现存的不多的原生态历史文化街区之一,其在城市更新和改造过程中所面临的问题更多,挑战更大。在此背景下,结合街区发展特点,探索符合大栅栏街区特色的"软性发展"模式不仅可以推动大栅栏街区实现转型发展,还也可以为其他历史文化街区的发展提供宝贵的经验和借鉴。

(一)大栅栏探索"软性发展"的政策基础

《北京城市总体规划(1991~2010)》中曾将大栅栏定位为与西单、王府井同级的"市级商业中心",由于存在功能重合、环境复杂、腾退困难等因素,其商业功能定位遭遇尴尬。对此,市政府于2003年对大栅栏改造计划进行了第一次调整,颁布了《北京大栅栏地区保护、整治与发展规划》,将大栅栏未来的发展模式定位为"遗产导向型旅游业和旅游导向型商业模式";为改善街区整体环境,提升街区发展品质,2006年的前门大街改造工程,针对前门地区的脏乱差问题开展了专门的治理整顿行动,对违规违章建筑进行全面拆改,仅保留小部分做修缮整理。用类似集群设计的方式,政府组织多家设计单位共同设计改造规划方案,规划对退线、高度、材质、风格均制定了严格标准。这一改造工程基本复原了明清商业街的历史风貌。2009年新的前门大街完全建成之后,以此为基础对其两侧区域展开逐步改造工作。随着北京坊、小微博物馆等指标性工程的完成,大栅栏更新计划取得了一定的工作成果。但是大拆大建的刚性发展模式也让大栅栏的文脉遭受严重破坏。可以说,大栅栏"软性发展"模式有基础,但也面临不少问题。针对这些问题提出解决方案,也是大栅栏"软性发展"的一个重要任务。

鉴于街区发展面临着诸多新问题和新情况,大栅栏历史文化街区的更新计划彻底放弃了整体拆迁、大拆大建的改造模式。一方面,由政府牵头、出资,直接参与解决一部分直接影响大栅栏整体形象的院落改造,并对改造个案采取政府买单、个体负责的微循环改造方案;除了强化大栅栏的文化、旅游、商业等区域功能以外,重视其居住功能的改善和升级,并以公开招标的方式策划运作。另一方面,早在2003年,政府组建了区属国有企业——大栅栏投资有限公司,结合市场机制,以企业运行的方式专门展开大栅栏的更新工作。2011年之后大栅栏投资有限公司在建设中国特色世界城市、历史文化名城保护的背景下确立了一套更加系统的工作原则：一是在人口疏解和房屋改造工作中要遵循平等协商和自愿腾退的原则；二是在市政公共基础设施更新工程和地区环境改善工程中要按照"修旧如旧"的基本原则，保存和延续地区的城市肌理和原始历史风貌；三是在对地区建筑物立面进行修缮和改造时，要在分级分类和民主协商的原则下，探索弹性的微改造路径，并将改造方案进行公示，征求和听取人民群众的意见；四是在地区产业发展方面，采取新旧产业融合发展的原则，立足地区特色历史文化遗产资源，大力发展文化创意产业，推动地区产业结构调整；五是按照共建共享的原则，创建多元参与机制，鼓励和调动辖区各种力量参与城市建设和改造；六是采取"由点到线，由线到面"的工作原则，设立示范区开展试点工作，对成功的试点经验和模式进行推广，以带动全区发展。秉持可持续发展的精神，大栅栏投资有限公司将更新计划推入新的阶段。

同时，鉴于大栅栏所处的特殊地理位置、文化位置和社会心理位置，各界都对其改造的过程保持了高度关注。2011年以前大栅栏改造工程仍然延续了大拆大建的模式，在开发思路上则秉持了"修旧如旧"的原则，对当时的商业街进行了较大调整，试图恢复对老北京商业街建筑形态和风貌。在这一改造过程中大栅栏的文脉断绝，原生态的区域环境被破坏，居民本身的意识和主体性被消解了。特别是在2006年的大栅栏改造工程中，统一规划的街道和大规模的拆迁模式对大栅栏的文化生态造成的破坏引起了社会各界的批判与反省思潮，大栅栏的再生、重构、可持续发展的研究报告、方案纷纷提出。这些研究给予大栅栏改造工程思路调整的缓冲空间，激发了对于大栅栏的重新认识，促进有效的保护和更新理论的发展。

（二）大栅栏实施"软性发展"的重要性

北京作为我国的首都，1982年被评为第一批国家历史文化名城。大栅栏则位于北京的中心区域，是京城传统的商业往来、文化传播、文脉传承等诸多功能交织的区域。大栅栏自建立以来已经有近六百年的历史，随着历史的发展，大栅栏地区也逐渐成为商业文化、梨园文化、金融文化等多元文化的汇聚之地。大栅栏至今仍然保留了大量的历史文化建筑遗存和老北京特色民俗，而且作为北京有名的老字号一条街，聚集了瑞蚨祥、同仁堂、六必居、内联升、步瀛斋、马聚源、张一元等多达28家老字号商铺。大栅栏街区的更新改造不是简单的推翻重来，而是必须兼顾地区历史文化特点，在大栅栏更新计划中采取"软性发展"模式，既可以很好地改善街区环境和品质，又可以很好地保护地区的原始风貌和历史文化遗存。

北京市政府在《城市总体规划（1991~2010年）》中将大栅栏规划为"北京市历史文化保护区"。2003年，宣武区政府为了深化贯彻城市总体规划精神，制定了《大栅栏地区保护、整治与发展规划设计方案》，以加强北京历史文化名城的保护。此次保护规划的基本思路可以总结为三个层次和一个重点。① 而位于前门的大栅栏作为北京旧城区的核心部分，又是重要的历史文化保护区，其各方面条件完全符合规划。因此，按照规划确定的历史文化保护区的建设思路，推动大栅栏更新计划的落实具有重要的现实意义。

（三）大栅栏实施"软性发展"的必要性

从人口结构上来看，据2015年的统计，大栅栏户籍人口56386人，常住人口36997人，人户分离40848人，流动人口14737人。常住人口中，残疾人就有2000多人，老龄人口占26%。大栅栏地区的流动人口多，约占总人口的40%，流动人口中约90%只有高中及以下学历，低学历、低技能的现象十分普遍。人口上的劣势在一定程度上决定了地区人口的收入水平普遍不高，地区业态也多以服务周边务工人员的低端业态为主，这些不仅带来了地区脏乱差的环境治理难题、占道经营问题、交通拥堵问题等，而且外来人员与地区原住居民之间的矛盾也比较突出；虽然有一部分商铺经营者的道德素质和文化层次相对较高，有利于街区环境品质和文化品质的提升，但是他

---

① "三个层次"是指文物的保护、历史文化保护区的保护、历史文化名城的保护。"一个重点"是指旧城区。

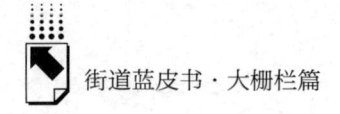

们在经济利益与历史文化的保护和传承方面更加倾向于前者，缺乏对街区文化的认同感和保护街区文化的责任感。总而言之，老弱多、病残多、流动人口多是目前大栅栏人口结构的特点。

从建筑布局来看，大栅栏地区的平房总共有3万余间，占总地表建筑的90%左右，其中公房有2万余间，私房1万余间。公房的改造主要依靠政府政策扶持，而私房的改造只能依靠居民自己去解决。一部分私房业主主观上不愿意改造，或者没有经济实力去改造，导致私房的改造难度十分大。最近几年政府对胡同内的公共公厕和公共道路修缮一新，居民院落的临街面也由政府出资进行装新，个别院落已经安装燃气管道。但是胡同内部乱搭电线、线路老化问题十分严重，气、热、下水道不足等问题依然存在。总体来说大栅栏的市政基础建设依然是薄弱的，也不适用大拆大建的刚性更新模式，这使得大栅栏居民的生活居住条件与期望值差距明显。面对人口结构和居住条件这两个问题需要提出更加人性化、个性化、软性的解决方案，以保障大栅栏历史文化街区的可持续发展。

三 大栅栏"软性发展"模式的实践及问题

（一）大栅栏"软性发展"模式的实践

传统的大拆大建模式和简单的整治改造方式已经不能够有效地保障历史文化街区的原始风貌和历史文脉，难以实现历史文化街区的可持续发展。在多元化思想的指导下，采取小规模渐进式的微循环改造方式，强调历史与现代的融合，是历史文化街区实现可持续发展的可行路径。大栅栏更新计划正是基于地区历史文化特色所采取的一种"软性发展"模式，是探索历史文化街区保护与发展的重要实践。大栅栏更新计划的主要路径可以概括为以下几点：顺应城市发展规律，探索可持续发展模式；注重多元参与，实现协同发展；创新改造模式，提升地区发展活力；发展特色文化产业，优化地区业态。

1. 顺应城市发展规律，探索可持续发展模式

大栅栏街道作为保存着丰富历史文化遗存的历史文化街区，采用"软性发展"模式不仅是对城市发展规律的有效遵循，而且也是推动地区可持续发展的必然选择。"软性发展"模式打破了传统的大规模推翻重建的刚性城市更新策略，更加重视区域发展的整体性和协调性，通过采用更加灵活、更加具有弹性的更新规划方案，将大栅栏地区的经济社会、历史文化、街巷胡同、院落建筑紧密地串联起来，实现传统与现代的融合发展，让大栅栏街区的传统特色焕发新时代的光彩。由于街区情况的复杂性，大栅栏街道在探索地区"软性发展"模式的实践中面临着许多困难和挑战。为推动街区更新计划不断取得阶段性成果，实现可持续发展，街道更新计划从"点"着手，按照"点、线、面"的相互促进、相互带动的发展思路，加快推动示范区的建设和推广。

按照城市发展规律，不断探索大栅栏街区更新的可持续发展模式，不仅要发挥政府的统筹协调作用，而且需要为充分发挥市场作用提供空间，正确处理好历史文化街区的保护与发展，政府、居民、投资公司相互之间的关系。在计划启动的初期阶段，大栅栏划定了具体的试点单位，探索适合大栅栏发展特点的发展路径，如在腾退安置、基础设施改造、业态调整等方面不断寻找创新模式，发挥引领示范作用，为后期形成规模化发展提供政策依据，还建立了大栅栏跨界中心作为开放的工作平台，依托该平台吸引优秀的设计师、建筑师等各界人才，向他们征集解决更新改造中突出问题的解决方案，如大栅栏启动的"领航员计划"和"北京国际设计周"项目。

2. 注重多元参与，实现协同发展

"大栅栏更新计划"的理念不仅强调文化的硬件载体——历史文物与建筑物的重要性，更加强调文化传承中人的作用。所以，大栅栏更新计划中紧紧把握两个方向：更新方式上多元化，更新主体上多元化。特别是在大栅栏更新计划的项目实施过程中，如何让不同利益方能够达成共同认知，以及找到利益平衡点显得尤为关键。原有的政府单一主导模式在调动社会各界力量方面缺乏灵活性，市场力量虽然可以有效地调动社会多元力量参与的积极

性，但其自身具有盲目性和自发性的弊端，需要必要的监管。因此，只有在政府主导下，搭建地区多元参与平台，才能够实现协同发展的目标。在统筹规划方面，西城区政府专门设立了"大栅栏琉璃厂建设指挥部"；在协同发展方面，大栅栏街道创立了"大栅栏跨界中心"，为居民、媒体、设计师、艺术家、社会学家、人类学家等社会各领域人士跨界参与提供融合平台，共同推动大栅栏的"软性发展"。

更新计划的实际操作中，对于居民来说，如何有效地传达"软性模式"的具体意义与内容是一个难题，而在实施过程中又必然要涉及居民的具体利益，如果简单明确地告诉居民可以得到什么，会以什么样的方式介入，往往大部分居民只会选择观望，这时候就凸显"点"的工作的重要性。在杨梅竹胡同保护修缮项目中，通过较为容易沟通的居民来作为突破口，发挥先行者的示范效应，让其他居民看到改造带来的实际效果，从而让居民自发参与进来；同时，尊重居民的意愿，采取自愿腾退的方式，产权人可以自主选择搬迁或留居，并且根据每个居民不同需求，用灵活的、个性化的方案解决不同的具体问题。另外，对于更新计划的主体参与者来说，要充分地发挥跨界融合的优势，不断地吸引更多的专业人才来参与。

3. 创新改造模式，提升地区发展活力

保护和开发大栅栏街区，需要处理复杂的关系。探索大栅栏街区更新改造的创新模式，是推动地区疏解整治促提升工作的关键。大栅栏更新计划根据 CPCP 文化节点簇模式理论，将"节点簇模型"应用到具体更新实践中，即探索"植根于城市老区（Place），拥有不依赖'商圈'的产品、服务及市场运作机能（Program）、消费群体（Client）、独特文化内涵（Culture）的适合在大栅栏生存和发展的功能业态"（见图 1）。大栅栏更新计划摒弃了传统的整体搬迁规划策略，以地区腾退出来的零散空间和院落为节点，并且按照符合地区风貌和周边居民需求的思路进行灵活的建筑改造和弹性的产业引入，这样不仅可以使新的建设工程与街区原始风貌相契合，而且可以充分发挥节点的资源聚合功能和周边辐射功能，有效盘活地区资源，提升地区发展活力。大栅栏更新计划的产业引入自我更新理念，取代了传统商圈的刺激性竞争，这主要表现为新入驻的商铺将最大限度地降低对居民的干扰，让既存的商铺借鉴学习，从而改变其自身的经营策略；新入驻的服务业将周边居民作为主要服务对象，丰富胡同的生活方式；新入住的文化产业则作为改善区域形象、复兴胡同文化、促进区域的产业更新。

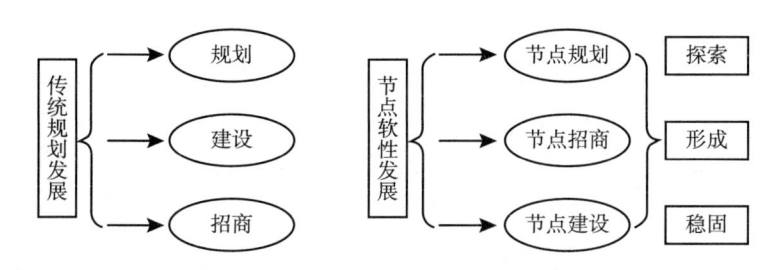

图1　传统规划发展与节点"软性发展"

4. 发展特色文化产业，优化地区业态

历史文化资源是大栅栏地区的特色资源，在大栅栏地区发展文化产业具有得天独厚的优势，但在文创产业的发展中，产业引入工作比较容易，实现产业与本地文化的融合发展则较为困难，这直接关系到大栅栏地区的产业结构调整和业态提升，是地区发展的核心竞争力所在。在大栅栏更新计划中采用CPCP文化节点簇模型发展特色文化产业，是在充分征求专门的研究机构和专业设计师的意见和方案的基础上，对改造更新过程中自愿腾退出来的空间资源进行合理规划和业态布局，新空间的产业导入和商业入驻要以文化相关产业为主，大力发展文化创意产业和高端服务业，以此来带动周边的其他业态协同发展，最终实现传统生活模式与现代生活模式的融合、新旧居民的和谐相处与新旧产业的融合共生。

大栅栏还筹办了"北京国际设计周"，以设计周为平台，吸引新的产业人群入驻大栅栏，形成新的产业聚落，大力发展文化创意产业，打造地区新的品牌形象，提升大栅栏的国际知名度。

（二）当前大栅栏更新计划面临的问题

大栅栏更新计划旨在探索地区全面、开放、协调、可持续发展的新路

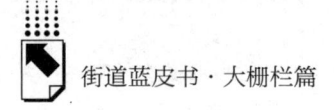

径，是在"软性发展"理念的引导下积极探索既符合大栅栏街区发展规律和特点，又能兼顾多元主体利益的地区发展模式，这对推动大栅栏发展转型，提升地区发展品质具有直接的现实意义，对于丰富城市发展理论也具有十分重要的进步意义。不过，通过全方位的审视，大栅栏的更新计划仍面临以下几个问题。

首先，政府和原住居民之间沟通渠道有限，存在信息不对称的问题，导致居民对政府政策理解不够充分，居民对政府的信任度和认可度有待进一步提升。城市更新改造与居民的生活息息相关，政府的改造方案要充分按照民主原则，听取和采纳民众的合理意见，双方的充分沟通和信任是更新计划顺利推进的基础保障。在更新改造过程中比较突出的问题大多与地区民生有关，有些改造工程设计不科学、使用率不高、实用效果较差，与提升居民生活品质关系不大。

其次，整体协调发展问题，从构建首都功能核心圈角度来看，大栅栏"软性发展"模式是相对缓慢的，是否能够跟上首都整体的发展速度是个问题。特别是疏解工作方面，少数要求凌驾多数意愿的现象十分普遍，满足少数要求变成政府主要工作任务，导致更新计划的重心失调。

最后，如何培育灵活的文化节点，也是当前的难题之一。理论层面上，CPCP文化节点簇模式是基于旧城发展现状，构建一个独立的、能够适应当前建筑形态和文化生态、不依赖于已成熟商业区的人流，并能辐射带动活跃周边的生态环境。而在实际操作层面上，在大栅栏有限的空间资源内，符合CPCP文化节点簇模式的产业又相集中，这就导致过度的刺激性竞争，一部分文化节点商业化质变，包括一部分老字号在内，商业化氛围愈加浓厚，而文化节点的功能逐渐丧失。

四 关于大栅栏更新计划的思考与建议

目前，"软性发展"模式在全球范围内历史文化街区保护领域也是比较新颖的话题。大栅栏更新计划具有非常重要的理论价值和实践意义。不过，大栅栏更新计划没有具体可参照的对象，加之大栅栏的实际情况又极其复杂，目前探索大栅栏"软性发展"模式的工作显得极为困难。大栅栏更新注定是一个漫长的过程，在这个过程中需要实时配合发展进度调整计划。上述的问题，可以归纳总结为几个工作重点：加强沟通、疏解腾退、产业引导方面要有系统考虑。本文对此提出以下几点建议。

（一）进一步理顺多元主体的关系

历史文化街区保护涉及多元主体参与。在大栅栏更新计划中，如何妥善处理好政府与企业、居民的关系是主要问题之一。虽然大栅栏投资公司负责对大栅栏历史文化保护区进行改造建设、区域发展规划研究、项目改造及保护修缮实施、产业引入及招商运营等工作，几乎覆盖了更新计划所有的层面，但是政府仍要在更新工作中提供支持、服务与保证，要进一步明确政府对大栅栏投资有限公司的职能性质及授权范围，以确保大栅栏投资公司更新计划有规可依。此外，政府还要利用好大栅栏投资有限公司的纽带作用，通过其倾听、了解居民的需求，完善基础设施的建设，解决群众生活难题。还可以将大栅栏投资有限公司作为技术依托，提出更加多样化的方案满足居民的个性化需求。

（二）创新工作方式

"软性发展"模式的核心是创新工作方式，促进多元主体参与。要改变过去大拆大建、推倒重来的刚性工作方式，就必须重新审视大栅栏更新计划，探索新的工作方式，以减少城市开发和建设给城市风貌和文脉带来的破坏和冲击，缓解政府、开发商和居民三者之间的矛盾，协调地区各个利益主体之间的关系。大栅栏结合自身区情，深入探索历史文化街区的"软性发展"模式，让标志性的历史建筑物恢复原貌，让传统文化得以延续，让街区总体布局更加便利。同时，还采取有效方式调动居民参与建设的积极性，在腾退工作中，善于借鉴国内外的经验，适当调整工作方式，既要让街区保持原汁原味的风貌，又要统筹兼顾城市发展。创新工作方式必须因地制宜，不同街区面临的具体情况不同，相应的实践路径也不同，如日本京都的发展模式是成立居民自治会，通过自治会成员之间协商合作解决区域发展中的问题，让居民参与到区域更新计划中来，也可以允许通过自治会联合一部分居民持产入股大栅栏投资有限公司，让居民变成更新计划的一部分。

（三）大力发展文化产业

在市场化经济条件下，历史文化街区的保护和发展存在过度商业化的危险，传统的历史文化街区的发展模式虽然可以给地区发展带来诸多商机和经济利益，但在一定程度上破坏了城市的原始风貌，冲击了城市的传统文化，不符合可持续发展的要求。大栅栏的传统商业街区要改善区内业态，优化产业结构，一方面要充分发挥地区资源优势，大力发展文化产业，带动相关服务业的发展；另一方面，要加强政府监管，发挥市场活力，坚持适度商业化原则。当前，大栅栏大部分商铺经营者不是本地人，并且他们大多数仅仅单纯地追求商业利益，对历史文化的传承与弘扬漠不关心，这不仅有碍大栅栏历史文化保护，也不利于地区"软性发展"模式的构建。因此，在大栅栏地区发展文化产业推动地区业态调整的实践中，既需要发挥市场的资源配置作用和竞争激励作用，更需要政府发挥产业规划和政策引导作用，避免过度商业化对城市原生态生活和文化造成冲击。大栅栏街道采取"软性发展"模式就是通过加大对区内 CPCP 文化节点的扶持力度，为文化产业的发展提供空间和资金，通过文化与产业的融合发展，打造独具特色的历史文化商业旅游街区，既保留和传承地区优良的历史文化，又促进地区产业结构的调整，带动街区整体品质和居民生活品质的提升。

B.5 文化功能推动城市可持续发展研究

——以大栅栏街道推动文化功能建设为例

摘　要： 可持续发展是城市科学的重要课题。可持续发展强调城市发展既要符合宏观的发展规律，又要适应个体自身的基础条件。而城市功能定位基于城市自身发展实际与未来发展目标的结合，科学合理的城市功能定位是实现城市可持续发展的重要条件。全国文化中心是北京的核心功能，大栅栏位于首都核心功能区，是北京重要的文化承载空间，拥有丰富的文化资源。结合大栅栏的自身优势，利用好这些文化资源，推动文化功能的发展建设，对推动北京市可持续发展有着重要的意义，对于其他城市也具有重要的参考和借鉴价值。

关键词： 城市功能　功能定位　可持续发展　文化功能　大栅栏街道

一　城市可持续发展与城市文化功能的关系

（一）城市功能体系内涵与区域定位

在城市建设发展的规划和设计中必须明确城市各项功能的内涵，必须科学谨慎地进行土地和空间的定位和布局，这是城市健康有序发展的先决条件。研究城市功能体系一般会采用定性法，通过梳理城市历史文脉，总结和确定不同区域的发展方向，因地制宜、因势利导地对城市不同区块的功能进行规划和定位，不断引入城市发展的新视角，用科学发展观指导城市规划。

这需要从解构城市功能切入，结合城市的基本条件进行分析，归纳总结城市发展的经验。具体来说，城市功能体系研究可以分为两个部分：第一，解析城市功能体系的构成；第二，根据城市功能体系发展脉络来确定发展的方向。

1. 解析城市功能体系的构成

城市功能是一个复合体系，要构建适应城市自身发展水平的城市功能体系，推动和完善城市功能建设，需要深刻地剖析并理解城市功能体系的内涵。城市功能体系是一个系统综合性概念，而不是简单地指城市各项功能的简单叠加，城市功能的组合最后构成了城市这个自行运转的有机整体。这个体系涉及城市功能的类型、城市功能的覆盖范围。从城市功能体系包含的内容来看，构成城市的不同功能区块覆盖的区域范围和服务范围都会有所不同，不同城市的相同功能区域的结构布局也不同，甚至同一个城市在不同的时代背景和发展阶段，其功能构成和区域定位都是不同的。因此，城市功能体系是变化发展的过程体系，是与城市的发展需求紧密联系的。具体来说城市功能的体系主要由城市功能自身的复合性、等级性、复杂性、动态性等因素来决定。

城市功能具有复合型，城市功能的产生和发展最初是因行业的聚集效应发展起来的，同类或相关行业在空间和地理上的规模聚集，使得城市具有了代表性的功能区块，这些不同功能区块在城市格局中又相互联系、相互支撑、相互补充，共同构成了城市发展整体的功能体系。城市功能具有等级性，城市功能的起源和发展历程，也决定了城市不同功能在城市发展过程中占据的重要性存在很大差异，这主要表现为：随着城市发展程度和水平的提升，城市功能结构也在进行不断调整和完善。城市不同行业的发展能力和适应能力存在差异，其在城市中的发展规模和发展权重也有所不同，不同功能在城市中具有鲜明的等级差异，对城市发展产生不同程度的影响力。其中，城市的基础功能和主要功能在城市发展中发挥的功能是决定性的、不可替代的。但是，随着时代的进步和人们生活水平的不断提高，城市功能的等级性也逐渐弱化，如城市在发展早期以发展工业的经济功能区为主，辅之以生活居住功能和交通运输功能。但随着时代的发展，人们对城市发展的内涵有更为科学和系统的认知，一部分城市功能会随着城市的规模的增大逐渐加强，并且逐渐变为城市的重要功能或者核心功能。而一部分功能也有可能消失，尤其是在区域整合的过程中，城市为了应对区域协调发展的要求，需要放弃一部分功能，甚至是重新构建核心功能。在传统的必要功能之外，城市也越来越重视生态涵养功能和休闲娱乐功能等次要功能的建设和发展。总之，城市功能体系的构成和发展十分复杂，动态性极强，对城市功能体系的内涵和结构进行深入研究，把握城市功能发展的内部规律性，是推动城市建设和发展的前提条件。只有用动态的眼光看待城市功能的发展，把握城市功能体系的各个因素作用关系，准确地理解城市的现状，才能为城市建设找到正确的方向。

2. 城市功能定位的内涵及其必要性

城市发展方向其实就是城市功能定位，即城市功能的指向性为城市发展提供了可以遵循的方向。但城市的自身定位并不是一开始就明确的，它是结合城市具备的软硬性条件和发展需求变化来确定的，要从根本上符合城市发展规律。从理论和概念角度来分析，首先要全面而深刻地了解城市功能定位的基本内涵、核心要素和作用机制，以此为基础对具体城市的基本面情况和功能定位进行分析和建构，为城市发展制定科学规划和设计。其次，城市功能定位要贴合城市发展需求，突出城市自身特色，即城市功能定位要充分考虑当地的自然环境、区位因素、产业现状和基础设施状况，要立足城市的历史背景和文化背景，将城市的现代功能定位与城市的历史文化根基紧密地融合起来，重视发挥城市功能定位在树立城市形象和提升城市吸引力方面的作用。总之，城市功能定位的作用就是从宏观和基础上确定城市发展的总基调，为城市具体建设和阶段性发展提供依据，确保城市建设和发展的各项战略和政策有效落实。因此，可以说一个城市的功能定位是否科学准确直接关系着一个城市的发展与未来。

综合城市功能定位的内涵来看，城市功能定位是一项系统而复杂的工作，它综合考察城市所处的大的周边环境，使城市发展拥有牢固的区域根基，获得规模效能和资源聚集优势。而城市要实现持久的发展动力，归根结底还是靠内在的功能结构和建设，关键是要明确城市的功能定位，根据城市功能定位的内涵分析。外在和内在两个方面的界定，说明城市功能定位不仅是定位城市在大区域范围内的功能，而且也是定位城市内部各个具体功能区域的位置和范围。这也决定了城市功能定位具有综合性、前瞻性和主导性三个明显特征。其综合性主要是指对城市功能定位起决定和影响作用的各种因素是多元而复杂的，如客观上需要考虑城市的自然资源、地理位置和历史文化等，主观上需要考虑人民素质和政府能力等。其前瞻性是指城市功能定位要具有科学的预判能力，除了要满足当前城市发展的基本需求外，还要能够为潜在的发展需求和问题挑战预留出发展空间和回旋余地，打破城市功能定位的局限性，兼顾当前利益和长远利益，拓展城市发展的纵深设计，增强城市发展潜能。其主导性主要是指抓主要矛盾，抓重点领域，城市作为一个庞大的运行机器，包含于其中的各个零部件的功能众多，在有限的资源和政策条件下，要聚焦主要核心的和紧要的功能，及时调整不合理的功能。

此外，城市功能定位内涵中涉及的区域概念具有特殊的含义，它不是指城市的腹地范围，也不是一个简单的空间地理单元，而是对城市发展影响最为突出的一个功能地域概念，其覆盖范围也相对广阔，也有可能超过城市自身范围辐射到一个城市群甚至更大的区域。空间定位上的跨越性，使得城市的功能深受城市之间、区域与城市腹地之间关系的影响，城市功能综合性特点也越来越明显。这里需要特别强调的是在城市功能定位内涵的界定范围内，区域不仅具有空间的定位还有时间的定位，空间定位前面已经解读过，时间定位也有两层含义。第一层是现状区域，现状区域是指从城市当前所处的发展状况和客观条件出发，分析和得出现状背景下对城市发展影响最大的功能区域，它是城市未来功能调整和更新的基础。第二层是定位区域，定位区域是指在未来城市发展中影响最大的功能区域，这个区域有可能就是现状区域，有可能是对现状区域结构调整后产生的新区域。但这两层定位并不是相互割裂的，而是相辅相成、相互促进的，因此，在构建城市功能定位体系的过程中，既要充分认识现状功能区域对城市发展的基础作用，又要兼顾长远，重视对城市定位功能区域的确定，只有将两者结合起来，才能够科学合理地确定城市的功能定位。

（二）城市发展中文化功能的意义及作用

城市发展也是相对清晰的概念，如何有效地推动城市持续发展，是所有城市都面临的难题。从全球的城市发展经验来看，无论在哪里，城市发展最终都会体现为文化的发展。与城市相关的文化生产、文化传播方式，已经成为一种独具一格的文化生产模式，在当代城市发展史中占据着主导地位。

1. 城市发展的趋势

厘清城市发展的规律，把握城市发展的趋势对于优化调整城市功能定位具有重要意义。虽然城市发展是根据自身的条件而定的，但整体来看，世界范围内的城市发展过程，可以清晰地划分为前工业时代、工业时代和后工业时代三个阶段。

前工业时代的社会生产力发展水平较低，所以城市功能比较简单，大部分是以军事功能与政治功能为主，其他功能是根据客观条件发展，依附在城市之上的。这一构造现象反映在城市布局上则是城市的外侧是耸立的防御城墙，居民区与商业区按照坊市制度布局，而城市的中心位置则被服务于军事功能和政治功能的机构所占据。比较有代表性的有唐代的长安城、明代的北京城和古代罗马等，它们都是前工业时代的大都市，且功能都以军事和政治中心为主，其他的功能附属于城市的两个主要功能。

到了18世纪，机械动力革命将城市推向了工业化时代，工业的发展带动了劳动生产率的大幅提升，也使现代工业厂房实现区域范围的大规模扩张，大量的劳动人口以工厂为中心集聚在一起，由此形成了一个生产、资本、技术、人口、市场等各个要素复合存在的城市功能体系。随着工业化进程的加快和生产力水平的提高，人们的生活水平和社会交往能力也得到很大程度的提高，商品的交换和市场的开放也使城市与城市、区域与区域、国家与国家之间的交往变得更加频繁和便捷。在市场化环境下，比较优势和自由竞争的原则使一些国家和城市迅速崛起，成为区域甚至世界的中心。一些主要城市的代表性功能区域成为国家或城市的中心，这些城市或区域以强大的优势功能在区域范围内发挥着重要的影响力。在世界城市发展历史中，尤其是在工业化进程中涌现出了一大批这样的城市，如18世纪引领世界工业革命的英国被誉为"世界工厂"，其首都伦敦堪称当时的世界中心城市，其功能区块辐射范围覆盖全球，在世界范围内具有巨大的影响力。恩格斯对此有过精彩的论述："像伦敦这样的城市，就是逛几个钟头也看不到它的尽头，而且也遇不到能够表明快接近开阔田野的某些象征，这样的城市是一个非常特别的东西。这样大规模的集中，250万人这样聚集在一个地方，使这250万人的力量增加了100倍，他们把伦敦变成了全世界的商业首都。"

在信息技术革命之后，城市发展形态进入了以知识储存与信息交流为主导的后工业时代。城市的内部经济结构发生了本质的变化，生产性要素和需求急剧下降，而消费性要素和需求急剧增长。并且，在后工业时代，高度发达的区域城市数量会逐渐饱和，所以需要立足更大的空间载体去思考城市定位。综合起来，步入后工业时代的城市发展趋势有两个特征。一是从内部来说，城市经济功能结构发生重大调整，即从类似伦敦的传统型多功能性中心转向新形态的中心。所谓新形态的中心是指与传统经济要素关系不大的新型经济要素集中的经济中心。二是从外部来讲，随着后工业时代的到来，各个城市的生产条件变得均质化，区域间交通运输也变得更加便利，信息化让城市间的产业分工协作变得更加密切有效，中心城市自然而然成为区域发展的"大脑"，城市功能逐步集中于信息交流和文化保存之上。后工业时代最具代表性的城市功能区域是美国纽约的曼哈顿。曼哈顿区域随着时代变化，其内部功能结构和外部发展条件都产生了很大的变化。在17世纪早期，纽约市内的曼哈顿还是以商业为主的功能区域，市场贸易繁荣；但随着工业革命的发展，生产企业和制造商不断在曼哈顿聚集，将其很快打造成为美国规模庞大的制造业中心，从而带动商业繁荣；21世纪以来，制造业的功能地位开始衰落，服务业所占比重不断攀升，城市功能已经逐渐从生产贸易等中心向金融中心、信息科技中心、文化交流中心、时尚娱乐中心等发展。在城市外部形态上，曼哈顿采取了开放式街区的模式，使金融区、商业区和居民区等融合在一起，使区域内的资源使用和人员交流情况更加开放和便捷。

2. 文化是城市持续发展的核心动力

针对城市持续发展的动力这个难题，一部分城市学者回归城市本质探索城市持续发展的方法。1916年芝加哥学派代表人物R.E.帕克斯就城市本质做出了重要论述，其在《城市，对于开展城市环境中人类行为研究的几点意见》一书中指出："城市并不是各类民政机构的简单汇集，它是一种心理状态，是各种礼俗和传统构成的整体。换言之，城市不是简单的物质现象，也不是简单的人工构筑物。城市已同其居民的各种重要活动密切地联系在一起，它是自然的产物，尤其是人类属性的产物。"① 按照帕克斯对城市的理解和论述，他认为城市的构成包括城市的硬件组成部分和城市的软件组成部分，这两个部分相互补充、相互作用，共同促成了城市整体的发展基础。但是他重点强调和研究的是构成城市的软力量，如城市居民的素质（文化素质和心理素质）、城市的历史文化、城市的行政力量等。帕克斯认为城市和文化是和谐共生的，是一个概念和事务的两种不同表现方式，他把人类发展历史和城市发展历史按照特定的文化标准进行了划分，提出人类建设城市的过程就是人类文化产生和发展的过程，文化从来都是依附于城市发展之上的，世界史就是人类的城市时代史。

美国学者刘易斯·芒福德也是以文化视角出发研究城市功能的著名学者。他认为城市就是指承载着文化的生产、贮存、传播和继承功能的区域范围，在该区域范围内高度聚集的人口以非农业经济人口为主。从概念解读上来看，他同帕克斯一样重视城市的文化功能，他的依据是城市出现的历史时间与文字、数字及口语词汇出现的历史时间基本一致，城市借助这些知识和技术的记录性工具实现了延续和扩展。芒福德指出，一个城市的等级、规模和价值在很大程度上取决于城市文化功能的强弱。此外，他还把城市的文化功能具体地细分为生产、贮存、传播和继承等功能，其中最基本的城市功能有三个，即文化的创造发展功能、贮存功能和传播交流功能。而一个城市功

---

① R.E.伯克斯：《城市社会学》，宋俊岭译，华夏出版社，1987，第1~48页。

能体系发展到一定的程度，城市就不再仅仅局限于作为一个相对较小的区域中心，城市定位要发挥更重要的潜在作用，那就是成为"世界中心城市"。然而，仅仅靠集中大量的人力、财力、功能和公共机构等是无法完成这个任务的。[1] 芒福德强调要让一个城市持续发展，成为一个建设一个具有国际影响力的"世界中心城市"，文化是必不可少的核心动力。而城市的文化影响力和渗透力能够超越其本身的地理位置、人口规模或者是经济实力等限制。例如，16世纪的佛罗伦萨作为偏安一隅的中型城市，人口仅有10万人，却主导了整个欧洲的文艺复兴运动。可以说，当时，佛罗伦萨不仅是亚平宁半岛的文化中心，也是整个欧洲的文化中心，历经数百年的时光，至今佛罗伦萨仍是世界的文化艺术中心，其国际影响力得到延续。

二　大栅栏文化功能定位的背景与思路

（一）北京城市发展中大栅栏历史文化的重要性

推动大栅栏的发展，要符合北京市的总体发展规律，还要结合大栅栏自身的特点，功能定位要符合综合性、前瞻性和主导性等三大发展理念。大栅栏是全国的首都功能核心区，北京市的历史文化保护区、旅游导向型历史文化街区、首都文创建设的"中心城文化核"，也是西城区"文道建设"和"文化强区"建设的重点对象。未来，大栅栏仍将继承延续北京城的文脉和城市肌理。作为老北京历史文化仅存不多的承载空间，保护大栅栏，实际上就是在保护北京的独特性，也是维护北京可持续发展的基础。

1. 重视大栅栏的历史文化，树立基本保护思路

"大栅栏"读作 dà shí làr，是北京传统历史文化商业街区，是众多历史文物建筑和民俗文化的承载地，也是北京宣南文化的起源地。大栅栏的历史

---

[1] 刘易斯·芒福德：《城市发展史》，宋俊岭、倪文彦译，中国建筑工业出版社，2005，第572~573页。

渊源可以追溯到明孝宗弘治元年，最初主要指的是廊房四条，后来人们习惯性地把大栅栏胡同及周边的胡同一片区域统称为"大栅栏"，逐渐指代前门商业街区的大片区域。经过几百年的沿革和发展，以大栅栏胡同为中心，周边区域逐渐发展成为店铺林立的商业圈。位于前门西侧的大栅栏在地理范围上包括廊房头条、粮食店街、煤市街等在内的一大片区域，一共有九个社区，东西跨度长达275米。大栅栏在地理位置上处于北京城南中轴线上，紧邻天安门、中南海、故宫博物院、毛主席纪念堂和国家博物馆等政治文化场所，是北京市历史文化中心的重要展示窗口。

1999年，北京市按照《国务院关于北京城市总体规划的批复》的指示精神，根据《北京城市总体规划（1991~2010年）》中的相关要求，将北京市25个街区划定为历史文化保护区的保护和控制范围，大栅栏就是第一批被划定的对象之一。为了进一步处理好保护与发展的关系，北京市政府在《北京旧城历史文化保护区保护和控制范围规划》中，就如何开展好大栅栏历史文化街区的保护工作提出了明确的具体要求和内容（见图1），这为大栅栏历史文化街区保护与发展工作的开展提供了基本思路和行动指南，不仅很好地梳理和总结了历史文化街区保护与发展的关系，也为落实具体的阶段性工作做好了准备工作。

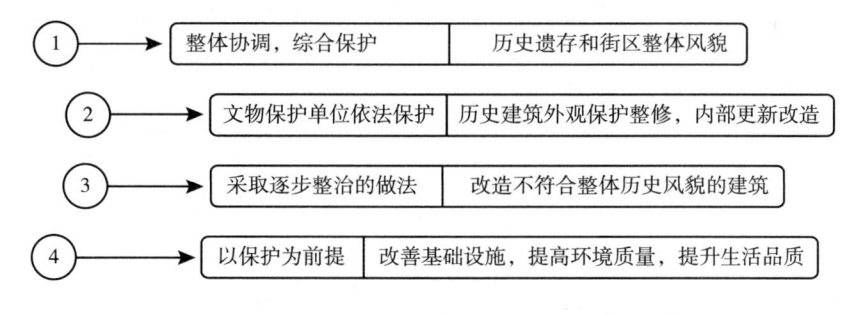

1	整体协调，综合保护	历史遗存和街区整体风貌
2	文物保护单位依法保护	历史建筑外观保护整修，内部更新改造
3	采取逐步整治的做法	改造不符合整体历史风貌的建筑
4	以保护为前提	改善基础设施，提高环境质量，提升生活品质

图1　大栅栏历史文化保护区保护工作的内容和要求

资料来源：《北京旧城历史文化保护区保护和控制范围规划》。

2. 结合大栅栏区域特性，推动大栅栏文化产业发展

大栅栏作为北京市的25个历史文化保护区之一，保留了原有街区胡同

的特色，形成了大栅栏西街至铁树斜街、杨梅竹斜街至樱桃斜街等街区的框架体系。《北京城市总体规划（1991—2010年）》中曾将大栅栏定位为与西单、王府井同级的"市级商业中心"，但是这一规划效果并不理想。2002年，宣武区政府为对该地区进行改造更新，并拟向世界银行申请贷款项目。受世界银行委托，北京大学城市与环境学院旅游研究与规划中心与丹麦的咨询专家承担了该项目——"北京大栅栏文化旅游商业区规划"（下文简称"规划"）。"规划"在研究大栅栏历史街区城市更新的基础上，指出大栅栏地区的发展模式为遗产导向型旅游业和旅游导向型商业模式。"规划"指出，在对大栅栏历史街区进行更新改造的过程中，最为关键的决策是交通规划。大栅栏区域并没有必要承担过多城市干道交通输送过境客流的功能。"规划"最后提出，大栅栏地区开发目标应该是建设城市旅游目的地，其依托就是以四合院为基础改造而成的家庭宾馆。根据这一发展理念，2003年北京市出台了《北京大栅栏地区保护、整治与发展规划方案》，该方案为突出和保护好大栅栏历史文化街区的京味儿特色风貌，将大栅栏地区分为四个功能不同的区域，即历史风貌重点保护区、历史风貌控制区、历史风貌延续区和历史风貌协调区（见表1）。大栅栏通过对街区进行整体统筹规划，将地区划分为四个区域，不仅把大栅栏地区的商业街与珠宝市街、廊房二条串联起来，形成了现代化的商业步行街，还把大栅栏商业街与琉璃厂文化街、斜街串联起来，形成了历史文化街区走廊，把大栅栏打造成了一条集旅游观光、文化交流、商业娱乐、餐饮购物于一体的功能区。

（二）首都功能建设中大栅栏文化功能的意义

北京不仅是全国的政治中心、文化中心、国际交往中心、科技创新中心，还是一座世界闻名的历史文化名城和世界中心城。当前，北京面临摆脱"大城市病"、推动可持续发展等问题。而位于首都核心功能区的大栅栏则是解决这一问题的重要部分。这不仅要体现在对大栅栏文化资源的保护上，也要体现在对大栅栏文化资源的开发上，通过推动文化功能的发展来清除大栅栏过去发展的积垢。文化是一个城市可持续发展的核心动力，不仅要在理论上重视和强调这一理念,更要在探索发展路径的过程中实践这一理念。这就需要盘活大栅栏的文化资源,将传统文化与现代文化完美结合,让大栅栏的文化产业接轨国际,打造北京文化、中国文化的品牌。这对于推动北京市可持续发展尤为重要。

表1　大栅栏历史文化街区的四个区域划分

四个区域	区域范围	建设要求
历史风貌重点保护区	大栅栏及东琉璃厂两处文化重点保护区	建筑风貌将严格保存现状或恢复原状
历史风貌控制区	大栅栏及东琉璃厂两处文化保护区的周边区域	建筑风貌的控制原则与重点保护区一致,允许有少量与原风貌一致的"仿古"式样建筑
历史风貌延续区	建设控制区与城市主干道一侧建设过渡地段	建筑风貌要求与邻近的重点保护区和控制区的风貌特征有明显的延续关系
历史风貌协调区	沿南新华街、珠市口、西大街及前门西大街一侧的建设地段	建筑风貌要求在体形、色调、式样等方面与风貌保护区和控制区相呼应

1. 推动西城"文道建设",打造"中轴核心精华区"

西城区共有历史文化街区(历史文化保护区)18片,全区历史文化街区总面积约10.23平方千米,约占西城区50.7平方千米行政辖区面积的20.17%,占北京旧城33片历史文化街区总面积的50.3%。大栅栏作为其中的重点历史文化街区,总占地面积虽然只有0.4709平方千米,却有28处遗存古迹以及有21个挂牌保护院落。其中有同仁堂药店、裕兴中银号、同元祥银号、集成银号、观音寺、五道庙、梅兰芳祖居、谭鑫培故居、小凤仙故居、赛金花故居、杨小楼故居等传统建筑遗存;有古树名木5株;有正阳门、交通银行旧址、盐业银行旧址、平阳会馆戏楼、正乙祠、大栅栏商业建筑、师大旧址、师大附小旧址等一大批闻名遐迩的历史建筑群。此外大栅栏的范围东起珠宝市街、粮食店街,西至南新华街、延寿寺街、三富胡同、东南园头条,北至廊房头条、北火扇胡同、耀武胡同、桐梓胡同、东南园胡同、小沙土园胡同,南到大栅栏西街和铁树斜街南侧完整的院落,这一片也是目前北京仅存不多的完整胡同居民区。

所以说大栅栏作为西城区"文道建设"规划的"中轴核心精华区",发挥着维护北京旧城传统风貌的重要作用。在"文道建设"规划中大栅栏也将结合自身厚重的历史文化特性,贯彻疏解非首都功能的工作精神,配合开展西城区的"文道建设"工作,与北京城中轴线沿线各有关区域之间串联,整合内在文化关系的骨架,形成一个相对完整的旧城内外文化空间体系。大栅栏已经明确了"十三五"时期的工作重点,在北京市和西城区大力推进历史文化名城保护工作的政策背景下,提出要进一步开展好"四名工作",即"名城、名业、名人、名景"四位一体的工作体系建设,为地区历史文化街区的保护工作奠定基础框架。同时,也继续合理有序地推动地区民生改善工作,配合好非首都功能疏解工作,一方面要对既有的历史文化保护单位和建筑进行保护性修缮,对地区相对落后的基础设施建设进行适当改造和更新,如在保护历史文物建筑的前提条件下,对历史文化街区周边的路政基础设施(地下综合管网、交通道路、居民停车场等)进行改造和更新;另一方面要调整和优化地区产业结构,鼓励和引导文化创意产业的发展,如大栅栏更新计划全力打造的北京新地标北京坊项目,不仅为地区文化产业的发展提供了平台和空间,还带动了周围环境设施的改善。通过该平台开展北京国际设计周等活动,显著增强了大栅栏街区的文化功能和交流功能。

2. 首都文创建设的"中心城文化核"

文化实力是一个国家综合国力的重要组成部分,随着世界的进步和发展,人们越来越认识到文化发展在国家发展中发挥的重要影响力。我国历史文化源远流长,历史文化资源是国家和人民的宝贵财富,在综合国力竞争日趋激烈的时代背景下,中央高度重视文化的保护和传承,强调发展文化产业的重要性,党的十八届三中全会中明确指出要深化文化体制改革,提高文化产业发展的规模化、集约化和专业化水平。在党中央的政策号召和指引下,北京市根据自身全国文化中心的功能定位,创造性地提出了规划和建设文化创意产业功能区的战略构想。2014年,北京市政府颁布了《北京市文化创意产业功能区建设发展规划(2014—2020年)》,明确了北京市发展文化创意产业的功能区的空间和范围,该规划不仅是指导北京市文创产业发展的纲领性文件也是指导北京市各区县文创产业发展的规划文件。以上针对北京市规划发展的各个纲领和政策，从宏观上对北京市城市发展的空间结构进行了调整和重构，以带动地区功能区的调整和优化，形成了"一核、一带、两轴、多中心"的功能区空间发展格局，并在此格局之上构建了"两条主线带动，七大板块支撑"的功能区产业支撑体系。

为大力推动文化创意产业的发展，充分挖掘历史文化资源的价值，北京市提出建设首都核心文化创意产业区，即以东城和西城两个北京核心功能区为空间载体，建设"中心城文化核"，扩大首都的文化辐射范围，提高首都文化的吸引力和影响力。大栅栏作为北京市重要的历史文化保护街区，拥有丰富的历史文化遗产，如大栅栏是老字号文化、梨园文化、金融文化、会馆文化、市井文化等的集中区域，这些文化为大栅栏地区发展文化产业奠定了深厚的基础。西城区大栅栏位于首都核心功能区，是构建北京"中心城文化核"的主要功能区域，大栅栏地区保存了丰富的老北京民俗文化和老字号文化等，以地区特色文化资源为基础，发展旅游文化产业和文化创意产业是大栅栏街区创新发展和长远发展的优选路径。应通过充分挖掘和发挥地区文化资源的聚合功能，创建大栅栏特色的文化产业品牌，将大栅栏地区打造成北京市文化创意产业中心和全国文化产业的中枢，发挥地区带动作用，以点带线、以线带面，不断发展和完善首都的文化功能，实现"中心城文化核"的建设目标。强化城市或街区的文化功能，倡导发展文化创意产业，可以有效地将历史文化区的保护和传承与城市的建设和发展相结合，实现城市功能体系的良好协调和运转。

三 大栅栏文化功能建设发展的探索与实践

（一）关于大栅栏的功能定位

大栅栏的功能定位要考虑大栅栏所处的地理位置、传统的产业模式，以及过去发展过程的建设积累。从某种程度上来说，大栅栏的功能定位是由其

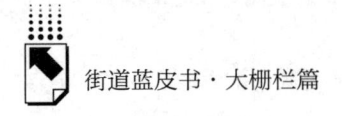

自身承载的厚重的历史文化特性所决定的。

早在1991年，北京市发布的《北京城市总体规划（1991—2010年）》曾将大栅栏设定为与西单、王府井同级的"市级商业中心"，但是这一规划效果并不理想。因为当时大栅栏还属于一个比较贴近中低端消费的商圈，主要的消费人群也是周边的居民，不具备建设市级商业中心的基础。而2002年的《北京大栅栏文化旅游商业区规划》在对大栅栏历史街区城市更新研究的基础上，指出大栅栏地区的发展模式为遗产导向型旅游业和旅游导向型商业模式，这是第一次明确大栅栏的功能定位，不难看出，此次规划的思路是倾向于区域发展，并以旅游产业为发展动力。

2006年，以北京市政府为主体，展开了前门大街及两侧的改造工程。工程将前门大街的主路改造为步行街，两侧开辟了两条与前门大街平行的南北向干道。东侧为前门东路，西侧为煤市街。这两条街与前门大街一样，南起东西珠市口大街，向北插入前门城楼两侧的月亮湾汇集到正阳门箭楼。这样一来，原本拥挤的一条主干路变成了两条，与此同时又重新规划了东西两条平行干道和月亮湾一带的公交停靠站。这次改造完全消除了前门大街的交通枢纽功能，大大缓解了周边交通堵塞的问题，有效提升了前门大街及周边的基础设施建设品质，改善了前门大街低端产业云集的局面。

然而，改造后的前门大街失去了贯通南北城的交通枢纽功能，变成了相当纯粹的商业旅游景点。以前门大街为中轴，周边包括大栅栏、琉璃厂、鲜鱼口、天桥等传统商圈的勾连协作被打断，区域的使用者、受众人群发生了本质的变化，周围无法形成产业聚落效应。而对大栅栏更具有破坏性的是，改造之后，原住居民迅速流失，紧随其后的是失去传统客户群并无法承担高额入住费的一大批老字号商铺也消失得无影无踪。平价消费被旅游区的高附加值消费取代，人文环境破坏严重，而冒充老字号的商铺大规模进驻。最终，大栅栏的原消费群体和本地游客迅速消失，大栅栏成为以外地游客为消费主体的旅游区，过去繁荣的盛况也随之消失。可以说，只注重产业发展而忽略历史文化保护和人文环境的维持，并不是一种能够保证可持续发展的有效途径。

针对这个问题，2006年之后，大栅栏进行了发展思路的调整，也就是"大栅栏更新计划"。软性发展模式，其理念是大栅栏改造过程的各环节应呈现一种精明、弹性且灵活的可持续性改善方式，通过动态的、有前瞻性的规划活动不断累积，从而实现从量变到质变，促成发展品质整体上的飞跃和成果持久化。在历史文化街区的更新过程中不断平衡发展与保护，探索中间道路。可以说软性发展模式更加注重文化在整个区域构建中的作用，这也为大栅栏的文化保护探索到一条可行的路径。由此可见，大栅栏街区的发展思路与模式，以及功能定位都有了很大的转变，特别是对于文化功能的重新构建。大栅栏软性发展模式是一种有机更新模式，既有效地保护了地区的历史文化遗存，保留了地区传统的建筑风貌，延续了街区历史文脉，又尊重了地区居民的生活方式和多元利益需求。在满足这两个要求的前提下，按照循序渐进的原则对地区进行小规模的微循环改造，在改造的过程中正确地处理了政府、市场和居民等利益攸关方的关系，促进了产业与文化的融合发展，激发了地区发展活力，带动了地区收入水平和生活水平的提高。

同时，在保护传统文化风貌的基础上，大力促进文化创意产业的发展，大栅栏精心策划和建设的北京坊项目，将吸引更多中高端的商业、服务业和文化产业入驻，带动地区业态和消费层次的提升。街道还通过该平台开展国际性的文化活动，汇聚更多的优质资源和创新思想，让更多的行业专家和精英为大栅栏街区的发展提供智力支持。如举办"北京国际设计周"，以开展国际设计周为活动形式，吸引众多国内外优秀的企业、智库和专家等参与大栅栏地区的设计和规划，是探索大栅栏地区功能体系建构的生动实践。通过品牌的打造和产业的更新来提升大栅栏的国际知名度，树立新的区域文化形象，形成新的产业聚落，从而吸引新的产业人群入驻大栅栏。大栅栏自迎来软性发展模式之后，文化氛围在不断地加强，老字号和当地客源也在逐渐恢复，大栅栏在慢慢成为北京文化、中国文化的代表，并在国际上获得认可。

(二）大栅栏文化功能建设的实践

经过发展思路的调整，大栅栏目前正逐步进入良性发展的轨道，在探索可持续发展的实践中，大栅栏以尽量利用好文化资源为主旨，强化文化空间载体与文化发展创新的功能。应推动大栅栏区域的文化功能与各发展要素全面进行有机融合，从而最大限度地发挥大栅栏在北京城市发展的核心区作用，打造北京市历史文化保护，以及文创产业的城市品牌形象，为北京的可持续发展蓄力。

1. 融合历史文化，树立京味儿文化形象

大栅栏拥有丰富的历史文化资源，但是这些资源没有得到足够的重视，尤其是在前期改造过程中大拆大建，让大栅栏的传统风貌和历史文脉遭受一定程度的破坏。对此，大栅栏地区在后期的更新计划中强化了历史文化资源的利用和保护，通过采取一系列切实可行的措施加强历史文化资源的保护和传承工作，促进文化资源的再生发展，焕发传统文化的现代活力。

一是要实现地区非物质文化遗产的产业化和商业化，在对大栅栏地区的非物质文化遗产情况进行调研和考察的基础上，结合非物质文化遗产的特点，采取多样化的宣传推广手段，如故事汇、宣传片、纪录片等形式，搭建多元平台，如小微博物馆群、非遗展示厅、工作坊等展示合作平台，落实"以产养遗"原则，推进大栅栏地区非遗文化的产业化发展。二是对一些已经小规模商业化的草根手工艺人和传统老字号商铺进行规范和保护，使其发展与地区业态调整相一致，鼓励和帮助其提升经营品质。三是邀请专业设计师和手工艺传承人进行研究和探讨，积极引进新的设计理念、研发新的工艺流程、吸收现代化的创作元素或者采用新的制作原材料，对传统的手工技艺进行改造和升级，创造出新的符合现代人审美观念的产品，让传统技艺和作品重新融入人们的日常生活。四是以大栅栏地区的老字号资源为专题，充分挖掘和拓展老字号的品牌资源和影响力，鼓励老字号积极创新经营模式和宣传模式，如可以通过国际设计周的经典主题回顾来加强宣传，吸引不同领域的专家对老字号进行重新设计和布局，提升老字号产品和品牌的竞争力。

2. 融合老字号，打造文化休闲板块

大栅栏地区的文化资源多元丰富，区域内拥有多元的文化展示和宣传平台，如非物质文化遗产基地、西城区非物质文化遗产生产性保护基地、北京京味文化体验中心——大栅栏琉璃厂项目等，可见，大栅栏街道在打造文化休闲功能板块方面具有得天独厚的优势。目前，大栅栏街道为把地区打造为京味儿文化体验中心，依托大栅栏更新计划和北京坊项目，发挥地区特色文化资源的聚集效应，积极打造地区新型文化休闲功能区。以大栅栏街道的老字号资源为例，大栅栏地区的老字号品牌目前有张一元、全聚德烤鸭店、中国书店、同仁堂药店、内联升鞋店、瑞蚨祥绸缎店、步瀛斋鞋店、大观楼影院、祥义号绸缎店、六必居酱园、北京丝绸商店、隆庆祥衣店、稻香村、天福号、马聚源帽店等48家，这些老字号是大栅栏文化产业发展的基础资源和重要对象，要在市场化条件下，引导它们与新兴的文化产业合作，推动老字号企业现代化和年轻化发展，建立和完善老字号品牌的保护和发展机制，让老字号企业在融入市场环境的实践中没有后顾之忧，为地区文化产业的发展和文化功能的建设贡献积极力量。

3. 融合文化创意，保护与发展平衡发展

要推动老街区品牌建设、商业战略、人文价值和传统文明的协调统一，力求在传统文化融入现代商业的潮流当中谋求更宽广的发展平台，为大栅栏琉璃厂的传统文化与商业的发展带来新思路、新理念、新倡议。要对文化产业大力支持，制定相关新政策，全力支持大栅栏传统文化与商业的平衡发展，各个行业与领域也应配合传统商业的快速发展与复兴。将大栅栏打造成国内传统文化品牌，一方面推动了大栅栏整体产业升级，另一方面也更好地保护了大栅栏的历史文化风貌。

对传统文化注重保护与传承，而对于区域产业则注重协调与创新。运用新兴的信息传播手段，实现传统文化品牌化发展。大栅栏开拓了北京坊、小微博物馆群、大栅栏设计周、大栅栏生活体验区、杨梅竹斜街改造等多种展示渠道，扩宽了传统文化街区的发展道路。同时，顺应潮流商业的冲击，以

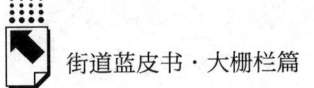

京味儿文化为基础,利用现代商业手段,有效实现传统与现代的有效交融,从而实现保护与发展的平衡。

四 大栅栏文化功能发展的思考与建议

大栅栏作为北京市首都建设的核心功能区,为了配合首都功能的建设,其功能定位着重突出两个方面的主导性:第一,在精神文化层面上,需要加强对大栅栏历史风貌、历史建筑、胡同文化的保护工作,尽最大可能延续大栅栏的城市肌理和文脉功能;第二,在物质经济层面上,需要提升大栅栏旅游体验的品质,强化旅游市场秩序治理。当前,大栅栏发展总体思路是"以文化和创新为核心动力",这一点符合大栅栏的功能定位,政府应当把握这一思路做好统筹协调的工作。而要解决当前实际操作中面临的主要难题即如何有效地将产业发展和文化保护相互融合,可以从以下两方面入手:持续发掘新的文化要素,激活历史文化资源的活力。

(一)持续发掘新的文化要素

当前大栅栏地区的主要工作是打造集特色商业、艺术展交、旅游休闲、文化体验于一体的国家级历史文化街区、北京城市中心区。为了实现这一目标,需要持续发掘新的文化要素,推动文化功能构建更加多元化。特别是推进产业和文化的有机融合,围绕着"漫游古都,乐享京韵"这一主题,提升大栅栏文化体验区的品质,开发更多的文化产品和旅游路线。

"胡同游"的设施配置可以参考杨梅竹斜街改造的经验,建设一批"品质胡同"。文化体验方面,加快北京坊的建设,充实小微博物馆群的内容,将更多的北京传统历史文化充入其中。可以将故宫周边包括前门、后海、什刹海、天安门广场、国家博物馆、国子监等作为一个整体,以文化体验为主线,配合购物、演艺、展览等多个项目形成完整的旅游产业链。改善大栅栏地区的住宿条件,制订大栅栏地区住宿业卫生、安全、设施的硬性标准,全面清退不达标的小旅馆。推动微小规模住宿业与文化创意产业融合,打造精品化、主题化、个性化的住宿业群，鼓励开办有特色的文化主题酒店。整合文化资源，优化产品结构要素，提高产品体验性，引导深层次文化消费，提升全域旅游的核心竞争力。

（二）激活历史文化资源的活力

激活历史文化资源的活力，关键是打破传统文化存在的思维模式固定、空间载体局限等问题。首先，进一步发挥大栅栏传统文化和商圈产业的优势，提升文化资源的产业转换能力，深入挖掘大栅栏的历史文化内涵与价值，加强传统文化与现代文化的融合发展，激发传统文化的活力。可以参照北京坊的模式，依托以老字号为统领的大栅栏文化资源优势，打造融合文化和创新的文化体验及创意生活空间。其次，鼓励包括老字号在内的传统文化产业中文化创意和设计服务的应用，实现传统文化与创意设计的互通互融。可以加强信息技术的应用，鼓励老字号利用互联网拓展经营渠道。增强老字号企业的发展活力和市场化运作能力。最后，依托传统文化的创新发展，推动大栅栏整体区域稳步升级。

参考文献

R. E. 伯克斯：《城市社会学》，宋俊岭译，华夏出版社，1987。

刘易斯·芒福德：《城市发展史》，宋俊岭、倪文彦译，中国建筑工业出版社，2005。

B.6
新媒体背景下基层政府宣传工作创新研究

摘　要： 宣传工作具有强烈的思想政治属性，承担着意识形态、价值观念、精神文明的宣传、教育和创建工作。宣传工作的重点和难点都在基层。特别是随着新一代信息技术和产业变革的到来，社会生产和生活方式都发生了深刻变革，尤其是新媒体技术的异军突起，使整个社会舆论场的自由度和参与度大幅提升。大栅栏街道主动运用新媒体技术，创新宣传工作方式和载体，积极搭建新媒体宣传平台，在强化意识形态教育、树立正确价值观念、创建精神文明方面取得了良好的效果。本文对大栅栏街道探索新媒体背景下基层宣传工作的实践经验和创新模式进行研究和总结，从理论层面解析这一创新模式的内在机理和运行规律，为更好地发挥基层宣传功能提供理论支撑。

关键词： 新媒体　大栅栏街道　政府宣传工作　"四新"宣传机制

新媒体的产生和发展依托快速发展的网络技术，它方便快捷，能够被人们广泛接受和应用。如今，在各大门户网站、自建APP、QQ、微信、微博等互动交流式平台的席卷下，新媒体已逐渐取代传统媒体成了现阶段的主流媒体。新媒体是相对于传统的报刊、户外广告、广播、电视等单向媒介而存在的一个概念，被形象地称为"第五媒体"。它泛指利用互联网技术、数字技术、移动通信设备等实现人与人之间双向甚至多向交流互动的信息传播形态和媒介形态。

一　看新媒体背景下大栅栏街道加强基层宣传工作创新的重要性和意义

（一）时代背景：新媒体的出现给社会思潮带来冲击，需要加强基层政府宣传工作的创新能力

新媒体技术的出现和广泛运用，大大提升了人民参与社会舆论的自由度和活跃度，思想和话语权的解放使各种社会思潮充分涌动，多元化的群众思想价值取向分割了整个社会的舆论场，给基层政府的宣传工作带来了巨大冲击。大栅栏街道敏锐地意识到新媒体给群众信息交流和政府宣传工作带来的广泛影响。在新媒体背景下，传统的政府宣传方式面临失效和滞后的危机，政府需要主动了解街道民众对政府宣传工作的新需求，创新宣传的内容、方式、载体和机制，主动贴近群众，采用大众化的新媒体渠道向民众宣传党和国家的方针政策，讲解政府的工作安排和重点，增进政府和群众之间的沟通交流，赢得宣传主导权，避免多元思潮造成社会舆论混乱，树立良好的政府形象，打造一团和气、稳定和谐的社会治理环境。

（二）街区功能：大栅栏更新计划带来的街区功能的重新定位，需要政府转变宣传思路，适应新的街道发展模式

大栅栏作为北京重要的历史文化保护区，保存了大量京味十足的胡同和四合院，作为传统商业街区又承载着许多北京老字号商业品牌。北京提出发展新定位，大栅栏为助力建设国际一流的和谐宜居之都，顺势推出了大栅栏更新计划，对原有的街区功能进行了调整，呈现出了传统与现代、文化与经济融合发展的复合态势。这种文化和旅游导向性的商业化发展模式，改善了原有居民的生活环境和品质，也吸引了大批的流动人口。为应对这些基层新变化，大栅栏街道积极转变宣传工作思路，不断调整既有的工作模式，搭建新颖、高效的宣传平台，及时向民众传递政务信息，保障宣传工作覆盖到基

层、落实到基层。为适应新的街道发展模式，大栅栏街道进一步完善了宣传载体，通过新旧融合发展的宣传模式，进一步优化了地区宣传环境，打造了延伸入院的宣传阵地。2015年，对原有的公告栏进行了实地勘察，统一安排更新。此外，在发挥传统宣传阵地优势的基础上，进一步加强了新媒体阵地的建设工作，在新设计的地区导览地图上附加街道微信公众账号的二维码，方便民众和游客即时查询和获取最新街区信息。

（三）人口构成：大栅栏复杂的人口结构，需要多元化的政府宣传手段满足不同群体的服务需求

大栅栏位于老北京中心地段，有着独特的社会生态环境和复杂的人口结构。由于历史遗留问题，这里集中了大量的老龄人群、残疾人群和低保人群等弱势群体，商业属性又带来大量的流动人口。复杂的人口结构，给政府宣传和疏导工作带来了巨大挑战，大栅栏街道秉持"贴近生活、贴近实际、贴近群众"的原则，针对不同群体的个性化需求，努力推动政府宣传工作创新，通过搭建现代化、便捷化、多元化的宣传平台，及时宣传和发布公共服务信息，满足新媒体时代民众对宣传工作的多层次需求。

二 新媒体的特性及对基层政府宣传工作的影响

新媒体技术给信息的生产和传播方式带来深刻变革，它给群众带来了更加快捷、生动、紧密的信息沟通渠道，新媒体的特点赋予其强大的宣传效果，但同时我们也要看到它是一把双刃剑。新媒体一方面拓展了民间舆论空间，另一方面却给以群众为服务对象的基层政府宣传工作带来了冲击和影响。这与新媒体自身所具备的属性特征紧密相关，新媒体的"新"也正体现在其不同于传统媒体的主要特点上。

（一）新媒体的特性

1. 传播主体更加多元化和社会化。

新媒体的使用门槛低，流程便捷，大大提升了民众参与社会舆论的自由

度和广泛度,给予民众更多参政议政的空间。新媒体背景下存在舆论泛自由化和分散化的趋势,存在社会舆论失控的可能性,冲击了基层政府的宣传主导权,不利于社会舆论秩序的稳定。

2. 信息传播可实现即时性的传递共享和交流互动。

新媒体利用移动和互联网终端技术,拓展了信息传播渠道和平台,解除了时间和空间的限制,消除了人与人之间信息交流沟通的障碍,加快了信息传播的速度,扩大了信息传播的覆盖面。新媒体自身高效即时的传播特性也容易带来敏感问题和热点话题的高关注度,引发网络群体性事件,存在某些别有用心的人或团体利用此便利在网络上宣传负面虚假信息的可能性,造成社会舆论秩序的混乱,危害政府公信力。

3. 新媒体技术丰富了宣传的内容和形式。

新媒体比传统媒体更加注重信息传播的个性化,为提高平台的使用率和关注度,新媒体技术覆盖的各种交互式平台可以根据受众的群体特点和偏好使用不同的宣传风格和语言风格,以增强宣传内容的可读性(见图1)。从传播主体和受众的多样性来看,新媒体存在一味迎合社会和大众的口味以强化宣传效果的倾向,但是宣传的圈群化发展势必会带来社会价值观的分歧和社会文化的碎片化,不利于营造健康和谐的社会舆论氛围。

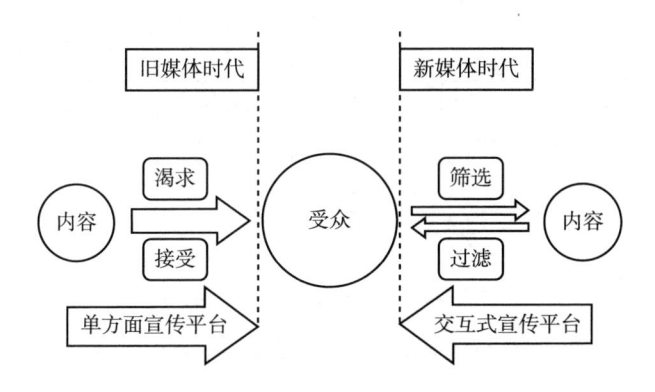

图1 新旧媒体传播方式与受众关系的变化

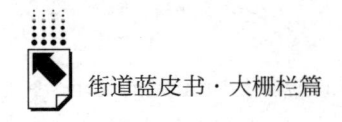

（二）新媒体给基层政府宣传工作带来的影响

1. 转变宣传理念：由"小宣传、办宣传"向"大宣传、管宣传"转变

技术发展带来思维变革，随着新媒体技术在基层民众中得到广泛推广和应用，基层政府的宣传工作要及时转变工作思路适应新形势。大栅栏街道深入群众了解民情，紧抓新媒体变革的机遇，及时更新政府宣传工作理念，由"小宣传"向"大宣传"转变，由"办宣传"向"管宣传"转变，延伸了宣传阵地，拓宽了宣传渠道，丰富了宣传内容，改变了原来单调狭隘的宣传模式，形成了全方位、多样化、立体化的宣传大格局。为使宣传工作更好地服务群众，在利用新媒体创新宣传工作方面大栅栏采取开放合作的态度，通过PPP等模式积极引入社会第三方组织参与（见图2），通过加强思想引导和法律监督，提升了政府宣传工作的实际效能。

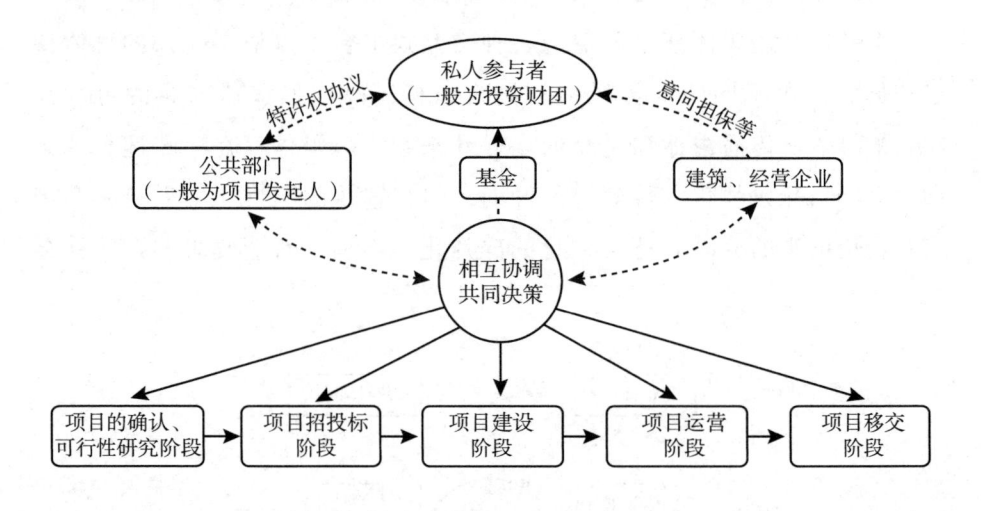

图 2　PPP 模式结构

2. 革新宣传方式：由传统模式向传统模式＋新媒体转变

新媒体时代舆论传播平台层出不穷，冲击了传统的基层政府宣传模式，基层政府只有变革宣传方式才能掌控新媒体时代宣传工作的主动权。大栅栏街道在继续做好传统宣传工作的基础上，快速调整步伐，与时俱进，深入学习掌握网络和新媒体宣传规律，能够熟练运用新兴网络交流平台办好宣传工作。为抢先占领网络媒体宣传的新阵地，大栅栏街道坚持从宏观处着眼，从细微处着手，切实尊重"微心愿"，着力搭建"微平台"，逐步完善"微机制"，大力发展"微组织"，明确了微宣传的准确定位，实现了从传统方式向传统方式与新媒体方式融合发展的革新性转变。

3. 扩大宣传范围：由常住人口向常住人口＋流动人口转变

新媒体背景下传统宣传工作的时间和空间限制被打破，信息传递和交流具有多元性、碎片性和瞬时性，要推动基层政府宣传工作渗透社会、覆盖群众，要求基层政府不断扩大宣传范围，在全社会形成思想合力。习近平总书记在谈到宣传工作时提到，要把网上舆论工作作为宣传思想工作的重中之重来抓，宣传思想工作是做人的工作的，人在哪儿重点就应该在哪儿。① 大栅栏街道坚持守土有责、守土负责、守土尽责的原则，将宣传工作的范围从常住人口覆盖到常住人口和流动人口，扎实做好新时期政府的宣传服务工作。

4. 拓展宣传功能：由单向传播向双向互动转变

新媒体技术和网络移动终端技术的突破发展，改变了传统宣传方式如宣传栏、报刊、会议等单向传播模式，现今的大众化交流平台如QQ、微信、微博等已经实现双向甚至多向互动。基层政府要看到时代发展潮流，进一步优化调整宣传功能，不能故步自封，一味地强调单向的灌输方式，这也是新时期管理型政府向服务型政府转型的必然要求。大栅栏街道继续发扬从群众中来到群众中去的工作方法，利用新媒体技术拓展民意诉求渠道，问政于民，问计于民，充分发挥群众智慧，调动群众力量，促进了政府与民众之间的感情交流，实现与民互动的生动宣传局面，真实地体现了大栅栏"大宣传、管宣传"的宣传工作新理念。

---

① 《习近平十八大以来关于"宣传思想工作"精彩论述摘编》，http://cpc.people.com.cn/n/2014/0819/c164113-25493994.html，2014。

三 新媒体背景下大栅栏加强基层宣传工作的创新性分析

（一）大栅栏聚焦新媒体力推基层宣传工作创新

1. 以搭建新媒体平台为抓手，着力提升政府宣传工作的影响力和覆盖面

大栅栏街道借助新媒体快捷方便、内容板块新颖丰富、受众覆盖面广等优点，搭建了多元立体化的新媒体平台，丰富了政府宣传手段；对宣传内容进行优化创新，对宣传受众分类分流，大大提升了政府宣传工作的影响力和覆盖面，开创了基层政府宣传工作的新局面。如在官方网站上传电子版《北京大栅栏报》供民众免费查阅；开通"魅力大栅栏"微信公众号，在社区配备多媒体阅览室网络终端，在社区服务中心搭建公共服务电子信息系统（见图3）。大栅栏运用新媒体技术开展宣传工作，有利于更好地向民众传达政府的工作思路，有利于更加生动、更加有效地为民众解读理论和政策，有利于塑造良好的政府形象。

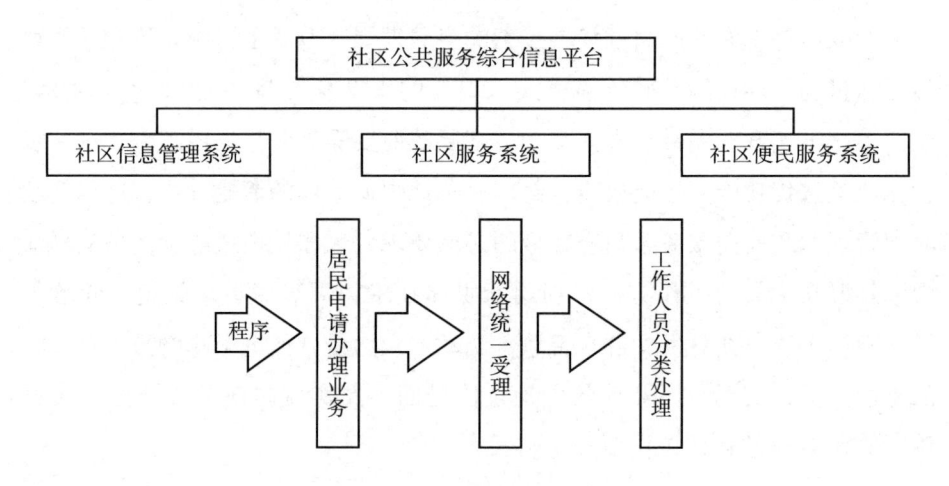

图3 社区公共服务电子信息系统运行过程

2. 以新媒体技术为载体，助推政务宣传更加公开透明，打造互通有无的政群关系

大栅栏街道面对新媒体给宣传工作带来的机遇和挑战，理性判断，科学分析，认真学习和把握新媒体时代的宣传规律，运用新媒体技术打通线上线下、民众和政府的双向沟通渠道，有效地推动了政务公开，扩大了民主监督渠道，缩短了政府与民众之间的距离，力争打造互通有无的政群关系。基层政府宣传工作的重点就是将政府和民众之间的沟通交流渠道打通，让政府的政策下得来，让民众的诉求上得去。当前政府宣传工作的开展离不开各种媒体平台，基层政府需要不断创新宣传手段，积极利用各大媒体宣传优势，提升政务工作的畅通性和公开性，打造民众看得见的阳光政府。

3. 以服务群众为核心，掌握新媒体宣传的主导权，营造民主和谐的舆论氛围

基层政府的宣传工作主要面向广大基层群众，必须树立"服务大局、服务基层、服务群众"的宣传理念，始终以服务群众为核心开展工作。面对新媒体时代基层政府宣传工作出现的新情况和新问题，大栅栏街道坚持问题导向、服务导向、群众导向，努力掌握新媒体宣传的主导权，围绕群众重点关心的民生问题，采用群众喜闻乐见的方式，如与驻街老字号企业联合开展宣传活动，助力街区科教文卫和扶贫助残事业发展，将政府的政策和关心送到人民的日常生活中去，利用新媒体优势讲好大栅栏故事，弘扬真善美，树立社会典型，增强居民对地区文化的认同感和自豪感，营造民主和谐的舆论氛围。

（二）新媒体时代大栅栏基层政府宣传工作面临的主要问题

1. 理念创新滞后于手段创新

新媒体技术的发展日新月异，传统的政府宣传跟不上时代发展的步伐就很难达到人民群众对宣传工作的要求。目前，大栅栏在运用新媒体技术推动政府宣传工作创新方面取得了一些成效，但在一定程度上存在理念创

新滞后于手段创新的问题。有一些政府部门及其领导班子对运用新媒体开展宣传缺乏全面的认识，没有从思想政治高度认识到抢占网络新媒体宣传阵地主导权的重要性和紧迫性，甚至存在畏惧心理，导致宣传效果不彰，群众满意度不高。

2. 体制机制不健全制约新媒体技术宣传优势的发挥

新媒体的更新速度和普及速度极快，随着新媒体宣传功能的日益强大，它对社会的影响力也越来越大。我们要看到相应的体制机制建设还不健全，缺乏对相关新媒体技术开发、运营、管理、监督的制度，在法律规范、门槛准入、技术运用、平台设计、内容审核、人员建制、资金保障等方面缺乏统一标准，容易造成各个工作环节衔接不畅、权责不明、运行不畅，难以发挥新媒体的最大宣传优势。

3. 资源整合力度不足，多元平台建设欠统一

互联网背景下，政府宣传工作要主动转变思路，吸纳新媒体技术，但这并不意味着对传统宣传手段的抛弃，而是要通过新媒体手段改进和优化传统的宣传方式，在发挥传统优势的基础上，促进新旧媒体融合发展。目前，大栅栏街道在运用新旧媒体开展宣传工作方面还缺乏科学的平衡，这主要体现为传统宣传资源更新落后，新媒体资源的开发和应用不够娴熟，促进资源整合力度不够，没有充分发挥多元宣传平台的有效功能。

4. 对社区指导不足

基层政府的宣传工作重心在基层，要把工作实效落实到基层，关键是开展好社区的宣传工作。大栅栏街区情况特殊，各个社区普遍存在人口结构复杂、弱势群体集中、基础设施陈旧等问题，全面有效开展宣传工作问题多、阻力大，宣传工作存在对社区指导不足的问题，基层社区宣传工作缺乏明确的工作方向，创新动力匮乏，难以推动社区群众宣传工作真正上水平。如对社区内不同群体如社会组织和企业单位缺乏分类指导，导致宣传手段和宣传内容与需求不对接，不贴近居民生活，难以实现群众与政府之间的良好互动，不利于改变政府单向办宣传的被动局面。

四 关于新媒体背景下进一步提升基层宣传工作效能的思考

（一）准确把握基层宣传工作的基本方向

1. "三个必须"是宣传工作的主方向

宣传工作是党和国家的一项重要工作，做好宣传工作尤其是基层社会的宣传工作，是社会主义精神文明建设和社会主义和谐社会建设的重要内容，必须旗帜鲜明地坚持党性原则，必须弘扬主旋律传播正能量，必须尽全力宣传阐释中国特色。[①] 只有坚持"三个必须"的宣传主攻方向，保障基层政府的宣传工作符合党和国家的方针政策，弘扬社会主义核心价值观，让宣传工作深入民心、服务人民、起到凝心聚力、春风化雨的作用。

2. 基层宣传工作创新是新时期宣传工作的重点

创新是国家、社会发展和进步的重要法宝，在宣传工作上也不例外。习近平总书记曾讲到，宣传思想工作创新，重点要抓好理念创新、手段创新、基层工作创新。基层工作创新，就是要把创新的重心放在基层一线，扎实做好抓基层、打基础的工作。[②] 思想决定出路，基层宣传工作要打开局面首先要转变思路，特别是在新媒体席卷的信息化时代，要加快传统媒体和新兴媒体融合发展。

3. 基层宣传工作创新要立足区域特色

基层宣传工作所处的环境一般比较复杂，工作开展困难，要改善这种局面就必须引入创新理念和创新机制。基层宣传工作创新必须立足区域特色，切忌不加区分一刀切，要深入基层，下到社区，了解群众关心的问题，解开

[①] 郭俊奎：《习近平"巩固马克思主义在意识形态领域指导地位"》，http：//cpc. people. com. cn/pinglun/n/2013/0822/c241220 - 22659556. html，2013。

[②] 《习近平十八大以来关于"宣传思想工作"精彩论述摘编》，http：//cpc. people. com. cn/n/2014/0819/c164113 - 25493994. html，2014。

群众心中的疑惑，准确定位基层宣传工作的重点内容和方向。有针对性地调整宣传工作内容和方式，不同的区域环境和宣传对象不同，工作的重点也不同。大栅栏在理论宣传和弘扬社会主义核心价值观方面根据街区特点采取多种手段和方案，收到了良好的社会宣传效果。

（二）立足新媒体，构建基层政府"四新"宣传工作机制

1. 树立基层宣传工作的新理念

宣传工作是党和国家的重要工作之一，在信息爆炸的极速时代，基层宣传工作要做出成效，一方面要继续强调政治意识和大局意识，坚持马克思主义理论对宣传工作的指导，加强对习近平总书记系列重要讲话精神和社会主义核心价值观的宣传，紧紧围绕政府工作重心，牢记为人民服务的宗旨，为我国社会主义建设事业服务；另一方面必须树立基层宣传工作的新理念。

一是要打破传统的单向宣传理念，增强宣传工作的互动效果。宣传工作是稳定民心、稳定社会的重要工作，它不仅要向民众传达政府的政策，解读政府的工作计划，更重要的是要读取民心，采撷民意。宣传工作是政府与群众之间沟通的桥梁，政府要用好这座桥梁，宣传工作开展的成效要以人民的反馈和回应为考核标准。这方面可以利用新媒体时代各种交互式信息平台的沟通优势，让宣传工作真正成为政府与群众之间互动的纽带。

二是要有主动参与现代传播体系建设，推动传统媒体和新媒体融合发展的新理念。基层宣传工作要与时俱进，主动地融入媒体融合发展的潮流中，积极把握主动权。要认识到新媒体是宣传工作创新的重要手段，要为我所用，用其所长，一方面要时刻抱着"本领恐慌"的警惕心，不断学习进步，掌握新媒体宣传工作的规律和技巧，让新媒体推动宣传工作进步；另一方面，要规避问题，对新媒体在宣传领域中可能存在的问题早发现、早研判、早解决，逐渐规范新媒体宣传工作，让其在法制轨道上稳定行进。

三是要有扩大与传统媒体的合作，整合资源发展的新理念。在促进宣传

工作升级和建设现代传播体系的过程中,不能盲目地缩减传统媒体的宣传阵地,不加判断地扩大新媒体的宣传阵地。要科学统筹规划,进行系统的资源优化,发挥整体合力。坚持正确的价值观导向,重点扩大与传统媒体的合作,巩固主流媒体作为宣传工作主力的地位,加强与新华社、人民日报社等国内重点媒体的合作,充分利用其成熟的传播平台,建设新媒体矩阵,已探索打造了一批特色鲜明、覆盖广泛、传播快捷的新媒体品牌。

2. 创新基层宣传的方法

手段创新是新媒体时代加强宣传工作的必要途径。基层宣传工作有其自身的运行规律和发展规律,要在深入研究的基础上,遵循规律办事,创新方法载体,增强基层宣传工作的针对性和实效性。

一是重视与大栅栏老字号商家合作开展宣传活动。要从重视外在宣传形式转向重视内化熏陶上,避免宣传工作走过场,要让群众在潜移默化中接受精神文明教育。大栅栏街道在这方面有独特的宣传优势,这里分布着众多的北京传统老字号商店,这些老字号深为民众认可。通过和内联升、瑞蚨祥、老舍茶馆、张一元等老字号商家合作开展历史文化宣传活动和精神文明创建活动,大栅栏街道在创建小微博物馆、复原民国风貌商业街、优化街区风貌的同时,展现了街道的历史底蕴,增强居民的文化自豪感,推动了和谐街区的建设。

二是要强调宣传手段对群众的调动作用。宣传手段有效与否,关键看群众的反应,要尽可能采取贴近群众生活的宣传方式,转变传统的单向的静态的灌输式宣传,要根据基层群众生活的新变化和新需求,不断创新宣传手段,充分发挥宣传工作沟通政府和群众的桥梁作用。如《北京大栅栏》报创办五周年活动,通过颁发"好新闻贡献奖"和"热心读者奖"调动了社区居民的参与热情;通过发放调查问卷、开展调研等形式,开展地区数据大征集,深入了解民声民意,搭建起全方位政民互动平台。大栅栏街道还借助微信平台开展历史知识问答互动活动,设置一些奖励环节。开展这些群众体验活动,既能弘扬和传承历史文化,又能促进企业和居民之间的联动和融合。

三是注重整合传统宣传手段和新媒体手段，宣传手段的创新不单要采取开放包容的态度接纳新媒体宣传工具，还要打造一个综合性立体化的宣传平台，优势互补，发挥合力，实现宣传效果的最大化。以新媒体技术为支撑的各种新兴交流平台，不仅方便快捷，而且学习流程简单，如微信、QQ、微博等使用率和点击率高的交互式平台，承载着各种民众声音和群体的交流活动，已经成为当今舆论的主要集散地。因此，有必要加强各个平台和板块之间的有效衔接，实现相互之间的信息交流与资源共享，及时发现问题，集中反馈问题，把握好宣传工作的时、效、度。有必要增强线上线下联动，传统宣传平台需要新媒体平台提供创新载体，新媒体平台需要传统宣传手段作为有形载体，只有推动两种手段的深度融合，拓宽宣传路径，才能推动基层宣传工作的可持续发展。

　　3.赋予更符合新时代需要的宣传内容

　　内容创新是新媒体时代基层宣传工作的生命力所在。内容创新要秉持"三贴近"原则，以提升宣传工作的生动性和实效性。

　　一是要提高宣传内容的针对性。要根据不同群体对宣传内容进行分类策划和设计，如针对外来流动人口、游客、原住居民、社会组织、领导干部和精英的宣传内容要各有侧重，打造一批独具特色的宣传项目和品牌。如2018年2月大栅栏宣传部组织机关干部20余人进行了历史文化深度游活动，参观了源升号博物馆及张一元、戴月轩、中国书店等多家老字号，带领大家走近地区传统文化，开辟了了解地区文化的新途径，让广大领导干部在轻松愉悦的氛围中学习传统文化，提升思想境界。

　　二是宣传内容要突出服务意识。宣传思想工作必须根据群众需求和新媒体规律，推出一批群众感兴趣、愿意看、受教育、享服务的宣传内容和服务项目，以增强基层宣传工作的吸引力和感染力。通过温馨服务和寓教于乐的活动引导群众的舆论走向。如大栅栏街道开展主题为"敬老为福，传承其永"的耄耋老人生日活动、"三月女人天，靓丽妇女节"活动、"美食精英大赛"制作传统老北京小吃活动和"文明家风伴我成长——西城区2017年寒假未成年人传统文化主题教育"活动，深受群众欢迎。这些宣传主题和宣传形式特别符合人民群众的生活追求和精神需求，达到了良好的宣传效果。

三是宣传内容要彰显街区传统特色。宣传工作的内容需要根据宣传对象和宣传环境的不同而进行调整，探索出适合每个街区不同发展特点的基层宣传工作之道。大栅栏地区历史悠久，文化底蕴深厚，是梨园文化、京味文化、传统商业文化的荟萃之地，是全国有名的中华老字号聚集区。进一步挖掘地区老字号企业创业和守业过程所蕴含的道德品质、社会责任和诚实守信等文化精神，不仅可以助推老字号发展，也可以向民众传递正能量。大栅栏街道以此为创作理念，编写了《大栅栏的魅力老字号》一书，对社会道德进步、社会和谐发展具有积极的促进作用。

4. 创新更具区域特色的基层宣传体制机制

基层政府宣传工作的有效开展离不开相应的体制机制建设，随着形势的变化发展，需要不断调整和更新相应的宣传机制，通过机制创新牢牢把握基层宣传工作的主导权，引导基层宣传工作健康有序发展，保障基层宣传工作的可持续发展，为民众创造优良的精神文明成果。

一是要建立健全由政府、媒体和公众组成的"三元"协同推动机制。在这个三元结构中，必须理清楚三者之间的主次关系。必须强调政府的主导地位，政府必须牢牢掌握新媒体舆论宣传的主导权，主动提供信息资源，正确引导民众对议题的价值判断。对媒体的功能定位要精准，它是政府用来服务民众的工具和手段。牢记人民的主体地位，宣传工作要得到民众的积极支持和参与，通过利用各种媒体手段挖掘民间宣传力量，如社会组织、企业、学校等社会参与力量，赢得民众对政府的支持，在社会动员中塑造良好的政府形象，完善三元协调发展机制，推动基层宣传工作不断创新。

二是创建传统媒体与新媒体融合发展机制。做好新时期的宣传工作，主要是解决好传统媒体和新媒体的融合问题，探索两者融合发展的有效模式。通过强化统筹领导，准确把脉媒体融合发展方向。通过培育和打造重点项目，着力构建现代传播体系。通过完善体制机制，推动各类资源有效整合。通过实施双轮驱动,即坚持一手抓内容、一手抓技术,推动传统媒体与新兴媒体相互支撑、共同发展,打造和谐共生的强大宣传局面。①

三是完善宣传保障机制。完善公开制度,宣传工作要体现政务公开,基层政府的宣传工作要做到公开透明,要让百姓知道政府做什么、怎么做、做得如何。要通过搭建不同的宣传平台融合新媒体技术,将政府的各种理念和各项政策推送到群众身边,让群众可以全方位、立体化地感受到政府的服务。完善监督制度,政府宣传工作不能是面子工程,要经营百姓口碑,专注打造群众认可的宣传项目和品牌,推动政府宣传工作扎实落到基层。要不断拓展群众监督渠道,督促政府改进工作方法,创新工作方式,更好地倾听群众声音,保障宣传工作沿着社会主义的正确方向前进。完善宣传法制建设,规范的法律法规可以为宣传工作提供有效规范,营造一个风清气正、清清朗朗的大众舆论环境,为民众营造健康向上的社会文化氛围。

四是加强部门、领导干部和人才队伍建设机制。加强宣传部门自身建设,打铁还需自身硬,政府宣传部门需要适应新形势的发展要求,不断完善自身部门建设,做好部门功能调整和更新,明确部门职责,提高自身的创新能力,不断更新工作思路。加强宣传干部队伍建设,组建一支坚强卓越的领导班子,培养一批有远见、有担当、有素质的宣传干部队伍。处在基层宣传战线的领导干部要常怀"本领危机"意识,不断提高学习能力和创新能力,以适应宣传工作的新形势和新任务。加强基层宣传队伍建设,打造一支政治坚定、业务精湛、作风优良、勇于担当的宣传队伍。要增强基层一线宣传人员的政治意识、大局意识、服务意识、责任意识。要力抓融合,促成一批全媒体型、专家型人才,要建立科学的人才选拔机制和考核激励机制,确保这支人才队伍留得住、用得上、靠得住。

---

① 廖仁松:《加快媒体融合发展,构建现代传播体系》,《四川日报》2017年2月27日。

参考文献

周祝文：《新媒体时代如何做好基层宣传思想工作》，《宣传部长笔谈》2015年第2期。

严淑姮：《利用新媒体开展基层理论宣传工作》，《新西部》2015年第10期。

乔红兵：《新时期基层政府宣传工作与媒体运作双赢研究》，《新闻研究导刊》2015年8月。

刘伯高：《新媒体时代政府面临的舆论挑战及应对策略》，《苏州大学学报》2011年第6期。

《新媒体时代宣传思想工作路径创新》，《浙江日报》2016年2月26日。

濂溪：《"48字"是新时代新闻舆论工作的"航标"》，人民网。

《习近平十八大以来关于"宣传思想工作"精彩论述摘编》，人民网。

调研报告

Survey Reports

B.7
人口调控背景下大栅栏街道流动人口服务管理调研报告

摘　要： 当前我国正处于经济体制转型、社会转型的关键时期，由于流动人口服务管理体制相对滞后，规模庞大以及不断增长的流动人口给这一关键时期的发展带来了压力与挑战，如不及时有效地采取相应措施，将直接影响社会和谐与稳定。特别是当前首都进入了一个减量发展的阶段，疏解非首都功能必然带来流动人口数量和结构的调整。大栅栏街道是北京市流动人口聚集的典型区域，为服务首都新发展，提升区域发展品质，街道把流动人口的服务管理作为地区工作的重要目标和核心内容，紧紧围绕疏解非首都功能的总体目标，在具体实践中按照"公平对待、服务至上、合理引导、完善管理"的原则，在完善管理模式、基本公共服务均等化等方面下真功夫，推进大栅栏街道流动人口工作"一盘棋"，从而全力做好流动人口服务管理工作，为维护区域稳定以及促进和谐社会建设做出重要贡献。

关键词： 流动人口 大栅栏街道 人口调控

一 大栅栏地区流动人口比重大，服务管理形式严峻

当前，随着我国经济不断发展，流动人口的规模及数量逐渐庞大。根据已有相关数据统计，我国的流动人口数量增长迅速。1993年我国流动人口数量仅有7000万，但到2003年，已经攀升至1.4亿人，在10年内翻了一番，超过了全国人口总数的10%。2015年我国流动人口数量约为2.5亿，占全国总人口的20%，我国流动人口的比例可达到1/6，也就是说，每六个人之中便有一个流动人口，预计2020年中国仍有2亿以上的流动人口，而且会出现流动人口继续向城市发展新区转移的趋势（见图1）。

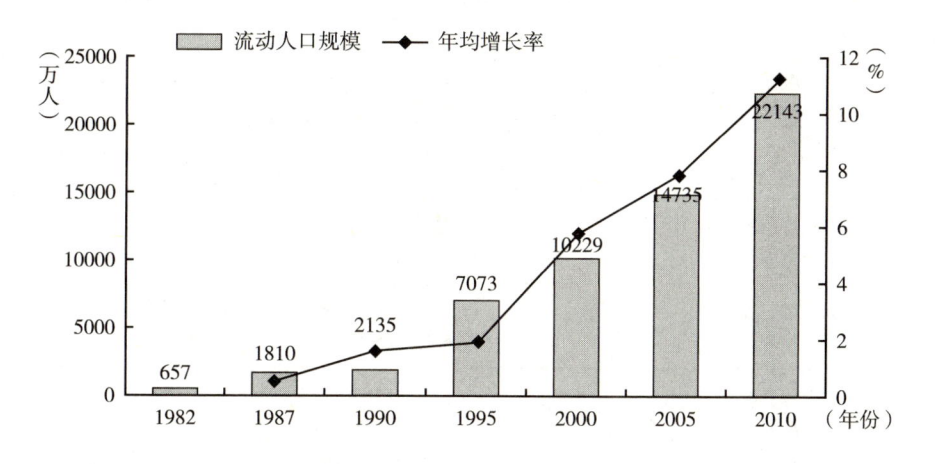

图1 1982~2010年我国流动人口数量

流动人口数量及规模增加了北京首都核心功能区管理与服务工作的难度。从流动人口分布状况来看，北京的流动人口密度仍然在持续攀升，

流动人口规模持续扩大，使北京市的人口疏解效果大打折扣，也使北京市流动人口的服务管理工作任务量和难度系数不降反增。虽然在老城区的更新改造过程中适当地疏解腾退了部分户籍人口，但其数量远远小于快速、规模化聚集起来的流动人口。总的来说，北京市流动人口分布中心过密、外围过重、整体失衡的空间格局并没有发生明显改变。由此可见，当前对流动人口的服务管理形势依旧十分严峻，时间紧、任务重，需要引起高度关注。

大栅栏作为一条有着百年文化历史的商业街，除了拥有许多知名的老字号商铺外，还有分布在大街小巷的小商品店、小饭店、小理发店、小旅馆、小水果店等。这些小店就成为流动人口的"首选"。相关数据显示，目前大栅栏地区流动人口约为1.2万人，约占地区5万余人的24%，流动人口聚居的特征较为明显（见表1）。据悉，大栅栏地区18岁至50岁的流动人口有将近1万人，中青年流动人口占比较大，约占总人口的82%。初中以下学历的流动人口为7500人，占流动人口总数的62%；从事住宿及餐饮业的流动人口约占流动人口总数的35%；从事批发零售业的流动人口约为1600人，约占流动人口总数的27%。因此，对大栅栏街道开展流动人口的服务管理工作是极其必要的。

表1 大栅栏街道流动人口的特征与管理困境

流动人口的特征	引发的服务管理问题和困境
学历普遍不高 素质参差不齐	非法用工、非法经营现象普遍 扰乱市场秩序，影响地区和谐
人口数量庞大 居住密度较高	挤占公共资源，与原住居民关系紧张 安全意识薄弱，社会治安问题突出
外来务工人员居多 工作不稳定 收入水平不高	生活消费水平偏低 低端业态生存空间大 容易带来脏乱差的环境问题
人口流动性趋缓 出现规模聚居现象	人口倒挂问题 城中村管理问题 缺乏地区归属感和社会责任感

当前大栅栏街道开展流动人口服务管理工作存在以下困境。

（一）无固定工作人员及非法经营者比例较高

大栅栏是北京传统的商业文化街区也是著名的旅游文化街区，街区特点和性质吸引了大量的外来流动人口，这些流动人口以游客和外来经商务工人员为主，与地区常住居民相比，他们对住房条件要求不高，消费层次较低，环境责任意识较差。流动人口没有固定住所，多数居住在出租房内，居住条件一般，形成了"哪里方便住哪里、哪里便宜住哪里"的居无定所、流动居住、频繁更换居所的情况。并且他们没有主动申报暂住登记的意识，社区工作人员很难及时全面地掌握其居住地址，给服务管理工作带来很大困难。

此外，目前大栅栏的流动人口中，非法经营者比例较高，占流动人口总数的一半以上，大部分流动人口从事的职业是非法经营活动，这种非法经营活动给大栅栏街道的交通秩序、社会秩序以及区域形象造成了相当大的影响，使得大栅栏街道出现治安秩序混乱、违建问题严重、警情案件高发、环境卫生脏乱等一系列不良局面。

因此，为了维护大栅栏街道公平公正的市场秩序、为了建设和平稳定的社区环境，必须采取相应措施，对流动人口进行规范化治理，从而为和谐有序安定健康的新型社区贡献力量。

（二）流动人口居住密集，不稳定因素较多

大栅栏街道流动人口数量多，居住较为密集，主要表现为在单位宿舍集中居住或者分散于城中租房居住，甚至有些流动人口居住在工厂厂棚，体现出密集、封闭、独立的显著特征。加上许多流动人口的居住场所游离于城市主流社会之外，与现代城市文明的接触相对较少，使得他们心理上的漂泊感更强烈，这种居住特征给流动人口的管理工作增加了难度，带来了服务管理的诸多问题。

相对封闭与独立的居住环境，加上偏低的收入水平使得流动人口与户籍人口容易产生对立与分歧，这种局面的最终结果是弱势群体发生道德失范或违法犯罪。据悉，收入水平及生活水平较高的户籍人口常常对流动人口产生偏见与

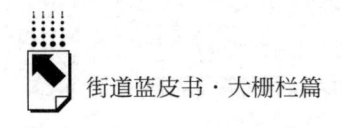

歧视，不愿意与流动人口相互来往，认为与这个社会群体交往存在不安全感。可见，不被信任可能产生不稳定及安全隐患，增加了管理服务的难度。

（三）文化背景存在明显差异，容易引起矛盾纠纷

研究结果表明：大栅栏街道对外来务工人员文化的态度从宏观上而言体现出基本融合性，但在微观领域以及具体指标方面则存在明显差异。具体体现为文化程度、教育背景、社会交往、现实生活方面较高的融合性和生活习俗方面较强的冲突性。由于流动人口大多来自经济发展水平相对偏低的偏远地区，其整体受教育水平不高，人口素质参差不齐。而大栅栏是首都国际文化交流中心的重要窗口，其发展方向以高端服务业和文化产业为主，对劳动者的知识水平、技能水平和综合素质都有一定的要求，流动人口要适应当地的工作方式，融入当地的生活方式，必然会有一定的困难。此外，数量庞大的流动人口也挤占了地区原住居民的公共服务资源，容易引发社会治安问题，给地区的和谐与稳定带来诸多风险。这对大栅栏社会管理服务工作以及维稳和谐的社区建设是相当不利的。

（四）外来人口收入不高，趋利心态明显，安全观念薄弱

大栅栏街区的流动人口工作不稳定、收入少、待遇差，这使得他们处于社会生活的最低层。加上受居住条件及环境的诸多限制，流动人口的趋利心态较为明显，他们在城市的发展也受到相当大的影响。再加上大多数流动人口的安全观念及意识薄弱，给大栅栏社会管理工作造成了一定的负担。因此，大栅栏在今后的管理服务工作中，应建立并完善流动人口收入机制，制定相应政策，提高流动人口的收入水平，保障其生活水平及生活质量，从而避免流动人口产生趋利心态，为大栅栏街区的社会管理工作的顺利进行提供便利。

（五）人口流动性减慢，倒挂现象严重

人口倒挂是指流动人口数量超过本地居民的现象。大栅栏地区外来人口的流动性减慢，出现了户籍人口与流动人口倒挂的趋势。居住一年至五年的

流动人口和居住五年以上的流动人口有 4419 人，占流动人口总数的 71%。人口倒挂的城中村已成为北京市公共安全隐患的突出地区，严重困扰北京城市管理、社会治安等各个方面，严重影响首都的形象。城中村的情况变化与流动人口数量变动呈正相关。总体来说，流动人口数量不断增多，规模不断扩大，问题日趋严重。

面对以上几点治理困境，如何进一步有效合理地规范大栅栏流动人口服务管理工作，完善管理服务体系以及创新管理模式成为大栅栏街道社区管理服务工作的又一项重要课题。

二 大栅栏街道在人口疏解中加强服务管理的实践

目前，大栅栏街道在人口调控的背景下，把流动人口服务管理工作纳入大栅栏街道和谐发展体系之中，明确"在服务中实施管理，在管理中体现服务"这一宗旨。在实施原则上，坚持"系统治理、依法治理、综合治理、源头治理"，依法疏解调整人口布局，建立宣传倡导服务均等、关怀关爱服务均等、生殖健康服务均等、行政办公服务均等"四个均等"服务与管理模式（见图3）。以积极构建流动人口服务管理体系为支撑，努力创新流动人口服务为导向，切实维护流动人口的合法权益，积极促进流动人口与大栅栏街道的服务管理相融合。科学合理地引导流动人口合理分布，真抓实干，为推进大栅栏街道平安和谐建设，促进经济和社会又好又快发展以及营造良好的人口环境做出杰出的贡献。

表 2 大栅栏街道流动人口服务管理体系

宗旨	在服务中实施管理，在管理中体现服务
原则	系统治理、依法治理、综合治理、源头治理
目标	建立健全地区流动人口服务管理体系，构建和谐宜居大栅栏
内容	人口疏解、就业培训、计划生育、宣传教育、行政服务、社区自治
模式与方法	"四个均等"模式，项目制管理模式，共享模式，多策并举，法律手段

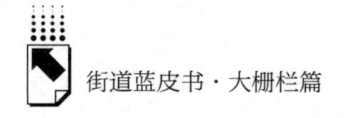

（一）依法疏解调整人口布局

依法疏解调整人口布局，是加强大栅栏街道流动人口服务管理工作的首要措施。依照《大栅栏历史街区保护管理办法》等政策法规的相关规定，大栅栏街区的人口疏解工作要严格按照"疏解、修缮、改善"的工作要求循序渐进，保障地区流动群体的稳定性。这在一定程度上缓解居高不下的居住密度，为提升地区居民的生活质量、改善地区宜居环境提供基础，也可以带动流动人口居住条件的改善。

大栅栏街道为对辖区内的流动人口进行依法疏解和整治，采取了多元化的工作方式，以适应不同群体的需求，最大限度地减少疏解腾退工作可能给居民带来的损失，减少了政府与群众之间的矛盾，有利于工作的顺利推进。在具体实践过程中，仍然以传统的定向安置为主，辅以货币补偿方式、产权置换方式、承租房屋挑换安置方式以及产权入股经营方式，有效地改善了地区人口布局情况，降低了人口密度，相对提高了地区居民的居住质量，促进和谐社会建设。

通过依法疏解调整流动人口布局情况，加大对流动人口的法律保障力度，为有效控制流动人口数量规模、增强大栅栏街道流动人口的均衡分布以及促进区域均衡发展奠定坚实的基础。

（二）综合管理、多策并举、共同发力

综合管理、多策并举、共同发力是大栅栏街道对流动人口管理工作的重要举措之一，主要通过大栅栏街道及大栅栏计生办两大组织开展，详细内容如下。

1. 大栅栏街道在对流动人口的管理服务工作中，不断创新流动人口的服务管理模式，以大栅栏街道流动人口调控工作为工作出发点，在开展调研的过程中，深入调查地区流动人口基本情况，并创建十项流动人口服务管理项目。这十项流动人口服务管理项目主要包括新居民服务中心综合服务项目、新居民信息网络服务项目、新居民就业救助中心项目、新居民法律维权

中心项目、新居民教育学校项目、新居民计生服务中心项目、新居民青少年活动中心项目、新居民青少年"成长加油站"项目、新居民青少年法制教育季度项目、新居民"第二故乡我的梦"主题活动项目。

通过项目管理法创新管理服务模式这一实践活动，大栅栏地区的流动人口服务管理工作成效显著，这种将管理寓于服务之中的方式得到了当地流动人口的大力认可与支持，他们参与社会管理服务的积极性与主动性不断提高，大栅栏街道的社会管理工作得以顺利开展。

2. 大栅栏计生办为助力地区建立起科学和完善的流动人口服务管理制度，从部门工作实际出发，定期组织当地流动人口参与计生办开展的系列活动，内容包括宣传倡导服务均等、生殖健康服务均等、行政办公服务均等和关怀关爱服务均等"四个均等"。为流动人口适应地区政策要求、融入地区生活提供帮助，目的是将流动人口的服务管理工作做得更优、更好，以促进大栅栏街道和谐健康的发展。

宣传倡导服务均等化方面，融合新旧媒体的各自特点和优势，一方面继续采用上门宣传指导、发放纸质宣传资料、社区宣传栏、街道电子屏、电视和广播等传统的便民方式开展工作，另一方面，积极引进现代化的网络和新媒体技术，搭建融媒体平台，为辖区内的流动人口提供实时、动态、多样化的宣传服务，科学有效地引导流动人口树立科学、文明、进步的婚育观念。

生殖健康服务均等化是主要针对流动人口开展的生育健康方面的宣传教育服务，帮助流动人口树立科学的生育观念，如引导他们选择安全、可靠、有效的避孕方法，并不断建立健全服务地区流动人口的计划生育定点服务制度。

行政办公服务均等化主要是指开展流动人口政策咨询、行政事务、便民维权等服务项目，实现流动人口行政办公无障碍，对流动人口违反政策规定的，要及时做好劝导教育工作，或依法进行处理。

关怀关爱服务均等化是指扎实开展对流动人口的关怀与慰问活动，把流动人口的关怀关爱活动抓好，并与开展节日送温暖、文化科技卫生等活动相结合，不断提升大栅栏流动人口的服务管理水平，增强流动人口对大栅栏街道的归属感与认知度，提高其幸福指数。通过开展"四个均等"服务与管理活动，逐步建立健全大栅栏地区流动人口服务管理工作机制，大力提升地区流动人口服务管理水平和品质，为进一步巩固与完善大栅栏流动人口"一盘棋"的工作格局打下了坚实的基础。

综合管理多策并举发力是大栅栏街道对流动人口服务管理工作的关键环节，通过坚持服务与管理并举、多个部门分工合作以及寓服务于管理之中的工作思路，努力实现资源整合、优势互补、齐抓共管的管理新模式，为不断改进和加强流动人口服务管理工作、促进全市经济稳步发展与保障社会的和谐稳定做出突出贡献。

（三）系统培训，提升人口素质

系统培训提升流动人口的自身素质是大栅栏街道开展流动人口服务管理工作最为有效的手段。知识与技能培训是当前大栅栏流动人口最需要的手段之一，已有相当数量及规模的流动人口将自身的劣势地位归结为缺乏系统的培训与缺少相应的知识与技能。因此，组织好技能培训应是为当地流动人口提供服务管理的一项重要措施。

1. 开设针对流动人口的就业培训。为流动人口详细讲述当前大栅栏地区所处的情况与相关的政策规定。例如，开展知识讲堂为流动人口讲述与社会保险相挂钩的各项福利规定以及获取国家认证的职业资格证书的重要性，切实让流动人口真实地了解到自己的职业前景以及面临的严重问题，促使他们有针对性进行自我调整与改善，从而充分调动流动人口积极性与能动性，让他们能够着眼于未来，结合自身实际情况选择最优的职业以及进行决策。

2. 开设针对流动人口的知识课堂。大栅栏为开展好地区流动人口管理服务工作，十分重视提升地区流动人口的工作能力和知识技能，街道积极开展针对流动人口的专业技能知识培训，并提供相应的就业信息，得到了大栅栏街道流动人口的高度赞扬与认可。大栅栏街道从地区流动人口数量多、分布集中这一特征出发，结合当前劳动力市场需求特点，为地区流动人口提供热门和实用的知识讲堂，并制订切实可行的课程安排和定期培训计划，内容包括为当地流动人口教授文化基础知识、法律法规常识以及进行就业技能培训等，使流动人口在知识培训这一过程中不断重塑自我，丰富了大栅栏街道流动人口的文化生活，更为做好流动人口的管理工作铺平了道路。

（四）开辟多项渠道、共享社区资源

开辟多项渠道、共享社区资源是大栅栏街道提高流动人口计划生育管理水平的新尝试。这一实践覆盖了大栅栏地区所有的流动人口，以共享社区应用的综合信息平台为形式，以不断健全流动人口的动态服务管理体系为主要目标，街道不断探索创新，开辟多种渠道让地区流动人口共享社区资源。街道通过大力整合和优化社区已有资源，将流动人口纳入社区建设，不仅可以提高社区自我管理和自我服务能力，而且可以为流动人口参与社区建设提供有效渠道，调动其参与社区活动的积极性，有利于构建和谐共享的社区生活。街道积极搭建流动人口与大栅栏地区居民的互动平台，从而为流动人口提供了更加便捷有效的服务。除此之外，街道积极建立区域协作、信息共享的管理机制，以服务为主线，多边联管，多策并举，多部联动，开创了综合治理的良好局面，从而为流动人口共享社区资源，丰富流动人口的日常生活奠定了坚实基础。

近年来大栅栏街道为流动人口开辟了渠道，使得流动人口能共享社区有效资源，这在强化大栅栏街道社区资源重要性的同时，提高了大栅栏社区自治与服务的能力，从而使大栅栏社区服务管理工作更为有序健康地开展。

三 大栅栏街道加强流动人口服务管理的启示

目前，大栅栏街道的流动人口服务管理工作成效明显、硕果累累，流动人口的幸福感及归属感明显增强，不仅对促进大栅栏街道经济发展影响深远，而且对维护安定维稳的社会秩序起到了至关重要的作用。

从大栅栏街道取得的一系列成就，可得出以下几点启示。

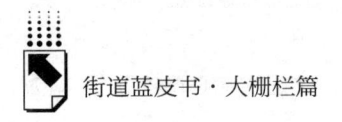

（一）依法实施疏解是流动人口服务管理的新要求

依法实施疏解是大栅栏对流动人口服务管理的新要求。大栅栏街道立足实际，深入调查研究，明确流动人口服务管理是城市管理、社会管理的"新生事物"，充分认识到依法加强管理的重要性，深知如果对流动人口服务管理的相关法律法规不完善，则会在服务管理过程中出现无章可循的不稳定局面。只有坚持法律原则，推动地区流动人口服务管理工作的法制化建设，才能保障工作的有序性和持续性。坚持依法管理，就是要在地区党委和政府的指导下，统筹规划流动人口的服务管理工作，开展综合治理和科学治理，从而使得大栅栏地区对流动人口的管理服务工作做到有章可循、有法可依。通过法律及相关政策规定，达到压缩流动人口规模的目的，为实现更加规范化、制度化的服务管理工作奠定了坚实基础，从而为提升大栅栏街道流动人口层次开辟道路。可见，依法实施疏解是对流动人口服务管理工作的全新要求，应重视法规法律的重要性，从而保障流动人口服务管理工作顺利进行。

（二）开展部门协作是流动人口服务管理的新趋势

开展部门协作，共同管理、共同决策是大栅栏街道开展流动人口服务管理工作的新趋势。大栅栏街道的每个部门明确各自职责，按照分工及任务的差异性，协商合作、共同管理、共同决策，进一步加强与开展流动人口的服务管理工作，保证了大栅栏流动人口管理服务工作的规范运行。与此同时，针对流动人口的隐患问题，各个部门建立了相关工作机制，并定期组织开展联合整治工作，方便了流动人口的日常生活、维护了流动人口的合法权益，维护了社会的和谐稳定。与此同时，大栅栏计生委积极配合、主动参与，坚持分类指导的工作方法，认真部署流动人口服务管理工作，充分发挥广大流动人口参与综治工作的主动性、积极性，群策群力，共同促进大栅栏街道流动人口工作的正常运行。因此，开展部门协作是大栅栏街道开展流动人口管理工作的又一大重要启示，是新时期大栅栏街道做好流动人口管理工作的核心，应引起高度重视，保证流动人口管理工作健康有序进行。

（三）加强教育培训是流动人口服务管理的新方式

加强教育培训是大栅栏开展流动人口服务管理工作的新方式、新形式。

首先，强化宣传教育和技术服务是关键。大栅栏街道充分运用网格信息平台，对流动人口定期开展宣传教育，深知流动人口是经济社会全面发展的重要依靠力量之一，开展教育培训是实现流动人口减量提质目标的重要举措，在充分认识开展流动人口基本素质教育的重要意义的基础上，切实加强组织领导，并根据培训任务结合本地实际组织好、开展好、落实好教育培训工作。

其次，坚持培训阵地多元化、内容丰富化、形式多样化是核心。大栅栏街道在对流动人口的培训教育工作中，努力做到寓教于乐与喜闻乐见相结合，不仅要求培训内容丰富化、细致化，还要求培训阵地多元化，以"抓细、抓实、抓好，抓出实效"为培训原则，加大流动人口培训教育工作的力度。同时，大力宣传，强化宣传氛围的营造，从而扩大教育培训的影响面和覆盖面，提升参与率和知晓率，从而使流动人口的教育培训工作深入人心。积极宣传、努力引导，形成培训一个人带动一大片的良性工作局面，促进流动人口管理服务工作的有序合理健康发展。

最后，制订切实可行的培训计划是关键。从街道的实际情况出发，区分轻重缓急，做出可操作的安排，对各项任务、完成措施、实施步骤、完成时间等都要有明确规定和具体要求，提出具体的目标并制订实现目标的措施，从而使工作计划切实可行，真正落到实处，充分体现出可操作性强的特点。与此同时，大栅栏街道特意安排专人负责与管理流动人口的培训工作，并根据培训对象的特点科学合理统筹安排培训时间、地点及培训内容。计划是连接目标和行动的桥梁，也是实现目标的前提，制订对流动人口的培训计划是大栅栏街道开展流动人口管理服务工作的关键，可以保障培训工作的持续性、详细性，为更好地开展流动人口的管理服务工作铺平道路。

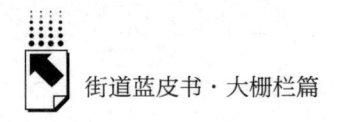

（四）注重资源共享是流动人口服务管理的新理念

实现信息互通和资源共享。做好基层基础工作，保障基层系统的稳定性、功能完善性、网络畅通性，加强基层技术培训和考核。在搭建流动人口信息管理系统平台的基础上，拓展系统功能，加快和劳动、计生、工商等相关职能部门的信息互通，整合多部门信息资源，实现流动人口信息共享。建立以社区流动人口服务和管理为切入点，以出租屋管理为重点，以人口流动为主线的综合信息平台，实现人、地、事、物、组织以及事件等要素的关联管理。向职能部门提供流动人口、出租屋数据的采集录入、居住证办理、查询、分类、统计等服务功能。切实加强流动人口相关信息的收集和录入，在服务管理上采取资源集约式发展模式，对已录入的数据，要及时更新维护，实现社会流动人口基础信息的共建共享，为提升地区精细化和智能化服务管理水平提供数据支撑。

参考文献

张子珩：《中国流动人口居住问题研究》，《人口学刊》2005年第2期。
大栅栏街道办事处：《大栅栏街道综治办2015年工作总结》。
大栅栏街道办事处：《大栅栏街道综治办2016年工作总结》。
大栅栏街道办事处：《2016年大栅栏街道人口计生工作总结》。
王志忠：《关于文保区加强社会组织建设的实践与思考》，2017年2月。

B.8 大栅栏街道非物质文化遗产保护调研报告

摘　要： 位于首都核心功能区的前门大栅栏从明清以来一直是北京繁华的商业中心，是京城文化的起源、缩影、精华，蕴藏着包括中华老字号在内的众多非物质文化遗产。大栅栏是北京最大的历史文化街区之一，非物质文化遗产是其拥有的宝贵财富和无形资产。大栅栏十分重视对非物质文化遗产的保护。为突出地区发展特色，打造地区文化品牌，推动地区文化持续创新发展，大栅栏对辖区内的非物质文化遗产保护工作进行了深入的探索，其在实践中获得的一些成功做法和经验值得学习和借鉴。本文对实践取得的积极成果进行了总结，也进一步剖析了其工作中存在的一些问题，并就进一步完善大栅栏非物质文化遗产的保护工作提出了参考性建议。

关键词： 非物质文化遗产　中华老字号　文化精品工程　小微博物馆　精品胡同

非物质文化遗产主要包括以下几种类别：传统口头文学以及作为其载体的语言、传统表演艺术（如美术、书法、音乐、舞蹈、戏剧、曲艺和杂技）、传统民俗活动（如礼仪、节庆）、传统医药和历法、传统体育和游艺、传统手工艺技能及与上述相关的工具、实物、工艺品和文化场所。非物质文化遗产是承载国家和民族历史发展和文化记忆的活化石，是国家文化软实力的重要来源。保护和传承好非物质文化遗产是新时期推动我国文化事业发展的重要举措。

一 大栅栏街道非物质文化遗产保护的调研背景

非物质文化遗产是中华传统优秀文化的重要组成部分,是支撑我国文化事业发展和人民创造力量的重要精神养分。保护和传承好非物质文化遗产就是保护和传承好国家和民族发展的根和魂。大栅栏是有着将近600年历史的古老商业文化街区,是宣南文化的起源地,许多代表老北京京味儿文化的非物质文化遗产和遗存汇聚在此地。大栅栏街道为保护和传承好地区的非物质文化遗产,实现经济效益和社会效益的统一,对地区非物质文化遗产保护工作开展广泛而深入的实践和创新,大力提升地区文化软实力和文化品牌影响力,致力于打造历史文化风貌与现代文明生活协调统一的新街区,让地区文化发展的成果惠及人民。因此,对大栅栏街道非物质文化遗产保护工作进行深入的调研和考察,梳理和总结其在非物质文化遗产保护工作方面取得的宝贵经验和成功做法,分析其已经取得的阶段性成果和工作亮点具有积极的现实意义。

二 大栅栏街道非物质文化遗产保护的基本情况

大栅栏街道是北京最大的历史文化保护区之一,是北京最古老、最著名的古老街市和繁华的商业闹市区。其源远流长的历史文化,积淀了丰厚的非物质文化遗产资源并且特色鲜明,如梨园文化、老字号文化等特色文化。大栅栏街道具有的得天独厚的非物质文化遗产资源优势,只有对辖区内的非物质文化遗产的基本情况进行整体把握,摸清家底,才能具体把握大栅栏在开展非物质文化遗产保护工作方面所具有的优势和不足,才能制订更加具有针对性的保护规划,采取更加有效的保护措施。

（一）大栅栏街道非物质文化遗产保护项目、传承人与保护平台的基本概况

1. 大栅栏街道非物质文化遗产项目与传承人的基本情况

大栅栏街道的非物质文化遗产颇多。大栅栏街道的非物质文化遗产主要涵盖传统手工艺、传统曲艺、传统美术、传统医药、传统舞蹈、传统杂技与竞技、民俗非物质文化遗产种类以及相关的历史建筑和旧址。目前大栅栏拥有国家级非物质文化遗产7项（象牙雕刻、景泰蓝制作技艺、聚元号弓箭制作技艺、雕漆技艺、木版水印技艺、同仁堂中医药文化、厂甸庙会）、北京市级非物质文化遗产18项，主要有大栅栏五斗斋高跷秧歌、琉璃渠琉璃制作技艺、肆雅堂古籍修复技艺、荣宝斋装裱修复技艺、戴月轩湖笔制作技艺、内联升手工布鞋制作技艺、马聚源手工制帽技艺、瑞蚨祥中式服装手工制作技艺、张一元茉莉花茶窨制工艺、北京二锅头酒酿制技艺、六必居酱菜制作技艺、都一处烧麦制作技艺、月盛斋酱烧牛羊肉制作技艺、壹条龙清真涮羊肉技艺、老北京叫卖、北京豆汁习俗等，大栅栏的非物质文化遗产整体上是与地区的老字号商业紧密相关的。目前地区拥有中华老字号48家，其中百年以上的老字号28家，如瑞蚨祥绸布店、祥义号丝绸店、马聚源帽店、步瀛斋鞋店、张一元茶庄、内联升鞋店、狗不理包子铺、天蕙斋鼻烟铺、全聚德烤鸭店、六必居酱菜园、同仁堂药铺、月盛斋酱肉铺、张小泉刀剪店、大观楼影院等。大栅栏街道还是历史文化相对比较完整的地区，保留了许多完整的四合院民居、会馆（西单饭店）、名人故居（梅兰芳祖居）、宗教场所（观音寺、五道庙、清真寺）、商铺（瑞蚨祥等）、银号（盐业银行）和戏楼（正乙祠、广德楼）等。

非物质文化遗产是与人民群众生活密切相关的文化宝藏，是各族人民精神和智慧的结晶，需要靠一代又一代的人来传承和发扬。目前大栅栏非物质文化遗产传承人主要从事与老字号经营相关的一些传统制作工作和文化传承，如在传统手工技艺方面主要有内联升千层底布鞋制作技术的传承人何凯英师傅，景泰蓝制作技艺的钱美华师傅和张同禄师傅，雕漆技艺的文乾刚师

傅、木版水印技艺的崇德福师傅、王丽菊师傅、高文英师傅和肖刚师傅，同仁堂传承医药传承的卢广荣师傅、金霭英师傅、关庆维师傅和田瑞华师傅，张一元茉莉花茶制作技艺的王秀兰师傅，北京二锅头酒传统蒸馏酒酿造技艺的高景炎师傅，六必居酱菜制作技艺的杨银喜师傅等；在民间美术方面主要有象牙雕刻美术的孙森师傅和王树文师傅。

2. 大栅栏街道非物质文化遗产保护平台的基本情况

大栅栏街道拥有一系列非物质文化遗产保护平台，这些平台不仅有效地整合和汇聚了区域各类非物质文化遗产资源，而且为非物质文化遗产的展示和交易提供了多元化的空间，有利于非物质文化遗产的传承和保护。目前大栅栏街道的非物质文化遗产保护平台大致可分为三类。

第一类是由西城区政府或大栅栏街道主导成立的非物质文化遗产基地或中心，负责区域非物质文化遗产保护和发展的整体规划指导。如迎奥运时期建成的北京大栅栏民俗文化发展中心，集民俗文化展示、民俗手工艺品展卖功能于一体，曾展出中国传统老北京民间手工艺"毛猴"、福娃泥人、剪纸、京胡、空竹、核桃芦、石彩、风筝、铁纱宫灯、雕漆制品等知名民间手工艺品。2009年开始运营的西城区非物质文化遗产生产性保护基地，是由西城区政府与中国文化传媒集团签约成立的，是北京市首家非物质文化遗产保护项目专业展览馆。2010年大栅栏启动了北京京味文化体验中心—大栅栏、琉璃厂项目，打造了全国首个民族传统文化展览展示基地，开发西城区会展文化博物馆等重点文化项目。该基地拥有两个分基地，一个是位于琉璃厂荣宝斋的荣宝大厦，另一个是紧邻报国寺的北京空竹博物馆。2011年6月，大栅栏街道积极建设地区非遗文化发展交流中心，通过该平台聚集了一批传统手工艺传人，促进了非遗项目的产业化发展，在保护和传承传统手工艺非遗项目方面取得了良好的效果。2017年亮相的北京坊成为北京城市文化新地标与中国式生活体验区。北京坊以其6个主题馆为平台，可以积极促进非物质文化遗产与现代生活的融合发展，此外，还有大栅栏街道文博馆和大栅栏民俗图书馆等与非物质文化遗产相关的服务平台。

第二类是依托地区老字号资源，将地区多家老字号商铺的非遗展厅串联组成"小微博物馆展示群"。这些微型博物馆在促进非物质文化遗产保护和发展方面做出了积极贡献。如大栅栏老窑瓷博物馆、大栅栏百顺社区"国粹苑"京剧文化体验基地、内联升手工制鞋技艺展厅、瑞蚨祥丝绸文化展厅、中国书店古籍修复展览室、同仁堂中医药文化走廊、源升号二锅头酒文化博物馆、和平门烤鸭店全聚德展厅、戴月轩手工制笔工艺展厅、老舍茶馆民俗文化展厅等，多达 17 家。但最具有代表性的是 2014 年开馆的 93 号院博物馆，该博物馆以"传承非遗文化，弘扬中华文明"为主旨，是一个面向广大民众的非物质文化遗产及民间艺术传播和体验的基地。大栅栏通过打造这些小微博物馆，不仅拓展了中国传统文化艺术体验、展示和交流的场所，还推动了传统文化与大众生活的融合，为非物质文化遗产提供了一个生动鲜活的保护和发展平台。

第三类是民间非营利性质的非物质文化遗产保护组织。大栅栏街道的非物质文化遗产保护民间组织主要有北京老字号协会和北京大栅栏琉璃厂商会。其中由北京市老字号企业自发组织成立的北京老字号协会成立于 2005 年，是参与大栅栏地区历史文化遗产保护传承的重要民间组织。协会会员涉及商业、餐饮、服务、生产加工、文化等多个行业领域，发展至今拥有近 200 家老字号品牌企业，几乎涵盖了北京市活体老字号企业的近 90%。北京市西城区大栅栏琉璃厂商会成立于 2013 年 4 月 11 日，商会虽然是民间非营利性组织，但在具体工作开展中要接受西城区工商业联合会和北京大栅栏琉璃厂建设指挥部的指导。目前商会有成员单位 73 家，包括张一元、全聚德、荣宝斋、同仁堂、内联升、瑞蚨祥、中国书店、北京市文物公司等一大批老字号知名企业。商会始终秉持弘扬中国传统文化、促进区域产业发展的理念，在提升区域文化品牌、搭建文化服务平台、倡导诚信经营、促进区域产业健康快速发展方面发挥了积极作用。此外，还有一些地区志愿性质的非物质文化遗产保护组织，如三井民俗公益社。

3. 大栅栏街道非物质文化遗产相关主要活动的基本情况

大栅栏街道围绕非物质文化遗产保护工作开展了一系列内容丰富、形式多样的活动，通过这些活动不断提升地区传统文化的传播力和影响力。大栅栏街道与非物质文化遗产相关的主要活动可以分为四类,这些活动一般是每年定期举行的连续性较好的活动,这里以2016年大栅栏开展的非物质文化遗产相关活动为例。

一是节日活动,以民俗节庆为主,开展"我们的节日"主题活动。先后开展了"我们的节日"春节之欢欢喜喜过大年、"我们的节日"清明之缅怀先烈文明祭扫、"我们的节日"端午之粽叶飘香、"我们的节日"中秋之邻里共团圆、"我们的节日"重阳之孝老爱亲等系列活动。此外,还举办了"扎花灯－猜灯谜－闹元宵"、"盛夏端午'秀'香包"、"茶韵中秋－怡情颂雅"民俗文化系列活动3次,参与居民达190人。

二是参观体验活动,街道与西城区旅游局合作,举办了"2016年旅游服务进社区"活动,组织近百名社区居民游览景山牡丹花节、参观首都博物馆海昏侯考古成果展等;围绕空竹、剪纸、书法、拓片等多个非文化遗产项目,开展文化讲座、艺术课堂、参观展览和培训等多种体验活动,组织1000余人次参与其中;大力推进非遗进社区,全年组织社区居民、青少年、特扶家庭等各类人群参加京彩瓷、毛猴、蛋雕、绳结等非遗体验26场。

三是演出活动,举办"梨园故里话传承"京剧专场文艺演出,百顺社区京剧社20多名演员与专业京剧演员同台献艺,交流切磋技巧,弘扬国粹文化;组织相声、评书非遗演艺2场,并将非遗进社区工作融入杨梅竹文化月、国际设计周等大型活动,既丰富了活动内容,又提升了非遗文化影响力。

四是传承活动,举办"品悦文化学堂"系列活动24期,开办各类培训班219场,如国画、瑜伽、面塑、舞蹈、绘画、篆刻、诗歌朗诵、象棋等课程,参与居民8200余人次。举办"记忆·传承·和谐——2016大栅栏街道社区文化体育节"活动,创造性地加强传统文化与民俗体育之间的联系,不断推动传统文化与地区居民生活的融合,激发非物质文化遗产的活力。

大栅栏街道通过开展一系列与非物质文化遗产相关的活动,使宝贵的非物质文化遗产在日常活动中得到保护和传承,这些具有文化内涵和地区特色的活动既满足了当地居民的精神文化需求,又提升了地区的文化品质。

(二)大栅栏街道是非物质文化遗产的集中区域

大栅栏街道是北京市最早的 25 片历史文化保护区之一,其历史可追溯到辽金时代,是北京城区内历史最长、遗存最多的传统市井商业区。大栅栏位于北京核心城区,是京城肇始之地,也是宣南文化的发源地,这里是老字号文化、传统手工艺文化、梨园文化、儒风士俗文化、平民街区土文化、饮食文化等多种文化的汇聚之地,是老北京京味儿文化最为浓郁的地区,相应地也保存了大量的历史文化遗存。大栅栏街区先后被授予全国首个"中华老字号集聚区"和首批"历史文化街区"称号。大栅栏街道是北京市非物质文化遗产相对比较集中的区域,拥有 600 多年历史的大栅栏商业街是中华老字号文化的集中区域,同仁堂、内联升、张一元等传统商业文化和手工艺传承是其典型代表。大栅栏琉璃厂文化街更有近 800 年的历史,被评为"中国文房四宝文化第一街",代表着传统的京城仕文化。而琉璃厂附近的厂甸也是老北京民俗文化的集中区域,厂甸庙会是最能展现老北京风土人情的传统习俗。大栅栏西街在历史上也被称为"观音寺街",是胡同文化的重要代表,大栅栏西街将大栅栏传统商业街与琉璃厂文化街串联在一起,共同组成"文商旅一条街"。

(三)大栅栏街道加强非物质文化遗产保护的重要意义

非物质文化遗产是人民在长期生产和生活实践中创造出来的智慧结晶,蕴含着民族精神和价值取向。重视和加强对非物质文化遗产的保护,是国家和民族发展的需要,也是保持国家特色、维护世界文化多样性的需要。历史悠久的大栅栏街道拥有丰富的非物质文化遗产资源,这些非物质文化遗产不仅是大栅栏地区历史变迁的记录,更是地区赖以发展的根和魂。因此,立足自身发展定位和发展特色,深入探索适合大栅栏地区特点的非物质文化遗产保护工作具有重要的意义。

从地区精神文明建设的角度讲,深入开展和推动非物质文化遗产保护工作,一方面有利于传承和发扬大栅栏的传统文化,推动传统文化的创新和进步，促进大栅栏文化事业的繁荣发展，提升地区文化品质和文化品牌影响力；另一方面，符合我国社会主义核心价值观的要求。大栅栏地区的非物质文化遗产蕴含着人民的精神信仰和价值追求，开展非物质文化遗产保护工作有利于在地区传播正能量，促进地区和谐发展。从地区经济发展的角度讲，大栅栏作为北京古老的传统商业街区，汇聚着大量的中华老字号，这些老字号的传统手艺和经商文化都是地区宝贵的非物质文化遗产。保护和传承好这些文化资源，使其成为促进地区特色旅游发展和特色商业发展的重要基础，从而带动地区业态提升，推动地区发展转型。总之，非物质文化遗产是一项宝贵的资源，加强文化遗产保护是一项功在当代、利在千秋的战略性文化工作。

三 大栅栏街道非物质文化遗产保护的做法与成效

大栅栏丰厚的非物质文化遗产资源是地区文化特色所在，承载着古老京城的城市发展轨迹。深厚的历史文化底蕴使大栅栏承担着服务和建设首都文化功能的重要责任。大栅栏街道在非物质文化遗产的保护、传承和发展方面进行的深入探索和实践，符合地区发展情况，回应了群众需求，顺应了时代趋势，取得了良好的成效。

（一）大栅栏街道非物质文化遗产保护的做法

1. 制订非遗保护指导计划

大栅栏街道是北京市非物质文化遗产相对比较集中的区域，大栅栏商业街、大栅栏西街以及琉璃厂文化街汇聚了诸如老北京民俗文化和传统手工艺文化等众多非物质文化遗产。保护和传承好这些地区宝贵文化遗产，需要政府立足长远，积极发挥主导作用，制订科学系统的保护规划，保证地区非遗保护工作的顺利推进。大栅栏街道的街区情况特殊，非遗保护工作开展的环境复杂，街道立足地区非遗资源的基础情况，在推动地区非物质文化遗产保护工作方面积极发挥引领作用，进行了系统科学的规划和指导，确保地区非遗保护工作分阶段有序推进。同时，针对不同种类的非遗文化，制订相应的保护、传承和发展规划，不断提高非遗保护工作的科学化、规范化水平。大栅栏街道工委和办事处从地区文化建设和地区全面发展的角度出发，立足街区功能定位，坚持文化惠民的原则，对辖区内现有的非物质文化遗产资源的保护工作进行统筹规划和科学指导，积极引领街道非物质文化遗产保护工作的正确发展方向。

2. 摸清非遗资源底数

大栅栏街道的非物质文化遗产资源丰富，分布相对比较集中，要对地区内现有的非遗资源进行保护，就要掌握辖区内非遗资源的底数和基本情况，重点把握非遗文化资源的类别、数量、传承人、传承状况等。只有摸清家底，才能清晰地了解非物质文化遗产保护面临的问题，才能有针对性地做好保护和传承工作。大栅栏街道对地区的老字号文化、民俗文化、传统手工艺进行盘点和普查，并进行档案登记和分类记录，逐步建立和完善地区非遗文化数据库。在此基础上，加强对优势资源的开发和利用，对一些传承濒危的非遗文化采取更好的保护措施。大栅栏街道建设有多个非遗文化保护平台，它们在非遗文化挖掘和统计地区非遗文化资源方面发挥着重要作用。如大栅栏依托非遗交流发展中心，积极挖掘地区及北京市传统手工艺人的资源，寻找那些散落在民间的非遗传承人，已汇聚了叶派内画鼻烟壶、皮影、料器、宫灯、蛋雕、核桃、鬃人白、篆刻和印钮雕刻、泥人、京剧、天桥中蟠、抖空竹、象牙雕刻、景泰蓝制作、聚元号弓箭制作、漆雕、木板水印等20多个非遗项目的传承人。

3. 推进非遗产业化发展

随着城市现代化进程的推进和市场经济的发展，许多非遗项目没能跟上时代发展的潮流，缺乏创新发展能力，失去了旧有的生机与活力。因此，深入挖掘非遗资源的现代价值，推进非遗文化产业化发展，让经济发展为非遗保护提供现实动力，激发非遗文化的时代活力成为推动非遗保护工作的必然选择。大栅栏街道是历史悠久的古代商业街，是全国首个"中华老字号聚集区"，许多非遗文化与商业发展具有天然的联系，在以非遗产业化发展推动非遗保护工作方面，大栅栏地区具有得天独厚的优势。大栅栏街道在坚持保护性开发原则的前提下，积极引进市场化经营模式，发挥文化集群优势，不断优化和创新传统的商业街模式，鼓励发展文化创意产业，由街道办事处指导和扶持企业参与非遗文化保护和发展工作，大力构建集展、产、销一体的产业运作模式，以文化产业带动区域整体发展。大栅栏地区深厚的历史文化底蕴和丰富的非遗文化资源为地区发展非遗文化产业提供了良好的资源基础。大栅栏北京坊的建成为非遗文化与现代商业融合发展提供了平台和空间。街道举办北京国际设计周和大栅栏琉璃厂文化季。此外，大栅栏非遗中心还与西城区文化委合作，将地区非遗产品连接入"民俗中国记忆网"，扩大地区非遗文化影响力，延长非遗文化产业化发展链条。

4.拓宽非遗保护的宣传方式

在非遗保护的宣传工作方面，要注重传统与现代的结合，既要强化和优化传统的宣传方式，又要做到与时俱进，积极引入网络和新媒体技术，不断丰富宣传内容，创新宣传方式和手段。通过丰富非遗保护的宣传方式，让更多人更深刻地认识到非遗保护工作的重要性。

一方面，大栅栏街道不断打造与居民生活更加贴近的非遗文化宣传阵地，进一步提升传统宣传的效能。街道充分利用《北京大栅栏》文化专版的版面资源，向读者更多地传递非遗保护的相关信息；与《人民日报》《北京日报》《北京西城报》等媒体积极沟通，策划了老字号企业捐资助学、"京剧发祥地"揭地标、大栅栏琉璃厂文化季开幕等非遗主题报道。街道还精心打造了"魅力大栅栏"系列文化书籍，其中《魅力老字号》《明清时期的金融印迹》《胡同记忆》《梨园文化》等都讲述了地区非遗文化。深入群众开展与非遗主题相关的文化活动，让群众近距离感受非遗文化，如2016年举办的"记忆·传承·和谐——2016大栅栏街道社区文化体育节"，将传统文化和民俗体育文化相融合。

另一方面，坚持与时俱进，重视引入网络等新媒体技术丰富非遗保护的宣传方式。充分发挥大栅栏门户网站的宣传影响力，搭建"书香大栅栏"网上阅读空间，开通了"魅力大栅栏"微信公众账号，利用快捷便利的网络技术，进一步丰富宣传载体，让更多的群众了解和认识到保护和传承好非物质文化遗产的重要性。

（二）大栅栏街道非物质文化遗产保护成效

1. 促进了地区业态调整和产业升级

大栅栏街道的非遗保护工作提升了地区的传统产业形态，推动了地区产业结构的升级，为地区发展转型做出了积极贡献。作为一条历史悠久、文化底蕴深厚的历史文化街，大栅栏的经济发展要突出文化特色。发展文化产业，非物质文化遗产是根与精髓。大栅栏街道十分重视非遗保护工作，通过大栅栏商业街模式，将旅游、商业、传统文化结合为一体，使非遗保护产业化，促进地区传统业态与新业态融合发展。大力推动地区老字号企业转型发展，大力扶持文化创意产业和发展电子商务，提升地区旅游业发展品质。如大栅栏打造北京坊为发展高端商务和提升地区文化消费品质提供了平台。非遗文化可以作为地区经济发展的重要资源，非遗保护工作应该作为地区商业、旅游业和文化产业发展的重要组成部分。只有大力发展非遗产业，才能创造更多的资源反哺非遗保护工作。大栅栏街道的延寿民艺坊通过专门为社区残疾人提供制作宫灯和漆雕工艺品等民间手工技艺的免费培训和产品经销服务，带动社区残疾人生活水平提高，而这种商业模式又反过来吸引了更多的人学习传统非遗项目技艺，使地区既有的非遗文化得到更好的传承和发展。大栅栏街道的非遗保护工作给地区带来了显著的经济成效，而非遗文化产业的发展又很好地反哺了非遗保护工作，两者相互联系、相互扶持、共同发展。

2. 避免了非遗文化传承出现断层

大栅栏街道通过开展非遗保护工作，有效地保存和延续了地区的传统历史风貌和老北京特色民俗风情，避免了非遗文化出现传承断层的危险。大栅栏街道积极与西城区文委、旅游局合作，联合主办首届雕漆文化发展与保护宣传周，邀请中国雕漆大师殷秀云等百余名原北京雕漆厂的老技师共同研讨雕漆工艺的保护与传承发展。非遗展示中心对若干被列为市级、区级以上级别的非遗项目予以传承人保护方面的资金支持，以避免民俗手工艺断层局面的出现。大栅栏商业街的众多老字号店铺在非遗传承和保护方面发挥着积极作用，它们通过加强对专业技术人才的培养和非遗产品展销活动，巩固传统非遗文化的传承和保护成效。为深入推动地区非遗文化保护工作，扩大非遗保护工作的宣传面和覆盖面，街道积极开展"民俗文化进校园""民俗工艺大师进社区"等非遗传承和保护活动。大栅栏街道结合街区非遗文化的基本情况，开展了一系列符合街道特色的非遗保护实践活动，将辖区政府、商家、企业、游客、居民等多种非遗保护力量有效地整合起来，合力开展非遗保护和传承工作，避免非遗文化传承出现断层。

3. 提升了街区环境品质和文化品质

非遗保护工作带动了地区环境品质的提升和居民生活条件的改善，不仅市政基础设施得到了改善和更新，历史文化街区的原始风貌也得到了良好的修复。在坚持"尊重历史文化、展现传统风貌"原则下，大栅栏街道采取"小规模、渐进式、微循环"的改造模式，在环境整治过程中保留了地区特色文化元素，如杨梅竹斜街将地砖铺设成传统图案，西河沿街最大限度地保留历史建筑的原貌。大栅栏为充分发挥地区丰富的非遗文化资源优势，建立了一系列的非遗文化展览和宣传阵地，改善了地区公共文化基础设施，丰富了地区民众的文化生活，提升了地区的文化品质，如2016年街道率先完成一个街道级文化站、一个街道市民学校、包括街道图书馆和民俗图书馆在内的两个特色图书馆、一个电子阅览室的"1121"工程，基本完成9个社区办公用房的达标修缮工程。此外，街道还形成了初具规模的小微博物馆群，以非遗文化为素材开展了许多群众喜闻乐见的活动，深入挖掘非遗文化内涵和价值，让非遗文化走进人民群众的日常生活，造福于民，切实增强人民群众在文化领域的获得感。

4. 培育了街区特色文化品牌

大栅栏街道在非遗保护工作的实践创新过程中，结合地区非遗资源的类别和分布特点，以非遗文化为素材和养分，精心培养和塑造了一批独具地区特色的文化品牌，扩大了地区文化的影响力。一是将街区内留存的老北京原生态文化打造成地区代表性文化品牌，如老字号文化、胡同文化、同仁堂中医药文化、琉璃厂文化（文房四宝）、厂甸庙会（民俗文化）、梨园文化都是大栅栏街区著名的文化品牌。二是推出一系列文化品牌活动，让非遗文化在与现代文化生活的交融中焕发出新价值，如以"京腔、京韵、大栅栏情"为主题的文化活动、老字号文化购物节、"我们的节日·情系大栅栏"等品牌活动。三是精心打造一批非遗文化保护和交流平台，如小微博物馆体验群和北京坊项目。四是秉持创新发展理念，推出了符合时代发展特征的文化品牌活动，如注重对自然和原生态的保护，打造低碳会馆和低碳四合院。

四 大栅栏非物质文化遗产保护存在的问题

大栅栏街道非遗项目数量多，保护和传承任务重。当前，虽然街道非遗保护工作已经取得了一些值得肯定的成果和经验，但随着实践的深入，一些新问题和新情况也随着出现。要进一步推进和完善非遗产保护工作，就需要认真剖析非遗保护工作中所面临的问题和挑战，掌握街道非遗保护工作中存在的薄弱环节，对症下药，保障非遗工作持续推进。

（一）宣传工作有待加强

非遗宣传工作的目的是向大众传播和普及非遗文化，提升人民群众保护和传承非遗文化的自觉性。大栅栏街道的非遗宣传工作内容丰富、方式多样，在非遗保护工作中发挥了积极作用，但也存在需要进一步完善的地方。在宣传内容上，非遗宣传板块有限，宣传覆盖的非遗类别不够全面。在宣传力度上，一些符合大众口味、受欢迎程度较高的非遗项目宣传力度大，宣传频度高，而对一些相对冷门、生活实用性较低、专业性较强的非遗项目的宣传力度不足，宣传面也相对比较狭窄。在宣传对象上，非遗文化是我国传统优秀文化的重要组成部分，保护和传承非遗文化人人有责，但不同年龄段、不同行业的人对非遗文化的兴趣点不同，导致民众对非遗文化的了解程度、对非遗保护工作重要性的认识程度参差不齐。

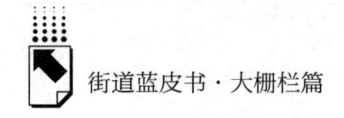

（二）非遗传承面临断层

非物质文化遗产的定义明确指出，非遗是各族人民勤劳和智慧的结晶，其传承和保护归根结底要依靠一代一代的人。但随着现代化和市场化的发展，许多非遗项目的传承面临着断层的危险。一方面，部分非遗已经失去了原有的存在价值，渐渐退出了历史舞台；另一方面，部分非遗项目传承人稀少甚至后继无人，尤其是一些专业技术性比较强，经济利好又不明显的非遗项目，传承动力严重不足。

（三）存在过度市场化的现象

非遗产业化发展是非遗保护的有效模式，大栅栏商业街模式就有效地将非遗的保护、开发、传承和营销集于一体，但产业化和商业化模式也存在弊端，在处理非遗保护和开发、经济利益与社会效益两对关系时往往会出现过度市场化的现象。过度市场化和商业化不仅会破坏非遗文化的原有内涵和价值，而且会产生诸如侵犯非遗知识产权和生产假冒伪劣产品的现象，严重破坏保护和继承非遗文化的健康环境，偏离非遗保护工作的宗旨。非物质文化遗产的保护工作可以引入市场化手段，但在经济效益最大化选择方面要坚持文化例外论和保护优先的原则。

（四）管理体系需要进一步完善

大栅栏街道要持续有效推进非遗保护工作，需要进一步建立健全非遗保护管理体系，确保非遗保护工作的各个环节紧密相扣，扎实落地。大栅栏街道非遗文化众多，需要进一步加大对地区非遗项目的挖掘、整理和申报力度，在摸清家底后建立地区非遗档案清单；对已有的非遗文化项目要进行系统的考察和评估，要及时更新和完善地区非物质文化遗产名录。大栅栏街道老字号商业品牌众多，在知识产权和品牌保护方面还存在漏洞。非遗保护项目的开发和管理需要大量的资金，街道须进一步探索多元化的资金来源渠道，进一步完善资金管理办法。对非遗项目传承人的保护是非遗保护的重要环节，大栅栏街道有待建立健全非遗传承人的保护、培训、管理机制。大栅栏街道在非遗资源的生产性保护和数字化保护系统建设方面有待加强。

五 大栅栏进一步做好非物质文化遗产保护的建议

大栅栏街道积极探索符合地区非遗特点的非遗保护措施，在实践中大胆创新，取得了一些成功经验和特色成果，使街区文化品质得到了很大的提升。随着文化在推动地区发展中的重要性不断提高，大栅栏街道需要进一步加强和完善地区非遗保护工作，改进和调整工作中不合理的地方，不断推动落实文化惠民工程，在非物质文化保护工作上实现经济效益和社会效应的双赢。

（一）重视和加强非遗申报的后续工作

非物质文化遗产的申报工作是结合非遗项目的具体情况，按照国家制定的相关标准和程序进行的。非物质文化遗产申报后，将会进入评估和考察阶段，非遗申报工作只是非遗保护工作的初始阶段，申遗成功表明非遗项目受到国家《非物质文化遗产法》相关法规条例的保护，非遗保护工作受到法律的规范和约束。但非遗申报工作只是非遗保护工作的充分条件而不是必要条件。因此，要提高申遗成功概率，增强非遗保护工作的实效性，就要重视非遗申报的相关后续工作，增强非遗保护工作的系统性和完整性。要进一步做好非遗保护的系统研究工作，制订非遗保护具体实施计划，确立规范的过程监督机制和跟踪反馈机制等，建立非遗保护问责机制和绩效评估，保障非遗保护工作的持续性推进。

（二）构建非遗保护的良性循环系统

将市场活力引入非遗保护工作是保护和传承好非物质文化遗产的有效方式，但要更加注重社会效益。非遗文化可以为产业发展注入文化内涵，产业发展又可以带动和反哺非遗保护工作，探索和构建适当的非遗保护良性循环系统，可以实现非遗文化与现代生活的有机融合，为非遗保护工作提供长久的动力。因此，在市场经济环境下要保障非遗保护工作的有效推进，就要因地制宜地构建非遗保护的良性循环系统，正确处理好非遗保护、传承与开发三者之间的关系。大栅栏街道在研究和考察地区非遗资源特点的基础上，不断探索和创新非物质文化遗产的保护和开发方式，充分发挥和利用传统商业街、小微博物馆群、非遗展览中心和保护性基地等平台和载体的功能，将非遗文化的展览和宣传与非遗衍生品的生产和营销融为一体，逐步形成互相支持、互相补充的良性循环系统。

（三）建立健全非遗保护的社会参与机制

非物质文化遗产是人民群众集体智慧的结晶，是人民群众的共同财富，保护非物质文化遗产资源是功在当代、利在千秋的工程，保护非遗资源人人有责。政府在推动非遗保护工作中处于主导地位，要充分发挥政府对非遗保护工作的统筹引领作用，进一步建立健全非遗保护工作的社会参与机制，鼓励和倡导社会多元主体参与，充分发挥市场活力。街道要积极鼓励地区老字号企业在非遗保护工作中发挥自身优势，让企业在以非物质文化遗产的特殊性创造市场价值的同时开展非遗保护工作。街道可以通过共建模式或项目制管理的方式，引入专业社会组织和企业的力量，提高非遗保护工作的可行性。街道要加大宣传力度，丰富宣传内容和方式，提高居民对非遗文化的认知度，提高居民参与非遗保护工作的主动性。

（四）进一步完善非遗传承人的保护工作

非物质文化遗产是依托于人而存在的一系列技艺、经验、精神或文化，其传承和保护是以一代一代的传承人身口相传而得以实现的。因此，作为活态文化的非物质文化遗产，保护其传承人是非物质文化遗产保护工作的核心内容。大栅栏街道要进一步开展好地区非遗保护工作，必须重视对非遗传承人的保护，进一步完善非遗项目传承人保护和申遗指导计划，建立健全非遗项目代表性传承人的评审管理制度，加强对非遗传承人保护工作的统筹规划；重视和规范对非遗传承人的资金补贴制度，为非遗传承提供必要的资金支持；积极与专业非遗保护组织或机构合作，开展非遗传承人培训工作；为非遗传承人搭建非遗宣传和展示平台，增强非遗传承人的自身荣誉感，不断提升社会对非遗传承人的尊重和重视程度。

参考文献

张小乐：《非物质文化遗产保护面临的挑战》，《商场现代化》2009年14期。

魏姝俊：《中国非物质文化遗产面临的挑战及对策》，《中国发明与专利》2006年第8期。

龙露：《大栅栏琉璃厂体验百年老店 边逛老字号边听老故事》，《北京晚报》2012年9月4日第7版。

《北京大栅栏琉璃厂传统文化体验系列活动启动》，http://culture.people.com.cn/n/2015/0618/c1013-27178264.html，2015。

《关于实施中华优秀传统文化传承发展工程的意见（2017）》，http://www.ihchina.cn/3/51934.html，2017。

《文化部"十三五"时期文化发展改革规划（2017）》，http://www.gov.cn/xinwen/2017-02/23/content_5170224.htm，2017。

《商务部等16部门关于促进老字号改革创新发展的指导意见》，http://www.gov.cn/xinwen/2017-02/04/content_5165335.htm，2017。

《北京大栅栏将办老字号幌子展》，http://news.xinhuanet.com/travel/2011-08/14/c_121856645.htm，2011。

《大栅栏举办民俗风情展》，http://www.chinaich.mobi/350/15676/351966/5662635/content.html，2011。

《大栅栏8家老字号开体验馆传绝活》，http://www.wenming.cn/wmzh_pd/fw/201211/t20121122_947858.shtml，2012。

《北京大栅栏琉璃厂传统文化体验系列活动启动》，http://culture.people.com.cn/n/2015/0618/c1013-27178264.html，2016。

B.9
项目制管理推进区域化党建模式研究
——以大栅栏街道为例

摘　要： 本文对大栅栏街道区域化党建项目制管理的实践进行了理论性探讨，发现新规律和新问题，并有针对性地提出一些解决方案，为大栅栏街道进一步推动以党建工作创新引领社会治理创新提供有益参考。

关键词： 区域化党建　四化工作模式　四项机制　党建项目制管理　商圈共赢模式

一　大栅栏街道以项目制管理推动区域化党建的背景

党的十八届三中全会以来，习近平总书记多次强调要全面落实党要管党、从严治党的新要求、新部署，明确党建工作责任，进一步加强基层党组织建设，以基层党建创新引领改革、促进发展。大栅栏街道立足区域发展实际，探索形成以项目制管理推动区域化党建的工作新模式，以党建工作创新推动社会治理创新，为区域加快发展转型和管理转型，提升城市品质做出了积极贡献。

（一）以项目制管理推动区域化党建，是新时期加强基层党组织建设的必然要求

1. 是强化基层党组织服务能力的必然要求

在社会利益日益多元化的今天，基层党组织面临的工作形势和工作任务

更加严峻和艰巨，这对推动基层党建创新，加快服务型党组织建设提出了更高要求。基层是党的事业发展壮大的根基所在，党建工作在基层具有广阔的发展空间，加强基层党组织建设，就是巩固和增强党与群众密切联系的桥梁和纽带作用，就是充分发挥党员的先锋模范作用。其工作开展的效果，直接关系到党的路线方针政策能不能贯彻实施以及党在人民群众心目中的形象。在这一背景下，大栅栏街道创造性地提出以项目制管理推动区域化党建，通过合作形式、社会征集或购买等项目推进方式，打破原有的属地管理原则，统筹整合区委、街道党工委、社区党委、居民和社会团体等多层次资源和力量，鼓励更多的社会组织和社会主体参与党建工作，形成多元协同参与的区域化党建大格局，改变传统的自上而下的单位制党建模式，推动服务型基层党组织建设。落实到基层党建工作上就是要强化基层党组织的服务能力，增强其领导力和凝聚力，实现了条块联动、群策群力，使基层党建越来越贴合群众发展需求。

2. 是进一步实现基层党组织全覆盖的必然要求

传统的单位制解体后，涌现出大量自由流动人口、社会组织和商业组织，如何将他们纳入有效的管理，满足多样化利益诉求，让它们更好地服务社会主义建设，是基层党建工作面临的新课题。面对这些党建空白领域，需要不断创新党建模式，进一步实现基层党组织的全覆盖，搭建区域化党建工作新平台。大栅栏街道通过开展项目制管理党建，加快基层党组织建设向两新组织延伸，向分散分布的社会领域注入党建引领力量，坚持问题导向。一方面鼓励他们承担社会责任，另一方面为他们送政策送服务。通过开展符合社会各类主体发展特色的党建项目，以项目为抓手提升党建质量，发挥多元主体的创造性活力，增进党群关系，扩大党在基层的覆盖面，夯实党的群众基础。

3. 是增强基层党组织领导力、执行力和凝聚力的必然要求

基础不牢，地动山摇。重视基层党建工作是党的优良传统和重要法宝，抓基层打基础时刻不能松懈。新时期基层党建工作面临着更多新挑战，以项目制管理推进区域化党建发展，可以将两新组织的党组织负责人吸纳进来，

鼓励社会多元主体参与，提升社会民主化水平，增强基层党组织的协调统筹能力和基层领导能力。基层党组织直接肩负着将党和国家的大政方针扎实落地的责任，这离不开适宜有效的工作方法和载体，以项目制为抓手推进基层党建工作，可以深入基层，深挖民意，拓展民意表达渠道，提升基层党组织的执行能力。基层党组织要提升凝聚力，必须心系基层，坚持服务人民的根本宗旨，转变基层党建工作理念，创新工作方式，以项目制管理为突破口，找准基层党建工作与服务人民群众的结合点，围绕经济健康发展、提升公共服务质量、构建和谐社会等主题开展党建工作。以党建引领社会发展，发挥基层党组织的辐射功能，将社会各方力量汇聚成一股力量，改变各自为政、一盘散沙的局面，构建区域化党建新格局。

（二）以项目制管理推动区域化党建是推动社会治理创新的题中之义

1. 项目制管理党建模式是党建引领社会治理模式创新的有效方法

在全面推进国家治理体系和治理能力现代化的时代背景下，必须更加突出党的领导地位，依法贯彻全面从严治党。实现全面从严治党，最根本和最基础的是要夯实党的群众基础，不断扩大和增强党在基层的覆盖面和影响力，要突出基层党建工作的重要性，要重视和加强基层党建工作的发展和创新。巩固党的执政之基，加强党的力量之源，以党建工作为引领推进基层社会治理现代化。社会形势的发展倒逼社会治理模式的创新，项目制党建管理模式是推进社会治理模式创新的一种有效方法，党通过对各类社会主体进行分层分类，通过项目采集、审核、监督和管理等流程，开展量体裁衣式的党建工作。这样既可以精准对接基层党建需求，又可以增强社会治理效果。以党建项目为轴线，转变党建思维，创新党建理念，实现纵向和横向上的党建信息联通，提升党的社会动员能力和资源整合能力，将传统的自上而下党建方式转变为自上而下与自下而上相结合的双轨党建方式。以项目制党建模式推动社会治理模式创新体现了党的先进性，突出了党建工作的群众性和社会性，强化了党建工作沟通党和群众的桥梁作用。

2. 项目制管理党建模式是全面落实全响应网格化管理的重要载体

西城区在推进创新城市治理的过程中，探索形成了以需求为导向，以服务为核心，以街道统筹为重点，以公众参与为基础，以信息化手段为支撑，多元主体积极响应社会需求的全响应网格化社会服务管理工作体系。这条一呼即应的"响应链"发挥实效的关键在于能够将人、地、物、事、组织、服务资源、管理项目高效整合。而项目制党建管理模式可以发挥基层党组织的优势，整合网格党支部的资源，将基层党员集中起来，通过项目管理将基层党建资源整合起来，通过网格化和责任化管理，将党组织的触角延伸至基层各个角落，鼓励党员领导干部多下基层，多问情于民，深化"访、听、解"工作制度，实现党的工作全面覆盖。项目制党建管理制度将党建工作和社会服务相结合，通过党建服务项目对接基层民众需求，使服务群众的响应窗口前移，推动区域全响应网格化管理工作扎实落地。

3. 项目制管理党建模式是加快社会治理和社会服务精细化发展的助推器

项目制管理党建模式有效地推动了社会治理和社会服务朝着精细化方向发展。项目制党建管理模式参照工程招标机制的做法，将党建工作流程化，有助于提升党建工作的水平和效率。采用项目管理的方式引导基层党组织"选题""做题""结题"，可形成"组织共建，党员共管，阵地共享，活动共搞"的开放式基层党建新格局。优质的项目不仅是推动党建工作的重要抓手，也是党组织和党员联系群众、服务群众的新平台。项目制管理党建充分尊重基层党组织和群众的首创精神，结合地区特色创建党建项目，本着谁立项谁负责的原则，科学规划项目设置和项目管理，针对企事业单位、两新组织、社区居民开发出一批具有不同亮点的党建特色项目，使社会治理和社会服务更加精细化，更加贴近群众的需求，加强了党在基层的凝聚力和影响力。

（三）区域化党建项目制管理模式符合大栅栏街区党建特色

1. 项目制党建管理模式能够很好地契合大栅栏街道的区位特色和社会结构

大栅栏街道位于首都核心区，属于首都维稳治安的重要地段，街区特色明显，社会结构和人员结构复杂。一方面作为传统的历史文化保护区，大栅栏保存着老北京胡同和大量的原住居民；另一方面作为旅游文化商业区，大栅栏街道又汇聚了各类企业和商户，吸引了大批流动人口和外来游客。人口结构的复杂和人口素质的参差不齐造成了利益诉求的多样化和矛盾的突出化，单纯依靠传统的单位党建组织模式难以满足街区发展的需求，实现街区的和谐有序发展。为此，大栅栏街道创新性地实施契合大栅栏街区特色的项目制管理党建模式，培育地区党建品牌，打造便民服务平台，凝聚发展合力，提供更多符合基层群众需求的党建活动项目。

2. 大栅栏街道的商圈特色有利于发挥项目制党建管理模式的优势功能

大栅栏街道是知名的老字号商铺汇聚地，这些历史悠久老字号企业和商铺背后都有充满教育意义的创业守业故事。它们所秉承的商业文化发展到今天依旧璀璨。大栅栏街道的商圈不仅为本地居民提供了生活便利，而且其延续下来的独特文化深深地烙在街道的基因中，成为街道不可分割的一部分。这些素材为开展项目制党建工作提供了天然的优质资源。以项目为切入点，加强与在区老字号企业的党建合作，让企业参与党建工作，承担社会责任，不仅可以融洽党群关系，推动非公企业党建发展，也可以利用企业的党建资源和平台，对接群众需求，提供为民服务，改善企业和当地居民的关系，让民众体会到经济发展的实在好处。大栅栏街道的商圈特色为项目制党建提供了深厚的群众基础和丰富的建设资源，容易形成一批街道的党建项目品牌，党建项目匹配街道发展，有利于充分发挥项目制党建管理模式的优势，使党建工作更好地服务居民和区域发展。

二 大栅栏街道以项目制管理推动区域化党建的经验和成果

作为"北京市建设学习型党组织工作示范点"，大栅栏街道深刻认识到党建工作在凝聚区域发展共识和提升地区核心竞争力中的紧迫性和必要性。为发挥区域化党组织建设在统领地区发展、服务民生方面的重要作用，为提高基层党建科学化水平，大栅栏街道大胆探索以项目制管理推动区域化党建的实践方法，取得了宝贵经验和积极成果。

（一）大栅栏街道探索项目制管理推动区域化党建的实践经验

1.以四化工作模式统筹区域化党建工作，突出项目制管理党建模式的社会效能

一是区域化统筹，发挥街道党工委的区域化统筹协调作用和资源整合作用，进一步优化服务格局。大栅栏街道党工委联合辖区内有影响力的老字号企业党组织，如老舍茶馆、张一元等成立区域化党建工作联盟，加强与驻街单位党组织的横向联系，共同研究区域化党建工作的开展。

二是项目化管理，探索建立区域化党建项目管理服务机制。在党建工作中引入项目管理的方法，可以有效地整合地区的党建资源，广泛调动社会多元力量参与区域化党建的积极性和主动性，提升地区党建能力和水平。街道通过发布区域化党建"十大服务项目"，让地区有意愿有条件有能力的企业和单位共同参与基层党建工作，并创立了区域共建项目认领机制，明确责任落实。

三是社会化运作，加强和完善党建的服务功能。加大对社会组织的培养和孵化力度，着力形成自上而下组织发动与自下而上社会参与相结合的双轨培育方式。如大栅栏街道开展的"成长加油站"青少年拓展项目成效显著。

四是技术化支撑，发展提升党建服务活力。借力科技创新平台发挥老字号企业品牌集成优势。大栅栏街利用二维码等新媒体技术创建文商旅公共创新平台，展示和宣传非遗文化和老字号文化（见表1）。

表1 大栅栏四化党建模式与传统党建模式的对比

四化模式	特点	传统党建模式	特点
区域化统筹	整体谋划 块状推进 整体开放	属地管理 单位党建	点状推进 相对封闭 内部循环

续表

四化模式	特点	传统党建模式	特点
项目化管理	内容和形式多样,效率高	组织化管理	内容和形式单一,效率不高
社会化运作	自上而下与自下而上的双轨互动多元共同参与	系统层级运作	自上而下单向运作
专业化技术化发展	有创新活力 有特色品牌 有资源集成优势 突出服务能力	机械模式化发展	同质化率高 缺乏特色 服务意识滞后

2. 以四项机制建设为支撑，打造大栅栏特色的项目制管理党建模式，提升党建科学化水平

一是固本强基机制。党建工作的开展离不开工作在一线的基层党员干部，更离不开基层民众的有力支持。要保持项目制党建工作的活力和持久力，必须打牢党建基础。大栅栏街道通过筹建党员培训类、党群活动类等党建项目，构建党员共管、阵地共建、活动共搞的区域化党建格局。

二是资源优势集成机制。通过搭建"魅力大栅栏"等应用服务管理平台深入挖掘大栅栏的优势资源，供社区、企业及地区居民交流互动，发挥大栅栏老字号企业品牌的集成优势。

三是社会组织协同机制。通过吸纳其党建资源，鼓励驻街老字号企业、志愿服务组织等参与到项目制党建活动中来，积极参与社会建设，承担社会责任。

四是品牌培育推广机制。大栅栏依照"典型引路、分类指导、整体推进、持续发展"区域品牌培育思路，推出老字号党建沙龙、"我爱北京"国际影展等系列活动项目，塑造了大栅栏党建品牌的魅力形象。

表2 大栅栏街道四项机制助推区域化党建的具体表现

四项机制	建设目标	具体实践
固本强基机制	党员共管 阵地共建 活动共搞	"智慧之光"党员干部专题培训 建设党群活动服务中心 搭建工作联席会、发展论坛等会商平台 举办区域化党建知识竞赛 宣讲和素质拓展培训
资源优势集成机制	项目共建	建立党建信息化服务平台 成立商业街区党建工作指导委员会 创建大栅栏文商旅科技创新平台
社会组织协同机制	多元参与	区域化党建工作联盟 建立大栅栏导游志愿者讲解队 组建老字号企业专家顾问团
品牌培育推广机制	品质提升	老字号党建沙龙 "我爱北京"国际影展 "魅力大栅栏"摄影抓拍赛 出版《魅力大栅栏》《大栅栏故事》 组建大栅栏艺术团

3. 商圈共赢党建模式

一是依托老字号聚集的街区特色，打造经典党建品牌项目，推进非公企业党建发展。以老字号企业党建沙龙项目聚集老字号党建资源，成为大栅栏街道党建工作的创新特点。

二是深耕历史文化资源，开展具有文化特色的项目制党建活动。以文化建设为中心，以历史传承为主线，着力打造党建创新项目，合力推进社区建设。

三是推行"企业申报项目，政府购买服务"的方式，鼓励符合申报条件的驻区商号、企业和机关单位申报党建项目，这种方式已经吸纳了内联升、同仁堂、首铁特警支队等申报项目（见表3）。

表3　2015~2017年大栅栏代表性老字号特色党建项目概览

年份	党建项目	内容	承办单位
2015	红立方	区域化党员教育实践活动基地	张一元茶庄
2015	戴月轩笔坊之约	传承湖笔技艺	戴月轩笔馆
2015	"老字号新起航"党建沙龙	企业发展战略讲座	老舍茶馆
2016	中国传统文化再生体验	抖空竹、剪纸、书法、篆刻、绘制脸谱	93号院博物馆
2017	中国传统文化再生体验及课程	茶艺品鉴会	老窑瓷博物馆
2017	北兔儿爷体验	传统文化——兔儿爷的传说、画法	93号院博物馆

（二）大栅栏街道区域化党建项目制管理的实践成果

1. 党组织凝聚力进一步提升

大栅栏街道立足街区独特资源和实际情况开展了系列党建服务项目，为辖区内的各类党组织相互交流、相互配合提供了机会和平台。既突出了街道党工委的领导核心作用，又提升了辖区企业的认同感，激发了老字号企业活力。项目制管理的方式使区域党组织参与地区活动、服务地区发展的热情和响应水平进一步提高。党建项目将区域内的党组织凝聚在一起，共同致力于以党建工作引领区域发展，为更好地服务基层民众出谋划策，推动区域化党建工作水平的提升。

2. 党建品牌影响力进一步扩大

大栅栏街道以项目制管理推动区域化党建工作，打造了一批特色品牌项目，极大地提升了地区党建的影响力。项目制管理党建模式具有一套规范的运行程序，从项目前期的申报、审核，中期的运行和监管，到后期的跟踪反馈和评价都对项目的质量、可行性、实效性提出了很高的要求，这种管理方式使大栅栏街道深刻地意识到党建工作只有重民生才能出效果，只有重服务才能出成果。

3. 党建资源共享水平进一步提高

党建资源不足是基层党建工作普遍存在的一个难题，大栅栏街道的党建项目能够将辖区内有效的党建资源吸引到地区党建的重点和难点项目上来，让他们共同为地区发展出智出力，大幅提升了区域党建资源的共享水平。大栅栏街道在街道党工委和社区党委的积极牵头带动下，逐步搭建和完善了政府与企业间、企业家间、企业党员间、企业与专家间、企业与社区间的五大党建资源平台，区域内党建资源得到进一步融合，区域化党建真正成为推动街道、社区、企业发展的强大动力。

三 大栅栏街道以项目制管理推进区域化党建实践中面临的问题

（一）对区域化党建理念的认识不够全面

1. 理念更新滞后导致工作动力不足

大栅栏街道在区域化党建领域积极走在前列，项目制运作方式是大栅栏街道区域化党建的一次新尝试，提升了老字号企业党组织在创新党建工作中的主动性、积极性，在推动非公企业党建工作上取得了积极成效。但也存在对新时期党建工作的趋势、思路、特点、职责和途径认识还不够清晰，把握还不够准确的问题。区域化党建工作的开展需要领导干部具备先进的党建大局观念，但部分领导干部还持有传统的单一党建格局理念，惯于以党建抓党建，没有敏锐地察觉到当前社会发展的趋势对党建工作提出了更高的要求，使项目制管理党建工作缺乏发展动力和有力支持。

2. 宣传力度不够导致群众基础松软

党建宣传工作不仅是简单地发布党政信息、总结党建成果，还是党组织和党员干部检查工作和总结经验的有效方法，其效果直接关系到基层党建工作的群众基础。为推动项目制党建工作，大栅栏街道开展了大量的宣传，综合运用传统媒体和新媒体手段进行宣传推广，如发行《北京大栅栏报》，出版"大栅栏故事"丛书，开通"魅力大栅栏"微信公众平台等，取得了积极的宣传成效。但鉴于街区社会结构和人口结构的复杂性，党建宣传阵地综合利用效率不高，不同群体的需求不同，宣传工作仍然存在许多空白，需要进一步加强宣传力度，夯实党建工作的群众基础。

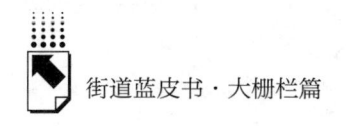

（二）区域化党组织的建设能力和功能整合有待加强

1. 党员领导干部的教育培训工作有待加强

党建工作的顺利推进离不开坚强有力的领导班子，项目制党建对资源统筹能力的要求需要区域化党组织不断提高自身的建设能力和功能整合能力，以适应新形势下党建工作的要求。目前党员领导干部在系统研究、统筹规划、资源整合、工作优化等方面的本领还不够强。有些基层党员领导干部的基础理论功底还不够扎实，文化知识水平还有所欠缺，在基层党建工作领域的实践经验还不够丰富。从整体上看，区域化党组织的建设能力还不够，区域党组织的功能整合能力还有所欠缺。大栅栏街道在本领素质过硬、系统把握够强的党员领导干部方面还存在缺口，需要进一步加强对党员领导干部的教育培养工作。

2. 基层党组织的学习和创新能力有待加强

基层党组织是开辟基层党建工作新天地的先锋队，基层党组织的能力和水平直接关系到党的各项政策在基层的落实程度和效果。在传统单位制解体后，基层党建工作开展的社会环境变得越来越复杂，新问题和新情况层出不穷，这些都要求基层党组织时刻保持危机感，不断学习进步，锐意创新。大栅栏街道在区域化党建的实践中需要进一步提升基层党组织的学习创新能力，通过共建共享方式带动群众搞党建，继续发挥街道工委统筹区域各类党建资源的作用，搭建区域党组织学习统筹创新平台，凝聚地区发展共识与合力。

3. 党建资源整合力度有待加强

区域化党建工作对区域党建资源进行优化重组，以实现党的工作在基层全覆盖。街道是统筹区域化党建工作推进的重要节点，它承接着将党建工作和党建资源有效分配和配置的重要工作内容。大栅栏街道要推动区域化党建不断取得成效，需要进一步加大以街道党工委为核心的党建资源整合力度，需要进一步发挥街道党工委在推进项目制党建工作的各个环节中的指导作用，从而实现区域党组织跨行业、跨领域、跨层级联动，党建资源共享的和谐共建局面。

（三）项目制管理党建模式的制度有待进一步完善

1. 项目评估机制和标准有待进一步统一

大栅栏街道以项目制管理推进区域化党建需要进一步完善党建项目的评估机制，建立统一的项目审核评估标准，这是保障党建项目水平的重要条件。一方面在系统性、纲领性的评估标准上要秉持公平公正公开的原则，广纳社会资源，广开党建思路，形成开放式的区域化党建格局。另一方面，要对党建项目进行分类归档，对项目申请者的资质进行清单式管理，虽然不同类别项目的具体技术标准会有差异，但在评估标准严格度上要一视同仁，维护各类基层党组织参与项目制党建活动的积极性。

2. 项目的申请和认领程序有待进一步规范

大栅栏街道通过建立项目制党建管理模式来推动区域化党建的发展，在汇聚区域广泛的社会资源，调动区域各种社会力量参与党建工作的积极性方面具有优势。但以项目制管理推动区域化党建工作也需要确立一系列的规范和制度以保障各类申请项目的质量和效用，特别是要对党建项目的申请和认领程序进行规范。如严格贯彻"谁申请、谁负责"的责任追究机制，对申请者进行严格的项目申请和认领程序培训，避免推诿扯皮影响区域党建形象和品牌，以提升党建项目管理工作的效率，保障后期项目的顺利实施。

3. 项目的流程监管机制和后续跟踪考核机制需要进一步完善

大栅栏街道在推进项目制党建的过程中需要进一步加强和完善对项目流程的监管机制和后续跟踪考核机制。通过对项目的进程进行实时监控、阶段性考察，及时反馈项目的实施成效和问题，以监管压力推动项目匹配区域发展实际情况，匹配群众需求，避免流程化和形式化，保障项目的可持续发展，为大栅栏街道打造出一批高质量、高标准、有影响力、有建设意义的党建品牌项目。

四　进一步推进大栅栏区域化党建项目制管理的几点思考

大栅栏街道以改革创新的勇气和锐气，以项目制管理模式推进区域化党建工作，激活了基层党建引领基层社会发展的强劲动力。进一步保持基层党建领域的先进性和表率性，力争在区域化党建领域再出新成果，大栅栏街道需要继续完善相关工作。

（一）进一步加大区域化党组织建设力度，推动项目制党建工作出成效

1. 强化区域化党组织在项目制党建中的统筹引领作用

区域化党组织在项目制党建管理工作中发挥着统筹引领作用，是党的工作在基层全覆盖的直接推动力量。大栅栏区域化党组织在结合地区特点，发挥地区优势，统筹规划项目制党建工作上取得了阶段性的成果，使地区群众有了实实在在的获得感。但要进一步激发基层党组织的责任感和使命感，进一步推进非公企业党建工作，就必须加强区域化党组织对项目制党建工作的顶层设计和科学规划，尤其是突出街道党工委的核心作用，为实现基层党建工作的可持续发展提供坚强的组织和领导保障。

2. 提升区域化党组织在项目制党建中的平台搭建作用

大栅栏街道立足自身区域特点，利用区域党组织为党建项目搭建合作平台，打造了"红立方"等一系列老字号党建沙龙品牌，在一定程度上实现了跨行业、跨领域、跨层级的区域党组织联动。但这些平台的创新能力和覆盖程度还不够强，大栅栏街道党工委需要进一步探索和优化区域化党组织的功能，破除传统的基层党建藩篱，联合商业街区党建指导委员会，充分发挥区域化党组织身在基层、熟悉街区特点、亲近群众的优势，主动为各类党组织和党建项目搭建优质平台，以更好地整合区域党建资源，通过合作平台凝聚党建力量和发展共识，形成区域党组织发展共同体。

（二）进一步强化党建项目服务人民的中心思想，实现基层党建工作的可持续发展

1. 深入基层调研，不断提升项目与群众需求之间的契合度

大栅栏街道推出的党建十大项目都基于地区群众关心的重点和难点问

题，如捐资助学感恩回馈项目、邻里守望综合包户项目、老字号文化体验行项目等。要真正做好为人民服务，大栅栏街道需要深入调研，对区域党建资源和党建水平进行摸底，不断提升项目与群众需求之间的契合度，让党建项目成为对接企业和群众的窗口。这不仅可以深化党和群众之间的密切联系，推动基层服务型党组织的建设，而且可以不断提升党建工作服务群众、服务企业、服务社会的能力，有利于增强党组织在基层的领导力和影响力。

2. 强化资源整合，不断促成全社会共建共享的区域化党建格局

大栅栏街道通过开展项目制党建活动使地区各类党建资源和社会参与力量充分涌动，起到了良好的社会动员作用。如在商业街、琉璃厂东街建设区域性、开放性、综合性的党群活动服务中心，搭建工作联席会、发展论坛等会商平台，牵线就近高校科研和专家资源，发挥志愿者团体等社会组织服务社会的作用，打造了"助老服务队"等一系列志愿服务品牌。党建项目的开展离不开群众的支持和参与，要进一步强化资源整合的力度，丰富资源整合的方式，支持社会化运作，发挥不同社会群体的积极作用，激发民众的参与热情。

（三）进一步强化党建项目的精准性，提升基层党组织的服务能力

1. 以内容创新提升党建工作质量和水平，满足群众多元化需求

大栅栏街道的党建工作始终坚持人民群众的主体地位，把服务群众放在第一位，在以项目制管理推动区域化党建的实践中，街道紧紧围绕服务地区发展、服务党员、服务群众、服务文化繁荣的要求开展项目制党建活动，使区域化党建活动获得了群众的广泛支持。但在首都功能重新调整和定位的背景下，大栅栏街道的街区功能也需要进行优化调整。党建工作的开展既要立足于街区历史文化的传承，又不能忽略商业旅游文化区的发展定位，要处理好社会治理与服务民生、传统文化和现代商业的关系。因此，党建项目在内容上要紧跟社会发展趋势和群众生活变化，提升党建服务群众的质量和效果，以满足地区不同层次群体的多元化需求。要更好地树立基层党组织在群

众中的良好形象，更好地讲好大栅栏故事。大栅栏街道要更加重视党建项目和党建品牌的建设，着力打造出一批水平高、口碑好的党建项目，突出大栅栏党建特色水平，营造一种和谐友好的社会党建氛围。

2. 以技术创新引领项目创新，开拓区域化党建新格局

在推进项目制党建工作中，大栅栏街道密切关注技术创新对党建载体创新的重要作用，积极推动党建项目与互联网技术融合发展，如启动"红色之家"党建科技平台和大栅栏文化数字化工程。街道还积极引进先进的技术和设备，如主动争取到北京市志愿服务联合会提供的"志愿云"志愿服务计时手机软件的研发和技术支持，并出资购买22部移动终端。随着网络技术的进一步发展，大数据将成为社会发展的新趋势，大栅栏街道要把握党建工作规律，顺应时代发展潮流，让地区党建走在前列；要以技术创新推动载体创新，深化对流媒体、互联网等数据平台的运用，提升党建工作的综合水平和影响力，不断开拓区域化党建新格局。

3. 构建区域化、全覆盖、开放式党建新格局

通过项目管理制度有效整合和调动区域党建资源，很好地将地区单位、企业、社会组织和群众带动起来参与党建活动，实现了区域各类党组织联动联合、合作共赢，大大增强了基层党组织的影响力，减少了党建工作空白。要推动区域化党建工作再上新水平，大栅栏街道要进一步完善相关制度和规范，以党建项目为抓手，鼓励社会力量积极参与政府购买的项目，不断提升党建项目的社会化运作水平，为基层党建注入新活力，积极促成区域化、全覆盖、开放式的党建新格局。

参考文献

刘丹：《大力推进区域化党建引领基层社会管理创新》，《中共山西省直机关党校学报》2014年第3期。

《把抓基层打基础的工作提高到一个新水平——学习习近平总书记关于基层党建工作重要论述》，http://theory.people.com.cn/n/2015/1201/c83855-27877434.html，2016。

北京市中共西城区委组织部：《西城区大栅栏街道深入开展老字号党建沙龙活动，创新商圈党建工作模式》，http：//www.bjdj.gov.cn/news/20151223/n817414953.html，2015。

《老字号党建沙龙，大栅栏街道工委党建创新项目》，http：//www.bjxchdj.gov.cn/XCDJxinxixiangqing.ycs？GUID=5459，2013。

祖宣：《贴近群众需求，延伸服务链条，推动城市区域化党建工作再提升》，《铜陵日报党建月刊》2015年第18期。

《大栅栏街道鼓励辖区企业申报政府购买服务项目，项目化运作升级区域化党建》，http：//dsl.bjxch.gov.cn/XCDSLxxxq.ycs？GUID=615563，2016。

B.10
大栅栏机关干部进网格工作调研报告

摘　要： 为服务好首都发展，提升城市品质，加快社会转型，西城区积极推动全响应网格化社会治理体系的建设和发展，网格化的社会治理模式在疏解非首都功能方面取得了积极成效。重要的地理位置和复杂的街区环境使大栅栏面临着艰巨的社会治理任务。为实现"社会秩序更加平稳、城市环境更加整洁、为民服务更加完善、文明程度更加提升、社会管理更加科学、社会关系更加和谐"的社会治理目标，大栅栏街道积极开展机关干部进网格试点工作。报告采用访谈和记录的形式对大栅栏机关干部进网格工作进行深入调研。在调研基础上，对大栅栏机关干部进网格试点工作中取得的一些先进经验、创立的一些优秀典型进行归纳和总结，对存在的问题进行理论剖析，并提出相应的改进建议。

关键词： 社会治理　网格工作　大栅栏街道

一　调研背景

大栅栏街道环境特殊，社会治理难点和重点问题突出，为改善民生，促进地区发展，大栅栏依托已有的全响应工作链和网格化管理体系，积极开展机关干部进网格的试点工作。机关干部进网格可以充分发挥党员干部的先锋模范作用，实现责任下沉到基层、工作推动到基层、问题解决在基层，切实提高人民群众的获得感。

（一）调查目的与意义

大栅栏机关干部进网格试点工作是创新基层社会治理模式，提升干部基层治理能力，改善地区民生的有益尝试。本次调研主要对大栅栏街道下沉到基层网格的机关干部进行采访，对机关干部进网格的工作内容和流程进行全面把握，梳理出其开展工作的有效方法，对机关干部反复提及的民生重点和难点问题进行分类整合，总结工作中面临的普遍性问题，以便提出有针对性的解决方案，为更好地服务地区发展，实现"小网格"服务"大民生"的工作局面提供有益参考。

（二）调查时间与过程

1. 调查时间

2017年5月23日。

2. 调查过程

由北京国际城市发展研究院"街道蓝皮书"课题组对大栅栏9个社区中参与机关干部进网格的干部进行了深度访谈，访谈问题主要围绕机关干部进网格试点工作开展的基本情况、成功经验、面临的问题、改进工作的建议等四个方面。

（三）调查方法与对象

1. 调查方法

本次调研主要采取文献分析法和深度访谈法。首先，大量搜集大栅栏街道关于机关干部进网格试点工作的基础资料；其次，对占有的资料进行系统的分析和归类，形成访谈提纲；最后，根据提纲，把握访谈主线，记录访谈内容，整理和撰写完整的调研报告。

2. 调查对象

本次调研在选取调研对象时考虑到了机关干部在数量、性别、部门和级别上的均衡，以保证调研的客观性和科学性。大栅栏街道共有9个社

区，划分为60个网格责任区，调研对象主要是下沉到60个网格工作的机关干部。

二 大栅栏机关干部进网格试点工作基本情况

大栅栏地区紧邻天安门广场，特殊的区域位置和历史文化决定了地区特殊而敏感的政治地位，辖区整体的社会治理工作责任重大、任务艰巨。作为全区机关干部进网格工作的先行试点，大栅栏街道着力完善以群众需求为导向的社会服务管理响应链，并对地区已有的网格体系进行重新划分和调整，将机关科级干部一对一下沉到基层的60个网格责任田，在网格中访民情、听民意、解民难，通过机关干部进网格实现工作推进在基层、人员落实在基层、问题解决在基层，真正打通服务基层群众的"最后一公里"。

（一）大栅栏机关干部进网格试点工作的背景情况

1. 转型期大栅栏的基层社会治理问题突出

大栅栏位于首都核心功能区，是首都形象的重要展示区，在首都建设国际一流和谐宜居之都的愿景下，大栅栏要充分结合地区发展实际，在疏解非首都功能、提升地区治理水平和地区发展品质方面积极问题做表率。但是，转型期大栅栏的基层社会治理工作面临着许多问题和挑战。大栅栏是北京的老旧平房区，狭窄的街巷和胡同多达114条，在地理位置上又紧邻首都政治核心区，地区的维稳治安任务比较重。集历史文化保护区、居民居住区、风景名胜区于一体的特殊叠加区情，使地区面临的社会治理工作情况复杂。如地区文物建筑多，流动人口数量大，低端业态多，老年人、残疾人、低保户等特困群体数量多，市政交通等基础设施更新滞后等，给地区的人口疏解和更新改造工作带来了许多困难，使得地区整体的人居环境质量差。在此背景下，大栅栏要实现社会治理转型，提升地区发展品质，就必须致力于提升地区治理水平，改善居民生活环境，有效落实政府作为社会公共管理和公共服务主体的责任，重视加强机关领导干部的基层治理能力。通过创新工作思路和工作方法提高治理能力和水平是新时期基层领导干部的必修课题。大栅栏开展机关干部进网格试点工作是提升地区机关干部基层实干能力的有效尝试，推动和督促机关干部改变工作作风，切实帮助群众解决生活难题。

2. 大栅栏建立了全响应网格化社会服务管理体系

为进一步夯实基层社会治理的群众基础，提高社会服务和管理的精细化水平，打造区域和谐宜居环境，西城区着力构建了全响应网格化社会服务管理体系，通过搭建全响应服务管理平台、构建网格化管理体系，扎实提高基层广大民众的生活水平。大栅栏街道按照区要求，积极探索适合大栅栏街道的全响应网格化社会服务管理模式。街道专门成立了全响应网格化社会服务管理工作领导小组，搭建了全响应社会服务管理指挥平台，通过平台加强各部门之间的协调联动，不断优化由区、街道、社区、网格和楼门院长构成的五级管理流程，不断优化整合基层服务和管理力量。要扎实推进全响应网格化社会服务管理体系建设，提升全响应网格化社会服务管理的科学化、规范化、制度化水平，必须建立完善的网格体系，大栅栏街道对原有的社会网格进行重新划分和调整，按照街巷地理位置、具体民情、网格员工作职责等内容，将辖区内的9个社区划分成60个网格，每个网格是一个责任田，覆盖200多户居民。大栅栏街道已经搭建和构建起的全响应社会服务管理平台和网格化社会管理体系为其开展机关干部进网格试点工作奠定了基础（见图1）。大栅栏在街道全响应网格化社会服务管理工作领导小组下增设了机关干部进网格工作组，保障机关干部进网格工作的顺利推进，保证机关干部责任下沉到基层。

（二）大栅栏机关干部进网格试点工作的主体情况

1. 机关干部进网格的职责定位

中共北京市西城区委大栅栏街道工委和北京市西城区大栅栏街道办事处制定和印发的《大栅栏街道关于加强机关干部进网格工作实施方案》（以下简称《方案》）对大栅栏参与网格试点工作的机关干部的具体职责进行了规定，为机关干部做好网格责任员、管理好网格责任田明确了目标和要求。

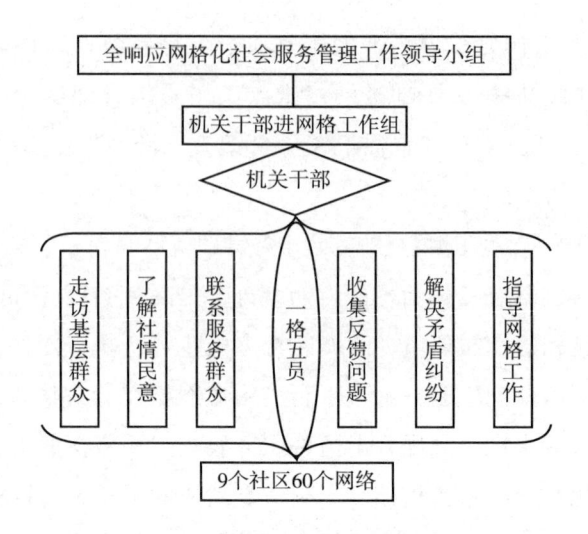

图1 大栅栏机关干部进网格

第一，要掌握社情民意。机关干部进网格了解社情民意主要通过"两联系"和"五知晓"。"两联系"的第一层是要求机关干部通过下网格走访基层群众，掌握网格内的民生问题；第二层是网格长和楼门院长要密切联系网格内的困难群众，了解他们的需求。"五知晓"是要求机关干部熟悉和掌握网格内的人口情况、房屋情况、商户情况、特困群体情况、社情民意情况五个方面的信息。

第二，要联系服务群众。为保证人员力量真正下沉到基层，方案中规定了机关干部下网格的具体工作方法，对机关干部的网格工作提出了"1428"的工作要求："1"是指机关干部每周要参加1次网格议事会，"4"是指机关干部每月要安排4个半天下网格进行走访，"2"是指机关干部每次下网格至少入户走访2户居民，"8"是指机关干部每月要记录至少8篇民情日志（见表1）。

第三，要协调解决问题。机关干部进网格后可以在第一时间发现和掌握网格内的矛盾及纠纷，提前做出预判，并协调和联合网格内的各种力量和资源，及时有效解决群众关心的重点和难点问题，如一些涉及部门比较多或新生的暂时无法归口的问题。

第四，要指导网格工作。机关干部要按照网格化社会服务管理的要求，对网格负责人及各种服务和管理力量的工作进行全方位指导，督促社区的重点工作按照进度有序推进，保障社区发展利益。

表1 机关干部进网格工作主要方法和职责内容

工作方法	具体工作职责和工作内容
"1428"工作法	每周参加1次网格议事会 每月安排4个半天进行网格走访 每次下网格至少入户走访2户居民 每月记录至少8篇民情日志
"五查五看"工作法	一看一查：看5户居民院落，检查流动人员情况 二看二查：查看5个辖区门店，检查消防安全隐患及是否收到关停通知 三看三查：看望5户特困群体（残疾人、低保、低收入、高龄、大病、空巢老人、丧偶、失独家庭及无保障老人等），检查居民用火用电安全 四看四查：查看社区消防设施，检查消防培训是否到位 五看五查：检查社区环境卫生，检查乱停乱堆乱放问题

2. 机关干部进网格的工作流程

《方案》中还进一步确定了机关干部进网格的工作运行流程，对大栅栏已有的"区—街道—社区—网格—楼门院长"的五级管理流程进行优化，致力于形成闭环式的网格工作模式（见图2）。

第一步，从源头发现问题。针对社区内发现的日常问题，主要通过建立和完善网格巡查巡访制度，将问题及时上报至街道全响应指挥中心给予解决，而针对社区的重点和难点问题，则通过召开社区网格议事会，由网格格长和机关干部共同协商和解决，并及时填写《大栅栏街道机关干部进网格工作问题反馈单》，将疑难问题报备至街道全响应办公室进行备案，并转派问题相关职能部门协助解决。

第二步，信息的采集和维护。各社区将搜集到的各类网格信息，进行汇总并上报给全响应指挥中心，由全响应指挥中心统一建立地区社会服务管理综合数据库，并建立数据库的基础信息动态更新机制，实现资源和信息的共享。

第三步，任务的分派处理。街道全响应指挥中心对接收到的网格基本信息和主要问题进行归类整理，在对不同类的信息和问题做出具体判断分析后，给出合理的解决方案，如直接办理或转派其他职能部门解决，并跟踪记录好问题的反馈情况，形成一套规范的工作运转机制。

第四步，问题要分层处置。机关干部要在网格走访中主动积极发现问题，提前做好问题分析和预判，对问题进行分类处置，社区网格层面的问题尽量解决在网格，超出社区网格解决范围的要在街道全响应社会服务管理指挥中心的协调和配合下，由相关职能部门解决或上报区级相关部门解决，努力实现"小事不出社区、大事不出街道、疑难问题区级协调"的工作局面。

第五步，对问题进行核查反馈。机关干部将在网格中第一时间发现的问题上报给全响应指挥中心，指挥中心再将问题的解决方案反馈给社区网格，网格长要负责及时反馈给居民群众，最终帮助居民解决实际问题。街道会在每月一次的"矛盾排解会"上对机关干部下网格工作的各项情况进行通报，通过反馈机制产生监督效果。

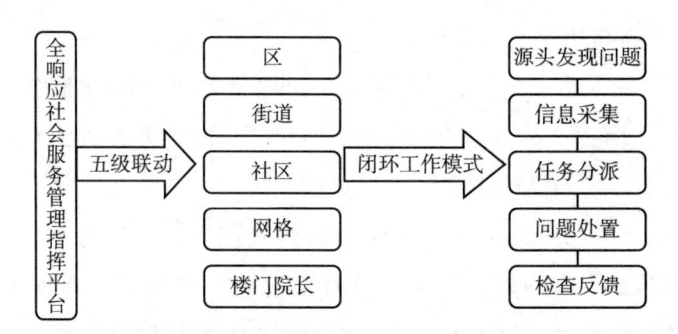

图 2　大栅栏机关干部进网格工作流程

三　大栅栏政府代表进网格试点工作的做法和成果

为建立全覆盖、全感知、全时空、全参与、全联动的社会服务管理模式，大栅栏街道充分发挥地区全响应网格化社会服务管理平台的作用，依托辖区已有的网格管理体系，迅速推进和落实机关干部进网格的试点工作。试点工作的开展有效提升了机关干部在网格化管理中的协调联动能力，在改善民生方面成效显著，也明显提高了大栅栏街道基层社会管理的科学化、规范化和制度化水平，为其他地方开展和推广机关干部网格工作方法提供了有益借鉴。

（一）大栅栏政府代表进网格试点工作的主要做法

1. 推行"一格五员"管理模式，整合多元网格力量

2015年大栅栏铺开机关干部进网格的试点工作，按照"网格化管理，精细化服务"的要求，加快落实机关干部进网格的试点工作，在地区已有的网格管理体系基础上，建立和推行了"一格五员"的网格管理模式，对地区服务和管理力量进行有效整合。大栅栏将9个街道细分为60个网格，为进一步织密网格体系，增强覆盖力，又对网格进行二次划分，根据网格格情划分为日常管理型网格、一般防范类网格、综合治理型网格和重点关注型网格。"一格五员"网格管理模式将处级领导干部、网格长、街道代表、服务和执法力量代表纳入基层网格管理工作，并对下沉到基层网格的"五员"实行实名分配制，将网格管理责任落到实处。大栅栏街道充实网格力量，形成多元力量服务一格责任田的工作格局，可以及时发现基层群众面临的问题，快速提供有效的问题解决方案，提高办事效率。大栅栏将"一格五员"的社区网格管理模式推广到社区每一个网格单元，在纵向上建立了处级领导包社区、机关干部包网格、社区志愿者进驻网格的三级联动体系；在横向上则将消防、工商、城管、卫监、城建、食药、公安、工会等地区服务和执法力量纳入网格体系，实现纵横联动、上下协调的网格化服务管理，有效打通基层问题的处理环节，使问题在网格范围内得到快速解决局面，让地区多元网格力量共同致力于改善地区民生，服务地区发展。

2. 确立规范的网格工作机制，精准对接民生需求

机关干部进网格试点工作是依托网格管理体系将干部职责下沉到基层，是机关干部密切联系群众的有效方式。大栅栏街道确立了规范的网格工作机制，对机关干部进网格工作的具体职能进行了明确规定，使其网格工作能够

精准对接民生需求。确立了机关干部"五查五看"工作机制,"五查五看"工作的主要内容紧紧围绕地区民生问题,主要涉及人口情况、门店情况、消防安全隐患、特困群体、社区环境等。机关干部对日常问题进行定期巡查,对突出问题进行重点查看,通过巡查发现和搜集问题,建立网格群众民生台账。大栅栏街道还建立了"五查五看"社区网格议事会制度,对收集的社区问题进行分类处理,及时将解决方案反馈给民众,协助解决群众难题。如街道机关干部在下网格巡视中发现和平门外东街7号楼存在无门禁问题后,立即组织召开了"五查五看"社区议事会,听取居民意见,协调解决方案,最后为居民免费安装了门禁,切实解决了居民的居住安全问题。此外,还确立了"1428"常态化网格工作机制,对机关干部进网格的具体工作任务和方法流程进行了详细的规定,包括机关干部走访网格、走访居民、参加网格议事会、记录民情日志等。"1428"工作法为机关干部密切联系群众和服务群众提供了办法和平台,为居民反映问题提供了更多的渠道,最大限度地将基层工作推进在一线、问题发现在一线、问题解决在一线。

3.建立公正的考核激励机制,有效监督干部的网格职责

大栅栏街道为确保机关干部进网格工作的效率和积极性,推动工作可持续发展,建立了公平公正的工作考核机制和激励机制,对机关干部进网格的职责进行有效监督,对机关干部在基层做出的成绩给予积极鼓励,充分激发和调动机关干部深入网格,为民办实事的责任心和使命感。街道就机关干部进网格工作制定了严格的考核原则,即坚持简单高效、便捷操作、逐级问责的原则;坚持客观公正、注重实效、群众满意的原则;坚持激励先进、树立典型、争优创先的原则。按照这些具体原则,由街道社会办、组织部、全响应办公室、人事科和监察科五个部门共同对机关干部在网格中的履职情况进行考评,通过机关干部每年年底撰写的网格工作述职报告、每年年底向网格代表和所在社区的述职报告、每年接受网格代表和所在社区民意测评的情况、将机关干部进网格纳入人事科每季度评分、将机关干部进网格考核与人事科日常考核结合等考核材料和考核方式对机关干部进行考核。具体考核内容为机关干部的网格信息报送情况、下网格解决问题的数量、每月完成民情

日志的情况、每周参加社区网格议事会的出勤情况、日常巡查和明察暗访情况、网格代表和社区民意测评情况、群众投诉反映问题的情况等。

大栅栏街道在制定和完善工作考核评价的同时，也建立了相应的工作激励机制，如将机关干部进网格工作与街道"勤廉标兵"评比工作相结合，从参与下网格工作的机关干部中评选季度和年度"勤廉标兵"，适时进行表彰，并将机关干部进网格工作的考核结果作为机关干部年终考核评优的重要参考依据，激励机关干部更多地扎根基层网格，全心全意服务群众。

（二）大栅栏政府代表进网格试点工作取得的成果

1. 有效地落实了"访、听、解"工作，和谐了干群关系

大栅栏通过开展机关干部进网格试点工作，有效地落实了"访、听、解"工作，和谐了地区的干群关系。一方面，机关干部改变来原来单一被动的工作方式，鼓励和推动机关干部主动下沉基层，走入群众的生活，与居民沟通，帮助群众解决实际问题，通过与居民群众进行面对面的沟通，不断增进相互了解，让群众深刻体会到政府的关怀，提高地区的基层治理水平，有效改善地区民生。另一方面，机关干部进入网格走访，召开网格议事会，在充分尊重居民利益的基础上积极采纳和听取居民的意见和反馈，让居民也成为基层治理的参与主体，提升了地区的基层民主治理水平，密切了干部和群众之间的联系。

2. 提高了机关干部为民办事能力，改善了基层民生状况

机关干部进网格试点工作将各个职能部门的人员力量充实到基层，让机关干部在网格工作中提升自身管理基层事务的能力，有效地改善地区民生。机关干部采取"一格五员"工作机制和实名责任制，通过网格责任划分、多元力量配合，落实以责任为核心、以整合力量和优化流程为重点的社会服务管理体系，帮助群众高效解决问题，提高了机关干部的沟通协调能力和为民办实事的能力。机关干部下沉到基层对网格内的民生问题进行预判和分析，有效地推动民生问题关口前置，强化了源头预防能力，逐渐锻炼和提高了机关干部主动发现和解决问题的能力。大栅栏开展机关干部进网格试点工

作，推动机关干部下网格为居民送政策送服务，不仅将街道的各类政策和工作思路带到居民身边，在与居民沟通中掌握地区民生的第一手资料，在提高干部基本素质和业务能力的同时，更好地帮助街道明确地区发展面临的问题和瓶颈，为街道制订下一步的工作目标和计划提供了依据。

3. 强化了机关干部的责任意识，促进工作作风转变

新时期要加强基层社会治理水平，推进社会治理转型，需要基层机关干部坚守为人民服务的宗旨，强化为民服务的责任意识，树立正确的政绩观，积极转变工作作风，争做服务型干部和创新型干部。大栅栏街道将机关干部纳入网格工作体系，将改进作风带进网格工作中，强化机关干部的基层责任意识，按照网格化管理要求，推动机关干部将责任下沉到基层，促进机关干部在为民办实事中转变工作作风。大栅栏地区的基层治理工作面临的困难和挑战较多，地区民生环境改善难度大，机关干部在深入网格巡查走访中发现许多问题，如与胡同精细化管理、流动人口服务管理、"七小"业态整治、房屋修缮等。要保证将具体责任落实到位，及时有效地帮助群众解决民生问题，需要相关职能部门的领导干部把握具体情况，更需要各个职能部门相互协调和配合。为加强机关干部的基层履职能力，大栅栏街道机关干部结合地区网格分布和划分的实际情况，在试点工作中采取了五员实名责任制，将社区管理和服务工作的着力点转到日常工作上来，如通过"五查五看"和"1428"工作机制，将其责任落实到平常，为居民提供"零距离"和"零等待"的基层服务。

4. 提升了社会管理的精细化水平，实现全方位为民服务

大栅栏街道依托地区网格管理体系，将9个社区划分为60个网格，针对网格的具体格情，又将网格分为日常管理型网格、一般防范类网格、综合治理型网格和重点关注型网格，进一步织密基层网格管理网，对网格管理进行细化分类，便于机关干部将职责履行到位。通过建立"一格五员"和"1428"常态化工作机制，制定了规范的"五查五看"网格工作内容，不断细化社区的服务和管理流程，如将机关干部和工商、公安、消防、城管执法监察、房管、卫生、食品药品监管等各职能部门的执法力量按照实名责任制

切实下沉到网格,直接对接居民的各种需求,还要求机关干部每次下网格走访至少4户居民,每周参加1次网格议事会等。通过科学化和精细化的网格工作体系,将机关干部的工作职责扎实落地,实现全方位的为民服务。大栅栏街道充分抓住机关干部下网格工作试点的机会,始终把握群众需求导向,加快转变机关干部的工作作风和基层社区管理的模式,把网格真正变成机关干部的履职责任田,积极做到问题解决在网格,努力推动社区管理从被动式、粗放式管理向主动式、精细式管理的大转变。

四 机关干部进网格试点工作中存在的问题

大栅栏机关干部进网格试点工作是推动机关干部转变基层工作方法的有益探索。大栅栏在探索机关干部进网格实践中紧密结合地区发展实情,取得了一些成功经验和创新成果,但在机关干部和具体工作方面也面临着一些困难和问题,需要在实践和发展中继续寻找解决方案。

(一)机关干部方面

1. 工作思路转变不彻底

基层领导干部是推动基层工作发展创新的主导力量,其思想的先进性和创新性直接决定着工作的效率和质量。大栅栏街道要推动机关干部进网格工作的持续有效开展,必须加快实现机关干部工作思路的彻底转变。一方面,要求机关干部从根本上解放思想,实事求是,督促机关干部转变传统的官本位思想和被动的汇报式的工作思路,要更加注重自上而下和自下而上相结合的工作思路。另一方面,要认识到机关干部进网格工作的重要性和优越性,要树立服务优先的理念,要把机关干部进网格工作作为自己密切联系群众的重要责任来落实。只有实现工作思路的彻底转变,机关干部才能在网格工作的具体实践中设身处地为群众着想,在网格实地走访中掌握社区管理的新特点和新规律,在基层第一线将问题解决,满足社区民众的新需求。也只有实现工作思路的彻底转变,机关干部才能主动适应新时期新情况,不断创新工作思路和工作方法，为切实改善地区民生、解决好群众密切关心的重点和难点问题尽心尽责，从而赢得人民群众的支持和信任，不断开拓社区建设的新局面，带动社区工作全面发展。

2. 责任意识不到位

机关干部的责任意识不到位严重影响基层网格工作的落实效果，机关干部作为进网格工作的责任主体，必须树立正确的政绩观，强化网格责任意识，对分配给自己的网格责任田做到认真负责。大栅栏基层网格工作要解决的问题多，不同网格的具体情况不尽相同，机关干部进网格工作面临着许多挑战。机关干部要有担当意识和责任意识，要自觉地把基层网格工作成效作为考察提升自己基层工作能力的重要标准，要主动克服畏难情绪，要用敢于啃硬骨头的精神去落实每项工作。基层工作要真抓实干才能出成绩，大栅栏街道要进一步提高机关干部的责任意识，将工作着眼点转移到为人民服务的基层工作上来，严格按照《大栅栏街道关于加强机关干部进网格工作实施方案》中的各项要求，积极推动机关干部进网格工作扎实落地，避免出现走过场现象，只有这样才能更好地提升地区管理和服务的水平，为建立良好的干群关系，构建和谐社区打下坚实的群众基础。

3. 工作流程不熟练

规范而具体的工作流程是工作有序推进的重要保障，大栅栏街道为保障机关干部进网格工作的各项环节有章可循，详细规定了机关干部进网格工作的各项任务和实施方案。基层群众需求和工作环境的改变，对基层干部的工作方式也提出了新的要求。在网格管理体系中每个网格的具体情况不同，出现的问题类型不同，涉及的职能部门也不同，需要的解决方案也不同，如果机关干部对具体操作的各项工作流程不熟悉，就很难准确把握问题的发展方向，判断解决问题的关键节点。详细而规范的办事流程，不仅可以为机关干部的网格工作提供具体指导，而且便于对其工作进行监督和考评，进而帮助其迅速做出分析和判断。如对居民反映的问题，能够事前做出分类和预判，能够在网格内解决的按照程序给予解决，针对一些难点问题及时提交和反馈给全响应服务中心，再转交给其他职能部门协调解决，为居民提供给最快捷最合理的解决方案，提高基层办事效率。因此，机关干部进网格开展工作，必须首先熟悉工作流程，在此基础上灵活应对各种情况，创新工作方法，确保试点工作的顺利进行。

（二）具体工作方面

1. 问题反馈渠道有待进一步创新

大栅栏机关干部进网格工作的问题和信息搜集工作主要通过机关干部日常走访网格与居民深入沟通交流，或者通过每周召开的居民议事会展开。民众是基层问题的直接感受者，在发现问题和反馈问题方面最有发言权，网格问题的发现和上报工作要更多地依靠扩大居民群众的热情参与，要不断丰富和拓展机关干部进网格工作的问题反馈渠道，不断创新基层民众的参与方式。问题反馈渠道的单一性限制了机关干部进网格工作的覆盖面和影响力，为了方便广大群众反映问题，更好地将机关干部的责任下沉到基层网格倾听民意，除保持和维护好传统的问题反馈渠道之外，还要更多地考虑到地区不同群体的特点，积极利用微信、QQ、电子邮箱等新兴网络平台，利用多元化的渠道更好地汇聚民意，了解民众需求，提高地区的民主化和科学化管理水平。

2. 协调联动机制有待进一步完善

大栅栏机关干部进网格工作采取了"一格五员"的工作机制，将处级领导干部、网格长、街道代表、地区执法力量、地区服务力量统一纳入网格管理体系，力求整合各类机关干部资源，共同致力于改善地区民生状况。依托网格体系建立了包括巡查检查、发现问题、分派任务、解决问题、反馈信息等多项环节在内的闭环工作流程，其中各个工作环节之间的有效衔接，都离不开各个职能部门之间的协调配合。如在纵向上要进一步理顺处级领导、机关干部、社区志愿者三个不同层级力量在社区和网格中的责任机制，建立健全它们之间的协调联动机制；在横向上要进一步规范消防、工商、城管、卫监、城建、食药、公安、工会等地区执法力量和服务力量在网格工作中的权力应用，让它们在充实网格力量的同时有效发挥合力，确保机关干部进网格工作的实效性。因此,只有不断完善机关干部进网格工作的协调联动机制,加强各部门之间的联系和配合,科学优化资源配置,减少薄弱环节,才能实现工作的统筹推进,确保群众关心的各类民生问题在基层得到有效解决。

3. 宣传动员力度有待进一步加强

机关干部进网格工作开展的广阔空间在基层,基层群众的理解和积极配合是该项工作顺利推进的坚实基础,要深入基层做好宣传动员工作,让广大居民了解机关干部进网格工作的政策方案和具体办法。一方面可以鼓励和调动群众的广泛参与性,增强居民与机关干部之间的密切联系,为群众反馈问题和监督干部工作提供渠道。另一方面,通过群众喜闻乐见的方式,将机关干部进网格工作的开展情况和阶段性成果及时宣传介绍给群众,确保群众的知情权,让群众了解机关干部在推动基层工作中面临的问题和困难,提高群众对试点工作的理解和支持,营造和谐友好的基层工作氛围。大栅栏街道从2015年开始推行机关干部进网格的试点工作,取得了良好的成效,得到了地区民众的支持和配合,如鼓励居民积极参加"五查五看"居民议事会,主动反映社区问题。大栅栏街道需要进一步做好宣传动员工作,不断扩大机关干部进网格工作的基层影响力和凝聚力,为提升地区发展品质打牢群众基础。

五 关于更好地推进机关干部进网格试点工作的建议

大栅栏街道在机关干部进网格试点工作的实践中,探索出了一些具有地方特色的成功经验和做法,但在工作的持续推进中也面临一些问题和挑战,本文对这些问题进行归类和剖析,着重从工作体系、问责机制、干部培训机制三个方面提出相关的改进建议,为大栅栏进一步开展好机关干部进网格试点工作提供有益参考。

1. 进一步完善机关干部进网格的工作体系

机关干部进网格工作在地区已有的全响应网格化社会服务管理体系的基础上,将各个职能部门的机关干部力量有效整合进网格化管理体系中,依靠全响应服务管理平台，协调解决地区民生问题。机关干部进网格工作就是要把机关干部的基层工作能力建设与网格工作紧密联系起来。要更好地推动基层责任落实，需要为其提供有效的联系机制，进一步完善机关干部进网格的工作体系，建立健全保证工作有序推进的各项机制，包括问题发现机制、任务分派机制、问题解决机制、问题反馈机制、综合考评机制、保障机制等。具体到大栅栏，就是要落实好"一格五员""五查五看""1248""居民议事会"等工作机制。只有建立起系统化的完善的机关干部进网格工作体系，才能确保机关干部进网格工作的各个环节衔接有序，各项责任落实到位。

2. 进一步强化机关干部网格工作问责机制

大栅栏街道通过开展机关干部进网格试点工作不断强化机关干部的责任意识，机关干部进网格工作就是要督促机关干部深入基层密切联系群众，积极转变工作作风。要有效推动机关干部落实基层责任，在基层网格中干出成绩，必须进一步强化机关干部进网格工作的问责机制，加快将责任下沉到基层网格，做到对人民负责，让人们群众监督。大栅栏街道要继续坚持简单高效、操作便捷、逐级问责的考核原则，在对机关干部的考核问责中做到兼顾公正和实效，既要保障人民群众的监督权利，又要保证好机关干部进网格工作的积极性。街道也可以积极利用和发挥新媒体等交互式平台在监督和宣传方面的积极作用，提高机关干部进网格工作的公开透明度，扩大其基层影响力。此外，要规范和完善相应的奖惩机制，将机关干部进网格工作的综合考核结果纳入社区班子和社区网格管理人员政绩评定，并作为调整、使用、推荐和提拔社区干部的重要依据。

3. 建立健全机关干部网格培训机制

转型期的基层社会治理工作面临许多新情况和新问题，身处基层的机关干部要履行好自身职责，需要不断加强自身综合能力建设，提升自己对基层工作的适应能力。大栅栏街道按照"一格五员"的工作机制将各职能部门的机关干部力量充实到基层的网格责任田中，共同致力于改善地区民生。对地区管理和服务力量进行整合需要注重和加强机关干部的能力建设，建立健全机关干部网格培训机制，要求机关干部不断调整工作方法，在基层实践中不断提升沟通能力和基层问题的解决能力。小网格中汇聚着大民生，机关干部进网格工作涉及社区工作的方方面面，如人口、就业、消防、低保等各项工作事务，这不是单纯的工作量的增加，对机关干部的综合素质和业务能力提出了更高的要求。每个机关干部要本着对自己的网格责任田负责以及对网格内居民群众负责的态度严格要求自己。因此，在机关干部进网格工作中要加强对机关干部在相关政策知识、业务知识、管理知识等方面的系统培训，提高其应对基层情况的整体素质和解决基层问题的实际能力。

参考文献

中共北京市西城区委大栅栏街道工委，北京市西城区大栅栏街道办事处：《大栅栏街道关于加强机关干部进网格工作实施方案》，西大工委发〔2015〕48号。

《大栅栏干部下网格访民情解民忧》，http：//dsl.bjxch.gov.cn/XCDSLxxxq.ycs？GUID=613050，2015。

《西城区街道干部进网格，把群众真正放心上》，http：//zfxxgk.bjxch.gov.cn/XXGKxxxqjs.ycs？GUID=72836&MAINKEY=进网格&ly=4&type=5，2015。

马家涛：《武城县人大：编织"小网格"惠及"大民生"》，《山东人大工作》2013年第12期。

周桔、李静：《乌鲁木齐城市社区网格化管理存在的问题与对策》，《中共乌鲁木齐市委党校学报》2012年第1期。

李晓明：《创新"一格五员"网格化管理，实现"一员多能"优质化服务——潞安集团漳村社区加强和创新社会管理的实践》，《新经济》2013年第23期。

大栅栏街道办事处：《大栅栏街道网格化管理助推珠粮街区改造提升工作》，http：//mp.weixin.qq.com/s？__biz=MzIxNTIyNjM0OQ%3D%3D&idx=1&mid=2247484005&sn=0deedd4c25a42fea495182cea31928d2，2016。

案例报告

Case Reports

B.11
文明劝导队：大栅栏街道志愿服务新升级

摘　要： 文明劝导队的成立是大栅栏街道在志愿服务领域的创新探索，它标志着大栅栏志愿服务进入了一个新的发展阶段，是大栅栏街道志愿服务的新升级。本文以文明劝导队为例，对其创建背景和创新实践进行梳理和总结，探讨大栅栏街道志愿服务发展的新趋势，为打造大栅栏升级版的志愿服务提供样本，为首都创新城市治理，完善社会公共服务体系提供有益借鉴。

关键词： 大栅栏街道　文明劝导队　志愿服务新升级　志愿服务常态化

西城区在"十三五"规划中明确提出要建设社会主义核心价值观精神高地，促进物质文明和精神文明协调发展，结合核心区人口疏解和功能优化工作，推动大栅栏等重点文保区的民生改善、环境整治和基础设施建设。[①]为此，大栅栏街道成立文明劝导队，以志愿服务为纽带，形成党建引领、政府主导、居民参与、社会协同的社会治理格局，共同致力于首都精神文明建设。

一 大栅栏街道志愿服务产生的背景及发展概况

（一）大栅栏街道开展志愿服务活动的背景

1. 街区特点催生志愿服务

大栅栏街道独特的社会生态和人口结构为志愿服务的萌芽和发展提供了适宜的环境。大栅栏是传统的文保区和传统商业街区，这里保存着大量的历史建筑和老旧胡同，面临着社区规划不合理和基础设施落后的问题。这种传统商业街区的特点使这里人口密度较大，从人口结构上来看，既有北京原住居民，也有大批外来经商者和游客，而且弱势群体比较集中。此外，毗邻天安门的地理位置也给街区带来了繁重的社会治安任务，单纯靠政府很难补全社会公共服务的缺口。因此，动员社会力量，大力发展志愿服务成为大栅栏街道完善社会治理，促进社会健康发展的必由之路，志愿服务积极参与社会治理可以为街道发展注入鲜活力量。

2. 深厚的历史文化底蕴奠定了志愿服务的精神文化基础

大栅栏街道是梨园文化、京味文化、传统商业文化的荟萃之地，深厚的历史文化底蕴为志愿服务事业的发展提供了文化氛围和精神支撑。汇聚于此的老字号商企的创业和守业文化不仅与志愿服务精神相契合，也符合社会主义核心价值观的内涵。如传承雷锋精神的老舍茶馆，始终坚守最初的老二分精神，服务群众、奉献社会；瑞蚨祥的诚实筑基，悦客立业的企业文化传承，共同铸就大栅栏特色的精神文化。在这种优秀历史文化的熏陶下，邻里

[①] 北京市西城区人民政府：《北京市西城区国民经济和社会发展第十三个五年规划纲要》，2016。

相闻的老北京居民具有"一家有难,大家伸手"的朴素民风,有能力有条件的在街企业和商铺也愿意伸出援助之手,为共建美好和谐社区奉献一己之力。大栅栏积极发展志愿服务既传承了地区优秀传统文化,又引领了地区精神文明发展的新风向。

3. 街区发展需要发挥志愿服务的助推作用

大栅栏位于首都核心区,是首都形象的前沿展示区,在社会建设和发展方面要争做排头兵,发挥表率作用。大栅栏街道在理顺传承与创新、历史与发展关系的基础上,推出了"大栅栏更新计划",引入市场力量来带动街区发展,这必然带来社会利益关系的深刻变革。不同社会群体的不同层次的需求增多,社会关系和社会矛盾更加复杂,给社会治理带来了更多的挑战,以往靠政府单一管理的模式很难满足社会发展的需求,需要发挥志愿服务在参与社会治理中的积极作用。志愿服务是推动地区发展的有效辅助力量,作为第三方力量,其在协调社会矛盾、提供社会服务、构建精神文明建设方面具有独特的优势,志愿服务不仅可以有效地补充社会公共服务的缺口,而且可以创新社会治理形式。

(二)大栅栏街道志愿服务的发展概况

1. 坚持传承学雷锋"综合包户"志愿服务精神(1983~1993年)

大栅栏街道开展志愿服务活动的历史悠久,是全国"综合包户"志愿服务的发源地,自1983年签订第一份"综合包户"协议以来,至今已有35年的历史。经过第一个十年的发展,"综合包户"志愿服务经受住了时代变革的考验,在市场化改革的浪潮中仍然能够坚守初衷,将雷锋精神与时代精神相结合,将社会发展和人文发展有机结合,产生了广泛的社会效应。作为大栅栏街区的一张名片,"综合包户"志愿服务将街区内有条件有能力有意愿的商企组织起来,把他们拧成一股绳,共同为地区发展出力,鼓励和引导他们积极发扬雷锋精神,在发展自己的同时不忘回馈社会和服务公众,这大大地提升了地区认同感,融洽了社会关系,营造了邻里守望、互帮互助的良好社会风气。大栅栏坚持传承雷锋精神,坚守"综合包户"志愿服务活动,使地区发展呈现出物质文明和精神文明齐头并进的良好局面。

2. 基本形成以"综合包户"为龙头的志愿服务体系（1993~2003年）

伴随着改革开放的深入推进，我国社会经济发展水平和人民生活水平都有了大幅度的提升，大栅栏的志愿服务水平也取得了巨大进步。为持续推进"综合包户"志愿服务活动上新水平，适应新时期社会发展变化，大栅栏街道进一步整合街区资源，壮大服务队伍，建立了多元化的志愿服务队伍。根据街区变化进一步调整服务对象，拓宽服务范围，增强志愿服务的覆盖面；进一步延伸服务内涵，在提供物质帮扶的同时也提供精神帮扶；不断创新服务形式，探索从"一包一"到"多包一"，再到"一包多"和"多包一"相结合的服务形式。经过十年的扎实实践，大栅栏基本建立了完善的志愿服务工作体系，形成了一套组织领导、服务人员、服务内容、服务时间、服务制度完整的"综合包户"服务网，使地区志愿服务队伍有组织、有制度、相互联系、相互配合，使"综合包户"志愿服务项目逐步走上了常态化、系统化、制度化的轨道。

3. 围绕"三化"标准推动志愿服务可持续性发展（2003至今）

在首都功能调整和城市治理转型的背景下，大栅栏志愿服务所处的政策环境和面临的问题也发生了变化。为适应新的发展形势，大栅栏街道提出了"三化"标准，即实现志愿服务的规范化、制度化、常态化发展。[①] 围绕"三化"目标，大栅栏积极探索志愿服务可持续发展的路径，以区域化党建统筹志愿服务整体发展，发挥基层党组织的带头示范作用，加强对地区志愿服务的统筹规划，整合地区资源，形成共建共享的地区志愿服务局面。以项目化提升志愿服务上新水平，创新项目化管理方式，由志愿者与服务对象共同协商项目内容和形式，打造出一批特色志愿服务项目和品牌，如成长加油站项目和爱心畅行指南针项目，提升了志愿服务在地区的影响力。以社会化激发志愿服务活力，采取社会招募形式，建立志愿服务信息化管理平台，不

---

① 《刘淇到西城区调研 围绕两个目标推动志愿服务工作》，http：//www.wenming.cn/zyfw_298/yw_zyfw/201312/t20131213_1639384.shtml，2013。

断提升志愿服务队伍的专业化和现代化水平。以"三化"标准为导向，大栅栏的志愿服务实现了从单次活动向系统活动、从单一性到多样性、从传统服务向个性化服务的三个转变，使志愿服务发展更加贴近民生，更加可持续。

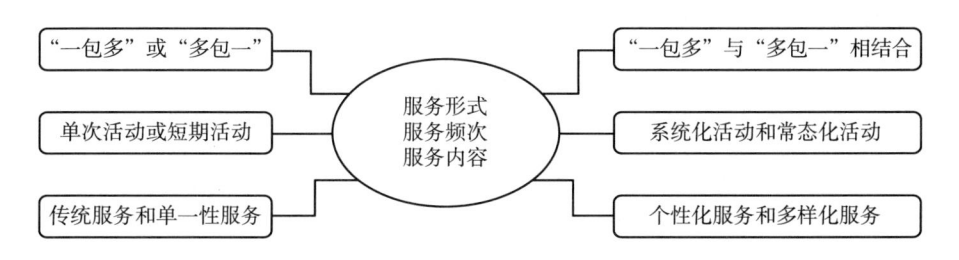

```
"一包多"或"多包一"                    "一包多"与"多包一"相结合
                        ┌─────────┐
单次活动或短期活动        │服务形式 │    系统化活动和常态化活动
                        │服务频次 │
                        │服务内容 │
传统服务和单一性服务      └─────────┘    个性化服务和多样化服务
```

图1 大栅栏"综合包户"志愿服务体系的发展变化

二 从文明劝导队看大栅栏志愿服务新升级

党的十八届三中全会审议通过的《中共中央关于全面深化改革若干重大问题的决定》指出，要激发社会组织活力，支持和发展志愿服务组织。大栅栏街道党工委高度重视地区志愿服务的发展，在扎实做好已有的由政府、单位和党团组织主导的志愿服务活动的基础上，不断开拓创新、优化升级，在2016年正式成立了文明劝导队，形成了物质帮扶与精神帮扶平衡发展的志愿服务新局面，大大提升了地区文明程度，展示了文明大栅栏的全新形象。

（一）大栅栏文明劝导队带来志愿服务新升级

1. 完善组织架构，实现志愿服务系统化发展

大栅栏志愿服务活动的开展一直坚持党委领导、政府主导、社会广泛参与的组织架构。文明劝导队在组织架构上的立新之处在于，一方面延续了街道党工委、社区党委和居委会对其统筹领导的局面；另一方面立足社区发展根本利益，发动社区潜在的优秀志愿服务资源，发挥他们的辐射带动作用，

使志愿服务的组织架构和活动链条进一步向基层和个人延伸，更加优化了志愿服务的组织架构，有利于实现志愿服务的系统化发展。劝导队以社区党员、积极分子为志愿服务带头先锋，以热心公益、支持社区建设、在群众中有威信的居民为基础力量，由这些"文明大使"组建文明劝导队，志愿为建设和维护地区文明做贡献，共同向广大居民提出文明倡议，鼓励和号召更多的居民参与。

2. 坚持创新驱动，促进志愿服务常态化发展

文明劝导队是对志愿服务的发展创新，它突破了原来以扶贫济弱为主的服务项目主题，不断将文明、环保等主题纳入志愿服务。大栅栏街道发布的2017年文明劝导队服务项目四大主题，分别是素质提升主题、绿色环保主题、文明引导主题和政策宣传主题，体现了大栅栏志愿服务发展的时代性和进步性。文明劝导队在技术创新方面也不甘落后，从建立伊始就依托"志愿云"体系（见图2），通过技术创新实现志愿服务组织的在线管理。第一批招募的队员全部实现了网上实名注册，借助志愿服务信息管理平台，即时发布、更新、记录项目活动和志愿者的各项信息，实现志愿服务供需实时对接；并利用先进的技术手段形成激励机制，以此为依据评选优秀劝导员，综合提升志愿服务的管理效能。大栅栏文明劝导队以创新为志愿服务提供常态化的运行机制，以创新来驱动志愿服务的常态化发展，不断增强志愿服务发展的生命力。

3. 扩大服务范围，推动志愿服务区域化发展

文明劝导队建立的初衷就是建设文明大栅栏，提升地区整体文明水平，其队伍基础就是扎根在基层的广大居民，这有三大作用。第一，使志愿服务的活动项目和主体更加宽泛。不仅关注物质文明的提高，也兼顾精神文明的提高，积极对接政府的公共服务和大型公益项目，如环境清理、游客咨询、文明养犬等。第二，使志愿服务的群众基础更加广泛。队伍充分发挥了基层党员、积极分子、地区有威信的居民和先进群众的表率和劝导作用，他们在地区的动员能力强、影响力大，可以使文明志愿服务得到群众的广泛响应和参与，号召地区居民共同为讲文明树新风出智出力，构建和谐的新型人际关

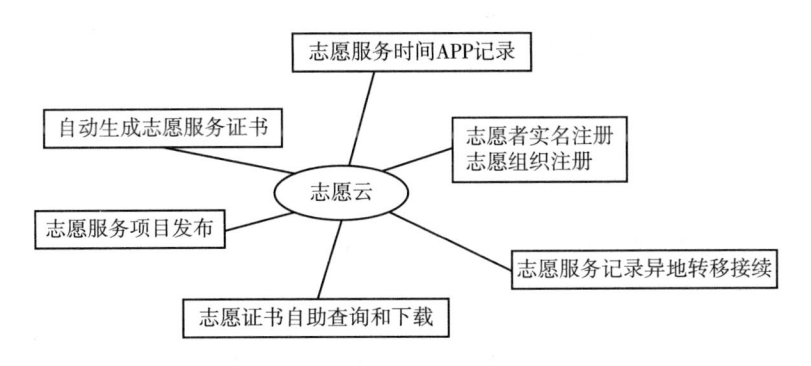

```
                    志愿服务时间APP记录
自动生成志愿服务证书        志愿者实名注册
                            志愿组织注册
                  志愿云
   志愿服务项目发布
                         志愿服务记录异地转移接续
        志愿证书自助查询和下载
```

图2 志愿云信息系统的特色功能展示

系，共建共享文明大栅栏。第三，使志愿服务的覆盖对象更加多元。文明劝导队不仅响应本地居民的服务诉求，也照顾外来人口和游客的利益需求。大栅栏文明劝导队通过鼓励和吸引辖区民众主动参与维护地区文明秩序的志愿活动，不断提高志愿服务活动的覆盖率和影响力，不断壮大志愿服务队伍，弘扬志愿服务精神，促成区域化的志愿服务发展格局。

4. 提升服务能力，助力志愿服务专业化发展

文明劝导队成立以来，不断以自身的实际行动带动周边群众共同讲文明、守规范、热心公益、奉献社会，在扎扎实实的实践中走上了规范化的活动轨道。为了更好地发挥文明引导员的文明示范作用，大栅栏街道结合街道自身优势和特点，充分挖掘和调动地区的文化资源和人才资源，推进大栅栏志愿服务朝着更加专业化的方向发展。文明劝导队充分汲取和吸收地区文化养分和优秀分子，依托地区深厚的文化基础，为文明劝导队提供丰富多彩的活动素材，从专业社工队伍中选拔人才，搭建高校资源"直通车"，为文明劝导队提供专业的人才队伍和教育培训。如三井社区的"成长加油站"志愿服务项目积极引入北京师范大学、中国青年政治学院等高校及专业社工的力量，为流动人口提供子女宣传教育志愿服务活动，开展了以关爱农民工子女为主题的"七彩小屋"素质拓展教育活动。[1] 通过以上措施，大栅栏的志

---

[1] 《西城志愿服务再升级 大栅栏街道成立文明劝导队》，http://bj.people.com.cn/n2/2016/0107/c82838-27485444.html，2016。

愿服务能力得到大幅提升，志愿服务的专业化水平和现代化水平也不断提高。

（二）大栅栏文明劝导队升级志愿服务主要成效

1. 文明劝导队不断开辟城市公共服务新阵地

文明劝导队开展志愿服务的方式主要是通过文明劝导队员的礼貌劝导和宣传教育，让志愿服务不断向精神文明创建领域延伸，从而提升地区文明程度。这种劝导式服务兼具软性监管的性质，对于政府公共监管和服务覆盖不到的地方，文明劝导队可以代替政府进行劝导式的软性管理，提供多元化的小微服务。因此，文明劝导队不断在城市公共服务和治理领域开辟新阵地，减少服务和监管空白。文明劝导队具有组织灵活化、队伍机动化、地点便利化、活动项目方式多样化的特点，其活动的范围、频次和效果就有了相应的保障。如文明劝导队按照"每天一小组，每周一小队，每月一大整"的工作安排，保证清扫社区街巷环境、清除小广告活动一年四季不间断。文明劝导队的志愿服务使街道社区的各个角落都可以成为文明宣传和教育引导的前沿阵地，成为展示大栅栏健康和谐人际关系、文明道德好风尚、助人为乐正能量的明亮窗口。

2. 文明劝导队有效提升了地区的文明程度

大栅栏街道作为首都核心区的重要组成部分，要积极发挥文明表率作用，在首都文明建设中走在前列。大栅栏临近天安门，既是历史文保区，又是商业旅游区，每天都有大量的人来往，这里的社会维稳治安任务艰巨，这里的社会文明程度直接关系到大栅栏的对外形象。文明劝导队在维护地区和谐稳定、规范居民言行、提升地区整体文明素质方面起到了积极作用。文明劝导队的志愿者在居民中一般都具有较高的威信，他们主动担负起文明使者的责任，带头遵守文明规范，对不文明现象进行劝导阻止，带动大家主动遵守社会规范，做文明人，行文明礼。文明劝导队通过开展各类公益性的文明服务项目，有效地推进了地区精神文明建设，提高了地区居民践行社会主义核心价值观的自觉性和主动性，逐渐增强地区居民的价值认同感，帮助大家树立文明共同体意识，鼓励和号召大家弘扬真善美、传递正能量，共同塑造大栅栏的文明新形象。

3. 文明劝导队使地区志愿服务的品牌影响力进一步增强

大栅栏街道历来重视培育和发展志愿服务力量，这里是学雷锋"综合包户"志愿服务活动的发源地，是全国开展志愿服务活动的先进代表。随着时代的进步和发展，大栅栏的志愿服务也需要进行优化升级。在保持原有的"综合包户"志愿服务的基础上，要依据时情、锐意进取，不断创建大栅栏特色的志愿服务新品牌，形成综合性的品牌效应（见表1）。2016年初成立的文明劝导队是大栅栏志愿服务创新升级的一个缩影，代表了大栅栏志愿服务的全新升级，进一步增强了地区志愿服务的品牌影响力。高标准打造的文明劝导队，队员都是精挑细选出来的，先进性和高素质是整个队伍的显著特征，队伍自身的文明程度和工作方式本身就具有强大的品牌效应，队伍很好地承接了政府转移的部分职能，在社会上形成了良好的文明劝导效果。队伍在志愿服务主题上推陈出新，推出了一系列符合时代发展趋势的项目品牌，更好地回应了群众需求，在地区获得了良好的品牌口碑。通过开展年度表彰大会评选出一批优秀的文明劝导员，肯定文明劝导队的服务成果，宣传文明志愿服务的目标和理念，使更多的人感受到大栅栏志愿服务发展的优秀成果。

表1 大栅栏"综合包户"志愿服务品牌项目

志愿项目	服务内容	志愿项目	服务内容
帮扶"空巢"老人	助老	爱心指南针	指路服务
首铁特警"爱心传递队"	助残	青少年的"成长加油站"	关爱青少年成长
大栅栏消防中队"扶贫帮困青年突击队"	助学	"和平天使"外籍公益团队	短时志愿服务
女子消防队	消防安全	大栅栏导游志愿者队	为参观游客提供讲解服务
女子助老服务队	助老	"七彩童心"青年社工圆梦队	为新居民子女提供课外教育
"新居民新家园"志愿服务队	组织公益	晨夕法律援助队	为居民提供法律咨询、法律援助等多项服务

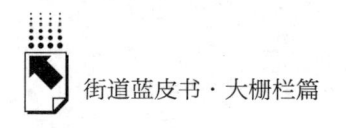

三　大栅栏文明劝导队给志愿服务发展带来的启示

大栅栏在社会发展转型期积极抓住机遇，推动志愿服务新升级，成立了大栅栏文明劝导队，展示了大栅栏志愿服务的新形象。大栅栏成立文明劝导队的理念与其三十多年来坚守的学雷锋"综合包户"志愿服务理念是一脉相承的，对大栅栏在志愿服务领域的新发展——文明劝导队进行案例剖析和解读，对于进一步把握志愿服务发展趋势，更好地提升志愿服务水平具有重要的意义。

（一）志愿服务是进一步完善社会治理体系的必要要求

1. 志愿服务是对社会公共服务的有效补充

我国志愿服务发展的背景是市场化带来的传统单位制的解体、大量社会自由人的出现，使更多的社会利益诉求得到释放，单纯靠政府提供社会监管和服务难以满足社会发展需求，发展志愿服务可以有效地辅助政府进行社会治理。大栅栏志愿服务一直走在全国前列，并不断取得新发展。在奥运会期间积极利用老字号商铺的阵地资源搭建公益实践项目基地，开展多语种志愿服务、传统文化推介等志愿服务项目；积极推动奥运成果转化，建立志愿服务站点，提供日常咨询、应急服务和秩序巡察。创建文明劝导队，开发拓展志愿服务在服务地区精神文明建设中的功能，这既体现了大栅栏对北京市有关首都城市发展和品质提升新精神的准确把握和扎实推行，也体现了大栅栏民众进行自我管理、自我服务的进步性。在社会化深入发展阶段，推动志愿服务不断适应新形势，充分重视和发挥志愿服务力量在社会公共服务领域的积极作用，是不断完善城市治理，提升城市品质的题中之义。

2. 志愿服务契合社会治理软性发展的需求

志愿服务是对政府硬性执法管理的有效补充，是创新城市治理的有效方式。大栅栏重视志愿服务在创新城市治理中的积极作用，不断探索和总结志愿服务与执法管理有效结合的模式和经验，使社区治理呈现出软性管理的特点。大栅栏以煤市街志愿服务站点为试点，配合道路执法部门开展综合整治管理，充分体现了以文明服务加强社会秩序软性管理的特点。大栅栏创建文明劝导队，通过文明劝导的方式来帮助居民改掉不良的文明习惯，树立崇礼尚德的新文明，有效地调和了传统的政府单方面管理的冷硬方式，起到了更好的社会治理效果，很好地契合了现代城市治理发展的新需求。大栅栏成立的文明劝导队，是发挥居民自治能力的重要实践形式，有利于培育民众自我管理、自我教育和自我服务的意识和能力，是发扬社会民主和提升民众社会责任感的重要体现。

3. 志愿服务是促进精神文明建设的重要力量

党和政府十分重视和支持发展志愿服务组织，鼓励和引导志愿服务在推动物质文明发展和精神文明发展方面发挥积极作用，只有物质文明和精神文明两个轮子同时行进，才能保证地区发展不掉链子。大栅栏顺势成立文明劝导队，侧重于服务地区精神文明建设和地区可持续发展，不断拓展志愿服务项目的主题和范围，更加重视绿色环保、遗产保护和精神抚慰等新服务领域，使志愿服务既有面子更有里子。文明劝导队的成立为大栅栏地区的志愿服务队伍注入了一股新力量，有效地推动了地区精神文明建设发展。志愿服务是促进精神文明建设的重要力量，是动员社会各界力量参与社会文明创建的有效组织形式，而志愿服务蕴含的精神符合社会主义核心价值观的深刻内涵，是社会主义精神文化体系的重要组成部分。因此，要鼓励和加强社会层面的志愿服务事业的发展，充分发挥其在服务和建设社会主义精神文明事业中的重要作用，使志愿服务更加散发人性的光辉。

（二）创新是志愿服务持续发展的不竭动力

1. 创新要依托街区自身发展特色和资源基础

要推动志愿服务的可持续发展离不开创新，而创新不是没有基础的创造，它必须立足不同地区的基础情况，综合考虑志愿服务所处的基础环境。大栅栏服从首都发展大格局，根据街区发展新定位，成立文明劝导队，充分结合地区资源优势，如历史文化资源和老字号商企资源；主动适应街区商业旅游发展带来的特点，如外来流动人口和游客居多、对文明服务的需求增多。首都发展大格局对地区的文明形象提出了更高要求，需要创新志愿服务主题和形式，提供多样性的文明志愿服务活动，大力倡导地区精神文明建设，服务地区发展利益，致力于提升城市发展品质，提升地区居民生活质量。大栅栏成立文明劝导队适应转型期社会发展要求，也符合十八届五中全会提出的"创新、协调、绿色、开放、共享"五大发展理念。文明劝导队的创新发展体现出大栅栏志愿服务的新升级始终围绕人民群众的利益，始终保持地区特色，充分保证了志愿服务持续发展的空间。

2. 大力支持志愿服务项目创新

好项目的内容和方案可以为志愿服务活动的推进提供正确方向和具体路线，志愿服务项目直接关系着志愿服务活动开展的具体效果。要把志愿服务的先进精神和优秀想法成功转化为实际成果必须严把项目关口，统抓项目质量和水平，要充分调研和审核，大力推动项目创新，创建更多符合群众需求、让群众满意的志愿服务项目。文明劝导队成立于2016年初，目前还处在不断探索和发展的阶段，其开展的各类主题项目主要服务于地区精神文明建设，以提升地区整体文明素质为目标。作为精神文明领域的志愿服务，其项目主题需要更加深入人心，体现科学发展和人文关怀。与物质帮扶类的志愿服务项目不同，文明劝导队的志愿服务项目一般在短期内很难达到理想效果。文明劝导队的项目创新实践具有重要的启示意义，要推动志愿服务的深入发展需要大力支持志愿服务创新，一方面要深入群众调研，不断根据群众反映的意见和要求，更新志愿服务项目；另一方面要对已开展项目的效果进行考察，实时跟进项目进程和反馈情况，及时调整项目。通过项目创新带动志愿服务各项体制机制创新，使志愿服务项目分类更加完善，发展更加精细，从而有力地提升志愿服务水平和地区认可度。

3. 加强创新能力培养

创新能力建设是志愿服务队伍建设的重要内容，要实现志愿服务工作的可持续发展和保持志愿服务工作的持久活力，有必要不断加强对志愿服务领导骨干队伍、志愿服务组织创新能力的培养。在建设内容方面主要是进一步建立和完善与创新能力培养相匹配的相关教育课程培训制度、奖励激励机制，鼓励和调动志愿服务人员在工作中积极发挥创造性思维，为开创新的志愿服务格局提供智慧支持，尤其是要加强对骨干力量和枢纽型、龙头组织创新能力的培养，发挥他们的创新引领作用。大栅栏文明劝导队队伍的骨干力量以党员、积极分子、专业社工组织选拔出来的人才、地区有威信的居民组成，他们都是地区的先进代表，队伍成立本身就是志愿服务模式的创新。文明劝导队在地区党委、街道党工委和居委会的领导下开展志愿服务活动，大栅栏党工委能够高瞻远瞩创立文明志愿队伍，推出绿色环保、文明创建等主题的活动项目，体现了创新在提升地区志愿服务能力方面的关键性推动作用。在经济和社会改革深入推进的时代背景下，志愿服务工作也要与时俱进，不断锐意创新。培养志愿服务队伍的创新能力是保持志愿服务事业长久发展的源泉所在，也是不断推动志愿服务工作新升级的动力所在。志愿者队伍的创新思维和开阔视野决定着地区志愿服务发展的高度，因此，必须重视和加强志愿服务队伍整体的创新发展能力，提高其服务工作和活动的科学性、有效性，其中要重点加强对队伍骨干力量创新能力的培养，发挥他们的创新引领作用，从而有效地带动志愿服务队伍整体创新素质的提升。

（三）志愿服务的有效开展离不开相应的保障体系

1. 完善志愿服务的领导机制和组织架构

党和政府高度重视发展志愿组织，鼓励和引导志愿服务参与社会治理，服务社会发展，志愿服务日益成为政府公共服务的有效补充力量。新时期，按照中央精神推动地区志愿服务健康发展需要不断完善志愿服务的领导机制和组织架构，从顶层设计上为志愿服务发展绘制科学发展蓝图。大栅栏文明劝导队坚持党委领导、政府主导、社会广泛参与的志愿服务发展格局，加强地区党工委的统筹规划作用，建立权责明晰的领导体制，不断优化和健全组织架构，理清队伍的纵向管理机制和横向联系机制，通过整合广泛的社会资源，打破传统的政府和单位主导的志愿服务格局，发挥枢纽性社会组织的辐射和孵化作用，将更多的两新组织、专业社工组织、优秀的团体和个人吸纳到志愿服务队伍中，扩大志愿服务精神的影响力，给志愿服务组织和事业增添发展活力。从长远建设和发展来看，强有力的组织领导队伍和完善的体制机制运作框架，是保障志愿服务队伍长期建设和推动志愿服务事业可持续发展的必然要求。只有激发它们的创新活力，才能保证志愿服务沿着中国特色社会主义的正确方向前进。

2. 建立健全志愿服务项目管理制度

项目制管理已经成为志愿服务发展的主要趋势，采取项目化手段可以有效地促进志愿服务活动创新，提升志愿服务的群众性和社会性。文明劝导队是继学雷锋"综合包户"志愿服务品牌后，大栅栏着力打造的又一个志愿服务品牌项目，是对原有志愿服务的全新升级。但要保障新的志愿服务活动出实效，必须建立健全志愿服务项目管理制度，使项目化管理不断规范化。要对项目申请者的资质进行考察和鉴定；设立专门的审核小组或委员会，保持项目筛选和审核独立性，以制度设计保证项目管理工作公开、公正、公平；推出项目责任制管理制度，明确项目推进和监管责任方，避免项目后期烂尾；在严进严出的基础上，坚持放管结合，保障项目对人民负责的同时又保有创新性；建立严格的资金监管制度，创建项目资金使用情况和账目清单，拓宽项目资金筹集渠道，保障志愿服务扎实推进的经费。完善的志愿服务项目管理流程是对志愿服务项目的全面体检，只有通过千锤百炼的项目、经过群众口碑验证过的项目才是经得起实践检验的志愿服务项目。

3. 加强专业化的人才队伍建设

社会对志愿服务队伍的专业性要求越来高，专业化的人才队伍建设是志愿服务常态化发展的必然要求。大栅栏街道十分重视志愿服务的人才队伍建设，在大碗茶、同仁堂、张一元、内联升等老字号企业中建立了公益实践项目基地，以项目对接的方式留住优秀的志愿服务人才。2016年成立的文明劝导队以城市文明建设为工作中心，对队伍构成人员的专业素养和文明程度提出了相应的要求。人才是志愿服务工作扎实推进的关键，志愿者是志愿服务的执行者，他们直接接触服务对象、扎根活动现场、掌握第一手资料的特点使他们的工作素质和专业素养直接关系到志愿服务的形象。因此，要保障志愿服务队伍的数量和质量，必须建立长效化的人才队伍建设机制，不断壮大人才队伍，可以吸纳部分专业的社工力量加入；对志愿服务队伍进行分类分组管理和培训，特别是要加强骨干力量的培养；不断培养队伍的自我管理和自我学习能力，使志愿服务队伍更加专业化；不仅要重视基础知识的学习，还要注重对工作方式和实践经验的培养和总结，综合提升志愿服务队伍的整体素质和服务水平。

参考文献

《泉源》编委会：《泉源：大栅栏街道"综合包户"志愿服务30年》，人民出版社，2015。

《西城志愿服务再升级　大栅栏街道成立文明劝导队》，http：//bj.people.com.cn/n2/2016/0107/c82838-27485444.html，2016。

《大栅栏街道召开2016年文明劝导总结表彰大会》，http：//bj.wenming.cn/xc/xcqyw/201612/t20161220_3956298.shtml，2016。

董鑫、曹蕾：《100位志愿者组成大栅栏街道劝导队》，《北京青年报》2016年1月9日。

张楠：《社区常态化志愿服务项目分析——以"综合包户"志愿服务项目为例》，《北京城市学院学报》2012年第4期。

B.12
大栅栏街道小微博物馆群打造基层公共文化品质的"北京样本"

摘　要： 大栅栏街道推动和支持小微博物馆群的建设，为居民参观和体验文物及非物质文化遗产提供了一个便利的场所，丰富了大栅栏历史文化街区的深厚内涵，逐步探索形成了提升街区文化品质的"北京样本"。

关键词： 大栅栏街道　小微博物馆群　历史文化街区

一　大栅栏街道打造小微博物馆群的重要意义

（一）小微博物馆群是西城区探索老城转型方向的重要载体

西城区作为北京的老城区，拥有深厚的文化底蕴和鲜明的古城风貌。在北京加快非首都功能疏解的大背景下，面对有限的发展空间，实现古城风貌与历史文化遗产的保护与城市发展、民生改善有机融合，是西城区要着力破解的问题。"十三五"时期是西城区转型发展的关键时期，西城区第十二次党代会明确了要把地区工作重心和工作主线聚焦和落实到提升城市品质上来[①]的发展思路。文化品质是城市品质的重要组成部分，提升文化品质是提

[①] 卢映川：《深入推进科学治理　全面提升发展品质　努力在北京建设国际一流的和谐宜居之都进程中走在前列——在中国共产党北京市西城区第十二次代表大会上的报告》，中国北京市西城区区委，2016。

升西城区整体发展品质的必要方面。

大栅栏街道拥有丰富的历史文化资源，集商业文化、会馆文化及梨园文化等于一身。大栅栏及东琉璃厂文保区是离天安门最近、保留最完好、规模最大的历史文化街区之一，属于《北京城市总体规划（1991—2010年）》中历史文化保护区。实现古城风貌保护、民生改善与城市可持续发展之间的再平衡，将文化资源优势转化为区域经济的发展优势，是大栅栏街道正在着力破解的问题。目前，大栅栏街道着力打造的小微博物馆群，有助于解决老城区制造业外迁带来的"空心化"问题，在产业结构优化升级、提升城市功能、促进区域经济转型等方面都具有重要的促进作用。

（二）小微博物馆群是实现文物及非遗保护与利用的重要平台

当前，在文物和非物质文化遗产保护方面，存在两个误区。一种是过度开发，"重开发、轻保护"模式最终只能给文物带来毁灭性的破坏，部分文物面临消失的危机；另一种是过度保护，也就是"冷冻式保护"，表现为政府投入大量专门经费进行修缮保护，却由于没有考虑使用问题，文物保护陷入"维修—空置—衰败—再维修"的怪圈。要在文物和非物质文化遗产可承受的范围内，对其进行适度的开发与利用，实现文物和非物质文化遗产的可持续发展。

大栅栏作为首都核心功能区保留最完好的历史文化街区，地处北京中轴线，自古以来是北京文化的重要承载区域，拥有丰富的古城建筑遗迹、文物及非物质文化遗产。在文物遗迹方面，2005年时大栅栏有古迹28处，北京市首批挂牌保护院落21处，有名木古树5株，有同仁堂药店、同元祥银号、裕兴中银号、集成银号、五道庙、观音寺、小凤仙故居、谭鑫培故居、赛金花故居、杨小楼故居、梅兰芳祖居等传统建筑遗存，还有正阳门、交通银行旧址、盐业银行旧址、平阳会馆戏楼、大栅栏商业建筑、师大旧址、正乙祠、师大附小旧址等文物保护单位。大栅栏街道小微博物馆群的建设，是一种小规模渐进式的微循环改造方式。

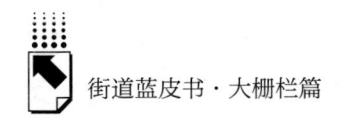

（三）小微博物馆群是提升街区文化品质的"北京样本"

提升城市发展品质是西城区"十三五"时期发展的重要目标，大栅栏街道打造小微博物馆群，对于提升区域文化软实力、提高街区文化品质具有积极的作用。与此同时，小微博物馆群的建设是大栅栏街道落实西城区"一街一品"建设的重要举措，丰富了大栅栏历史文化街区的深厚内涵，为居民参观和体验文物及非物质文化遗产提供了一个便利的场所，为文物和非遗爱好者提供了一个交流的平台，堪称提升街区文化品质的"北京样本"。

二 大栅栏街道建设小微博物馆群的实践探索

（一）小微博物馆群的基本概况

2014年6月18日，大栅栏93号院博物馆正式开馆，标志着大栅栏小微博物馆群建设启动。2016年，随着大栅栏第一博物馆即老窑瓷博物馆、澜创园、民艺坊、文博馆等博物馆陆续揭牌成立，大栅栏小微博物馆展示群初具规模，总量已达20余家。小微博物馆群是由多家企业非遗展厅串联而成的，包括众所周知的内联升非遗展厅、同仁堂中医药文化走廊、瑞蚨祥丝绸文化展、源升号二锅头酒文化博物馆、戴月轩手工制笔工艺展厅、全聚德展览馆、老舍茶馆民俗文化展等（见表1）。大部分小微博物馆开设在大栅栏商业街的老字号店内，展厅面积较小，实现既吸引客流又传播文化的功能。需要引起注意的是，在小微博物馆建设和使用的过程中，要避免过度商业化淡化博物馆教育与宣传功能的现象。

（二）小微博物馆群的六个特征

1.公益性

博物馆是为公众服务的公共文化机构，代表公众利益，因此公益性是博

表1　大栅栏小微博物馆群的基本情况（部分）

名称	位置	功能	非遗主题	收费	名称	位置	功能	非遗主题	收费
93号院博物馆	铁树斜街93号院	展示体验交流	老北京民俗文化	免费	戴月轩手工制笔工艺展厅	琉璃厂东街73号	展示体验交流	戴月轩湖笔制作技艺	免费
老北京传统商业博物馆	前门西大街5号楼	展示收藏交流	老北京传统商业文化	免费	内联升非遗展厅	大栅栏街34号	展示体验交流	千层底布鞋制作技艺	免费
同仁堂中医药文化走廊	大栅栏街24号	展示体验交流	传统中医药文化	免费	张一元博物馆	大栅栏街22号	展示体验交流	花茶制作技艺	免费
源升号二锅头酒文化博物馆	粮食店街40号	展示体验交流	北京二锅头酿制工艺和文化	免费	全聚德展览馆	西河沿街217号	展示体验交流	挂炉烤鸭技艺	免费
老窑瓷博物馆	铁树斜街116号院	展示体验收藏研究交流	老窑瓷文化	免费	中国书店古籍修复技艺展览室	琉璃厂西街57号	展示体验交流	古籍修复技艺	免费

物馆的根本属性，也是立足之本。为公众提供公益性服务是博物馆最主要的功能。大栅栏打造的小微博物馆群，虽然与老字号商业相结合，但其本质上还是以公益性为主，表现为所有的小微博物馆都是免费对公众开放的，有些博物馆还提供免费讲解。因此，公众可以自由地享受观摩体验和知识服务。

2. 主题性

大栅栏小微博物馆群的另一鲜明特征是主题性。每一个小微博物馆都有一个主题，围绕这个主题将展览做精做深，着力将"小"这个劣势转变为"小而精"的优势。一个博物馆的主题，能够很明显地体现其所蕴含和传承的历史价值和文化价值，不同主题内容的博物馆其建设风格、馆藏内容和开放对象都有所不同，博物馆主题一定程度上也是博物馆的文化功能指向。例如大栅栏老窑瓷博物馆是北京首个专注老窑瓷学术研究、展览展示、文化创

新和收藏交流的主题性小微博物馆，公众在这里可以了解和体验到权威、专业的老窑瓷相关知识。

3. 亲民性

大栅栏小微博物馆群是传统文化贴近大众、走进民众生活的服务载体。首先，小微博物馆展陈的东西主要是老北京传统文化的代表，例如毛猴、兔儿爷、吹糖人、捏面人、内画、风筝、草编、木雕、金漆镶嵌、宫廷补绣等北京相关非遗项目。这些项目本身就发源于百姓、流传于百姓，只是随着时代的更迭和人们生活方式的改变而式微，但它所寄托的劳动人民朴素的情感并不曾退减。这些非遗项目的展示十分贴地气，具有亲民性，为普通大众所喜欢和接受。其次，小微博物馆的展陈方式较简单，这也免去了烦琐的进馆程序，缩短了参观时间，方便人们参展。例如，有专家们在93号博物馆介绍《宣南鸿雪图志》，对宣南历史典故感兴趣的市民在参馆的过程中还可以同专家们一起研讨。

4. 展示性

大栅栏小微博物馆群是活化文化遗产的一个平台，是京味文化的展示窗口。北京是我国乃至世界的历史文化名城，积淀了几千年的历史文化底蕴，许多游客慕名而来。大栅栏是北京市民文化、京韵京味最浓厚的地方，是赴京游客的必到之处。因此，大栅栏建立小微博物馆群，在对外展示北京历史文化方面起到了重要的作用。

5. 灵活性

灵活性是由小微博物馆的规模决定的。首先，博物馆场地的选择具有灵活性，只要是具备展示功能又闲置的场所，便可考虑设置成为博物馆。其次，非遗活动对场地要求并不高，具有灵活性，例如在空地搭台便可进行皮影、毛猴制作等非遗展示，面积较小的场所也可以设置成为传统工艺大师的工作室或者市民参与非遗体验的活动室。

6. 体验性

博物馆的基本功能是教育和宣传，而真正的教育不能只停留在观摩参观，因为观摩参观对于参观者而言是一种被动接受知识的方式，而体验互动才是更加有效的学习方式。近年来，大栅栏小微博物馆群举办了各种体验式活动，例如老窑瓷博物馆与传统窑口复烧企业合作，举办带入式体验活动，让观众了解老窑瓷的文化语境、领会老窑瓷的美学境界，推动老窑瓷复烧的现代化发展，扩大老窑瓷现代文化的传播，使现代老窑瓷成为大众生活的一部分。

（三）大栅栏街道建设小微博物馆群的主要举措

1. 深度挖掘资源，推动老建筑从闲置向博物馆功能转型

博物馆是对公共文化服务场所的补充，是向市民传播物质文明与精神文明的传播载体。而老建筑则是区域的历史文化遗产，更是本土历史文化的缩影与精华。将老建筑与博物馆建设结合起来，是西城区一直探索的方向。历史悠久的西城区坐拥众多古建遗迹，这些遗迹或闲置无用或被设置为政府部门办公室，既没有得到很好的保护，也没有发挥古建遗迹的宣传教育功能。从大栅栏区域来看，大栅栏街道打造小微博物馆群的共识基础就是在保护古建遗存的同时，挖掘其文化特征，与区域文化产业相结合，使老建筑从闲置向小型博物馆功能转型，从而达到既丰富完善街区博物馆体系，又探索形成老建筑保护与利用新模式的目标。

大栅栏拓展老建筑功能转型的案例不胜枚举。例如大栅栏是宣南文化的发源地，为更好地传承和传播宣南文化，大栅栏将辖区内具有400年历史的长椿寺的一部分区域开辟出来，作为回忆老北京旧时城南文化的博物馆；位于长椿寺北面的院落，原来是西城区文化委办公地点，拆迁腾退后被改造为区非物质文化遗产保护中心和展示中心；铁树斜街闲置房屋被设置成为93号院博物馆；坐落于辖区内的安徽会馆大戏楼被列为国家重点文物，为了发挥文化的现代功能和价值，大栅栏在对大戏楼进行功能重整和建筑修复的基础上，适当地将其开放为社区京剧队走台排练的场所；将用于政府办公场所的琉璃厂火神庙腾退出来，改造成为字画爱好者交流研习的场所，这也十分贴切地呼应了明清时期火神庙作为京城有名的书籍、字画一条街的历史背景。

2. 深化街企合作，探索切实可行的老建筑活化模式

在保护古建遗迹的过程中，最重要的原则是寻求区域发展与文物保护之间的平衡点。大栅栏地区的许多历史文化建筑遗存产权复杂、功能混乱，要实现这些古老建筑文物的保护性开发，政府必须严格落实国家级和市级文物保护政策，制定适合地区发展的文物保护条例和制度。在具体实践中要正确处理好政府、企业和公众三者之间的利益关系。因为单纯依靠政府或市场的老建筑活化模式是很难实现持续性运转的，只有建立以政府为主导，在政府及专业人士的监督之下，将老建遗迹交给社会机构运营，才能既减轻政府负担，又有效保证在运营过程中老建筑的历史文化价值不被破坏，并有效提高公众对历史建筑保护与更新的参与度和关注度，最终实现老建筑保护与利用的可持续发展。大栅栏街道活化老建筑采取了这种"政府主导、市场运转、公众参与"的模式，立足地区历史文化资源优势，加强与辖区单位的联系和沟通，加强企业文化宣传工作、政策引导及项目支持，最终形成由辖区内多家企业非遗展厅串联而成的小微博物馆展示群。

表2　大栅栏老建筑"活化"模式的优势

主要模式	冻结式保护	拆古建新模式	老建筑活化模式
参与主题	政府	政府和开发商	政府主导、市场运转、公众参与
运行方式	维修 ｜ 空置 ｜ 衰败 ｜ 再维修	腾退拆迁 另建新项目	活化再利用 修缮开放 平台窗口 以"产"养"遗"
运行效果	资金需求量大 陷入维修怪圈	文物建筑原貌受损 文化传承中断	实现文物保护和产业发展的双赢 文物价值得到重新发现

3. 创新运行模式，推动博物馆从单一功能向复合功能转变

目前，北京小型博物馆的运行模式比较多样，例如以北京晋商博物馆为代表的传统模式、以北京辽金城垣博物馆为代表的单位大院模式、以古陶文明博物馆为代表的家庭管理模式、以国石艺术馆为代表的商场防护模式、以北京戏曲博物馆为代表的自然散养模式。整体上看，小型博物馆的功能都是比较单一的。大栅栏街道立足地区文化资源的特点与优势，创新小微博物馆的运行模式和发展模式，将其功能由单一的展示、收藏、教育功能向包括销售、餐饮、娱乐、教育乃至住宿等在内的复合功能转变（见图1），切实提高小微博物馆的内在发展动力和可持续发展能力，逐步打造具有鲜明地区特色的传统文化传播形式和发展模式。

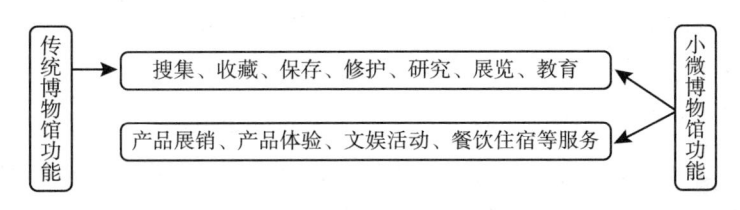

传统博物馆功能 → 搜集、收藏、保存、修护、研究、展览、教育 ← 小微博物馆功能
产品展销、产品体验、文娱活动、餐饮住宿等服务

图1 传统博物馆功能与小微博物馆功能对比

三 提升大栅栏街道小微博物馆群建设水平的建议

小微博物馆是大栅栏基层文化设施的重要组成部分，小微博物馆群的建设体现了地区公益事业的发展水平，是地区文化建设成果的重要展示平台，在丰富地区民众文化生活、拓展地区民众文化供给方面发挥着越来越重要的作用。对于大栅栏街道来说，小微博物馆群的建设发展还处于初步阶段，在未来的发展中要围绕发展机制、发展网络、发展模式以及发展途径等进行积极的探索与创新。

（一）坚持以"产"养"遗"，提升内生"造血"能力

要切实加大文物保护工作力度，要全面贯彻和落实"保护为主、抢救第一、合理利用、加强管理"的文物保护工作方针，在文物开发和利用方面要坚持适度原则。历史文物的保护和开发是一项系统的持久工程，离不开大量的资金和物质支持，只有深入挖掘历史文物的现代功能和价值，坚持推

行以"产"养"遗",提升其内生"造血"能力,才能推动文化保护工作的可持续发展,才能使文物保护的成果以更加可行的形式惠及人民群众。历史文物作为一个国家和民族发展轨迹的重要承载,不仅仅需要保护,还要在科学保护的基础上进行适度的开发利用,以此来解决其长期传承和保护的问题。对于大栅栏街道小微博物馆群来说,其所面临的也是同样的问题。

建立长效的发展机制,实现由输血向造血转变,关键在于赋予小微博物馆群新的产业功能,即依托小微博物馆群,适当延长产业链。从当前大栅栏地区的小微博物馆群建设的规模和情况来看,博物馆群以老字号商企文化和产品、老北京民俗文化和技艺、传统手工艺等主题居多。可以将博物馆作为交流和展示平台,采用产品展示、文化展览、工艺演示、作品拍卖、宣传营销等方式,提升小微博物馆的生产价值,使其在产生经济效益的同时,可以带动和促进相关文化产业的发展,让小微博物馆在传承文化中拥有自我"造血"的能力,实现可持续发展。如,除了收取一定的门票之外,还可以根据游客喜爱的藏品制作一定数量的纪念品发售,将有关历史文化整理成书籍等,还可以将小微博物馆与系列主题展览等融为一体,打造特色文化品牌,吸引更多人来参观,不断拓宽小微博物馆的盈利模式和盈利途径。

(二)加强馆际联合,形成互惠互利共同体

对于大栅栏街道来说,未来不是要打造一个或者几个小微博物馆,而是要系统梳理、整合辖区内的资源,打造小微博物馆群。要最大限度地发挥小微博物馆群的作用,切入点就是加强馆际合作交流,这也是当前小微博物馆发展的必然出路,只有这样,才能更好地发挥抱团效应、避免短板、提升优势。具体来说,要做好三个方面的工作。一是梳理基础资源,明确小微博物馆各自特点。要认真梳理区域内小微博物馆的基础情况,包括拥有哪些资源,属于什么类型,哪些人比较关注等。二是创新合作方式,拓宽小微博物馆合作渠道。结合各个小微博物馆的基础资源和发展优势,推动各个博物馆开展形式多样的合作计划,如可以依托互联网、大数据等合作建立小微博物馆,或围绕某一主题共同策划展示展览活动等。三是明确互惠理念,形成小

微博物馆合作网络。在明确小微博物馆自身特点和合作方式的基础上，树立互惠互利的发展理念，建立小微博物馆群展示网络，制作小微博物馆群展示地图，整合馆藏资源，提升展示品质，丰富展示方式，吸引更多人到小微博物馆群参观，逐步形成小微博物馆群互惠互利的发展共同体。

（三）注重理念创新和技术更新，提升管理水平

小微博物馆作为一种新型的发展模式，本身存在诸多的不足与缺陷，在发展的过程中还会受到许多政策限制，这些都对小微博物馆的管理者以及从业人员提出了更多要求和更高标准。因此，一方面要将最新的行政管理和企业理念融入小微博物馆的管理当中，通过管理理念的创新实现运营模式和经营效益的更新和提升；另一方面，要将互联网和大数据等相关方面的最新科学技术与小微博物馆的经营管理结合起来，提高小微博物馆的数字化水平和智能化水平。另外，还可以借助微博、微信以及其他 APP 等信息技术创新小微博物馆的管理方式和传播方式。

（四）动员社会力量，探索多元"活化"途径

积极推动社会力量参与建设、运营是小微博物馆实现可持续发展的重要手段。目前来看，社会力量参与的途径主要有两种。一是具有公益性质的志愿者，他们是社会力量参与博物馆建设的重要组成部分，包括退休干部、大学教授、中学教师和一些普通职工。对于大栅栏街道来说，当前要积极整合辖区内的志愿者资源，鼓励他们参与小微博物馆的建设、运营与管理。二是具有商业性质的企业，他们是社会力量参与博物馆建设的重要支撑。当前要加强和区域内的相关企业的合作，鼓励企业通过资本、技术、人员等方式参与和支持小微博物馆的建设发展。

要以目前国家文物局推动博物馆体制改革为契机，成立博物馆理事会。博物馆理事会是最高决策机构，其职能包括全权负责博物馆的管理工作、监督博物馆的资产管理和预算。在具体机构设置和职能划定方面可以借鉴国外相对比较成熟的经验。在中国现有体制下，打造小微博物馆群并推进博物

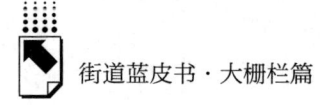

理事会制度建设，是实现历史文化保护性开发的可行路径，也是动员多种社会力量参与文物传承和保护的有效模式。

参考文献

郑嘉凤、杨鹤：《博物馆公益性与社会化服务探讨》，《安阳工学院学报》2014年第6期。

邓宽宇、杨秋莎：《谈古建筑保护单位向小型博物馆功能转型的认识》，《四川文物》2013年第6期。

张剑、刘爱丰：《中小型博物馆未来发展趋势之我见》，《文物鉴定与鉴赏》2015年第10期。

石坚、王娟、陈天：《旧城改造中的城市中心区空间转型发展模式》，《中国房地产》2015年第3期。

胡嘉蕊：《大栅栏街道进一步推进小微博物馆建设——老窑瓷博物馆开馆》，http://www.wenwuchina.com/article/201620/269573.html，2016。

《93号院博物馆馆让非遗活起来》，http://collection.sina.com.cn/zlxx/20140730/1413159141.shtml，2014。

B.13
北京坊：探索多元主体参与的跨界融合发展机制

摘　要： 大栅栏历史街道更新工程启动以来，北京坊作为西城区在探索历史文化保护区的保护与开发方面的一个探索和创新，是大栅栏更新工程的重点项目，受到政府以及社会各界的高度重视。本报告从多元主体参与的跨界融合发展机制入手，重点分析北京坊项目的多元主体参与机制和跨界融合运行模式，以为其他历史文化保护区提供借鉴和参考。

关键词： 北京坊　多元主体参与　跨界融合　大栅栏街道

一　北京坊项目的基本理念与历程

（一）北京坊项目规划发展的基本理念

北京坊所在区域是首都功能核心区，北京市的历史文化保护区、旅游导向型历史文化街区、首都文创建设的"中心城文化核"，也是西城区"文道建设"和"文化强区"建设的重点对象。北京坊项目建设与修复自2006年启动，至2016年底历史风貌建筑群基本完工。其定位为"城市文化新地标"与"中国式生活体验区"，是落实"城市修补、生态修复"的典范之作。项目的规划发展结合区域的特点，将发展和保护有机结合，合理地利用本地资源。同时，多主体参与的跨界融合发展机制，为区域文化、经济、业态带来新的活力，真正落实了"科学保护历史街区，弘扬古都历史文化；

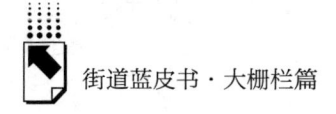

整合地区现有资源，调整空间利用功能；推动区域整体升级，优化生活环境品质"的发展理念和发展要求。

1. 科学保护历史街区，弘扬古都历史文化

北京坊项目总体占地面积3.3万平方米，建筑面积14.6万平方米。范围西起煤市街，东至珠宝市街，北起廊坊头条，南至西河沿街。北京坊项目规划设计严格按照科学保护历史文化街区的原则，初期进行了深入的实地调研。在调研中对规划区域内的历史院落和现有建筑物的外观、质量情况进行了定位和评估，并以此为基础重新设计和改造，以确保改造过程能够很好地兼顾地区民生的改善，带动地区市政交通道路的优化和地区居住环境的改善。项目还紧密地结合了自身在城市中的功能定位，明确划定用地边界，制定分地块控制设计图，最终形成具有保护、发展与复兴城市效果的北京坊项目设计方案。由此可见，北京坊项目在对大栅栏地区进行详实的定性定量分析的基础上，将规划编制、控制规范与城市设计三者相结合，以实现地区建设和规划的科学发展。

同时，项目规划考虑到大栅栏特殊的地理位置，坚持五大发展理念观，处理好城市现代化与历史文化街区保护的关系。建立历史文化保护区、历史文化街区、文物保护单位等多层次保护体系。坚持保护旧城的历史风貌，具体实施方案要具体考证北京坊所在地区的历史和地理信息；建筑改造和更新要最大限度地保护和还原原始风貌；新建设施要与历史文化街区的传统风格相匹配，不能破坏街区的整体风貌。北京坊项目将会成为大栅栏历史文化街区的新地标，但新地标的建设不能脱离街区实际，要以保护为前提推动街区发展，正确看待和处理好更新改造与保护发展之间的关系。

一方面，历史文化的保护和传承是地区发展的基础要素和资源，要重视和加强地区历史文物与文化的保护工作，不断创新保护方式，不断拓展保护主体，从而为实现历史文化街区保护的可持续性发展提供更多的资金支持和人力支持；另一方面，在推动地区发展转型和品质提升的实践中，要对历史文化街区的保护给予更多的关注，避免过度商业化，在发展商业

文化旅游业的同时，把街区的环境承载能力纳入考核指标，使地区发展更加科学化和人性化。对历史文化保护区的更新和改造要始终秉持科学和谨慎的态度，大栅栏街道在实践中探索出了"微循环"、小规模的更新改造方式，不仅可以合理有效地保存和延续地区原有的历史文化风貌，而且可以改善地区的环境和发展品质，是一种能够将传统与现代、文化与商业融合发展的新模式。

2. 整合地区现有资源调整空间利用功能

从地理位置上来看，大栅栏处于首都核心功能区，紧邻政治中心，周边聚集着丰富的历史文化旅游资源，如故宫博物院、毛主席纪念堂、中国国家博物馆、国家大剧院、景山公园等。将北京坊建筑在大栅栏可以有效地发挥新地标的资源辐射效应，将区域资源进行优化整合，重新对空间格局进行布局利用。北京坊项目按照市、区各级政府"将北京坊打造成为北京有代表性的传世之作"的要求，从2005年开始启动规划设计，集合了目前国内最顶尖的设计规划团队，历经十年，终显成效。其中，建筑设计按照项目总顾问吴良镛先生提出的"和而不同，违而不犯"的设计理念，创新性采用了集群设计模式，由国内外七位顶尖设计师亲自操刀，确保项目设计契合原有的历史风貌，在继承中又有创新。北京坊项目整体呈现为"一主街、三广场、多胡同"的空间格局。

北京坊项目的总体布局明确体现项目的建设方向，科学规划建筑功能和建筑风格。一方面突出地域的资源特色，保留城市原始肌理，因此，在建设用地的规划和使用方面引入了弹性规划原则，在对不同建设地段进行功能划分的同时保留功能弹性。另一方面，通过采用先进的技术与管理方法保障项目建设的协调顺利推进，即在最大限度保护历史文化街区的基础上，改善和解决地区基础设施陈旧、空间布局不合理、危房较多和公共绿化不足等问题。北京坊总体布局以劝业场为标点，全面修复劝业场，将其设置为文化交流和展示场所，定期举办各类活动及常年举办中国文化展，成为传统文化、现代文化、地区文化及国家文化的交流中心。同时，劝业场内部增加中庭和广场等公共活动节点，引入文化活动，强调与城市空间的互动关系，激发文化商业街区的新活力。劝业场周围的建筑群风格以民国初年为主，劝业场周边现有的文保建筑有盐业银行、交通银行、谦祥益等，均为原址修缮。项目风格延续多元化的街区文化风貌，以劝业场为中心的建筑群高度逐渐跌落，整体显得错落有致。建筑群之间为竖向分段的随机模式，以及灰白色搭配与历史街区形象协调。同时，将商业业态和规划设计同步考虑，不仅保持建筑原有的商业街区功能，还强化建筑的品牌文化长廊、文化艺术中心、文创产业、会馆、餐饮等体检式商业文化综合体。

3. 推动区域整体升级优化生活环境品质

北京坊所在区域作为外城商业的核心地区拥有丰富多彩的地域文化和商业内涵。规划的基本思路将保留原住居民的市井商业形态、生活方式作为重点之一，使老北京的市井商业形态得以延续，实现民生、风貌保护、经济发展的统一。北京坊项目的总体规划本着有机更新、提高生活品质的目标，处理城市历史文化保护区，构建和谐社会、宜居城市。新建的建筑形态注重历史文化内涵与现代生活方式的融合与发展，兼顾继承、发展与延续，延续地区文化底蕴和商业气氛。

在项目执行的过程中，建立一个整体的城市功能框架引导地区规划发展。发挥政府主导功能，对基础设施和公共环境进行提升，并鼓励本地居民商家参与共建。远期吸引更多的投资主体融入项目，吸收社会资源共同参与地区更新。延续原有的社会结构，尊重产权主体，在满足居民需求的情况下，改善居民生活环境，恢复传统商业活动，并引入新的创意文化产业，实现地区社会、经济及风貌的复兴。

4. 传统产业结构振兴区域文化产业

北京坊项目定位为"北京文化新地标""中国式生活体验区"，通过影视、艺术、生活、阅读、体验以及各个中国元素业态的引入，展示北京文化的新发展，从而让更多的人感受北京人生活方式的变化。

北京坊项目将为文化和产业的融合发展提供平台，这一平台是展示地区文化、打造地区品牌的重要窗口，也是激发地区创新发展活力、提升地区经济发展水平的新节点。因此，北京坊的建设规划必须符合大栅栏街道发展的具体情况，要在深入基层调查研究的基础上，按照分类分层的方法，有针对性地制订具体可行的建设规划指导原则。这些原则可以为后期的市场化运作提供必要的行为规范和政策监管。

北京坊项目在业态引入方面集中于中高端产业，内容涉及商业、旅游业、服务业、文化创意产业等，着力于提升地区整体业态，打破地区低端商业生态圈。目前，北京坊项目已确定入住的商户及品牌具有很强的经营特色和品质魅力，如亚洲第一家MUJI设计精品酒店和MUJI新概念生活零售体验店，以艺术、设计、阅读为主题的PAGEONE书店亚洲旗舰店，还有汇聚了POLY MAX、4D、DIAMAND等技术的第一家保利文化影视艺术中心，第一家实体CCTV央视动画科幻体验中心也将入驻。地区产业结构的优化和商业业态的提升，意味着地区产品供给质量和品质得到了很大的改善，从而使消费在带动区域经济发展中重新发挥作用。

（二）北京坊项目的发展历程

1. 北京坊项目前期准备工作（2002～2006年）

大栅栏作为北京市25个历史文化保护区之一，保留了原有街区胡同的特色，形成了大栅栏西街至铁树斜街、杨梅竹斜街至樱桃斜街等街区的框架体系。2002年，原宣武区政府成立了大栅栏文保区风貌保护领导小组，编制大栅栏地区保护整治发展规划国际招标方案，并拟向世界银行申请贷款项目。受世界银行委托，北京大学城市与环境学院旅游研究与规划中心与丹麦的咨询专家承担了"北京大栅栏文化旅游商业区规划"项目。专家们在对大栅栏历史街区城市更新研究的基础上，指出大栅栏地区的发展模式为"遗产导向型旅游业和旅游导向型商业模式"。2003年6月，大栅栏街道成立大栅栏投资有限公司作为区域实施主体，并向北京市规划委员会提交了《北京大栅栏地区保护、整治与发展规划》方案。为保存街道历史文化风貌的原真性，大栅栏街道根据专家的咨询建议，在规划中提出四个区域的功能划分，为之后的更新改造实践提供了宏观指导（见表1）。

表1 《北京大栅栏地区保护、整治与发展规划》方案中的四个区域内涵

功能区域	区域覆盖范围	区域规划要求
历史风貌重点保护区	大栅栏及东琉璃厂两处文化重点保护区	建筑风貌严格保存现状或恢复原状
历史风貌控制区	大栅栏及东琉璃厂两处文化重点保护区的周边区域	建筑风貌的控制原则与重点保护区一致,但允许有少量与原风貌一致的"仿古"式样建筑
历史风貌延续区	建设控制区与城市主干道一侧建设过渡地段	建筑风貌要求与邻近的重点保护区和控制区的风貌特征有明显的延续关系
历史风貌协调区	沿南新华街、珠市口、西大街及前门西大街一侧的建设地段	建筑风貌要求在体形、色调、式样等方面与风貌保护区、控制区相呼应

2005年5月,北京市规划和国土资源管理委员会批复《北京大栅栏文化旅游商业区规划:城市设计暨控制性规划》,同年,还首次编制了北京坊区域的控制性详细规划,并通过了专家评审。西城区在大栅栏启动北京坊建设项目,开启了我国历史文化融入建筑集群设计的先河,项目得到了社会各界的热切关注。大栅栏街道高度重视项目规划的科学性和规范性,聘请行业领域的专业学者作为顾问团队,由吴良镛院士担任总顾问,还邀请了王世仁、朱小地、吴晨、崔愷、朱文一、边兰春、齐欣等专家学者共同参与规划设计;同时委托中国国家画院公共艺术中心等一批专业设计团队进行北京坊环境规划设计。这些专家团队本着"和而不同,违而不犯"的原则,从区域规划、建筑风格设计以及文物保护等多个方面对北京坊建设项目进行研究和设计,为北京坊项目的前期规划和准备工作提供了强有力的智力支持。

2.北京坊项目实施阶段(2006~2016年)

2006年9月,北京市规划委批复了《北京大栅栏煤市街以西及东琉璃厂地区保护、政治、复兴规划》。2010年,在市政府的统筹领导下,确定了北京坊的实施性规划与深化城市设计,通过专家会确定了面积和高度指标。2012年5月8日,基本确定总体实施方案。2012年12月,市规划委征询社会各界的意见,公示北京坊的最终项内容和效果图,北京坊整体建

筑风格将延续民国特色，即传统的排子胡同地域风格，整个建筑群体以历史建筑劝业场为中心向四周延伸铺展，并与地区其他历史文物建筑如交通银行、谦祥益、盐业银行交叉融会。这种历史建筑与现代建筑共存的建筑风格形成了大栅栏独特的文化魅力和旅游吸引力。一方面，为使新建筑与历史建筑契合自然、融为一体，街道加强了对历史文物、建筑的保护性修缮工作和建筑风貌修补工作，如根据民国时期的建筑原貌，复原劝业场的巴洛克建筑风格。另一方面，为保持整体建筑的柔和性和统一性，北京坊总建设用地面积约为 3.3 公顷，地上总建筑面积为 6 万平方米，建筑高度为原貌至 18 米，并与中轴线东侧用地基本对称。在北京坊项目的建设过程中，西城区政府、大栅栏街道办、大栅栏投资有限公司、各领域的专家学者、社会大众等不断地反馈意见，项目负责方根据反馈意见及时做出修改和调整，确保了北京坊项目的稳步有序推进。截止到 2016 年底，北京坊历史风貌建筑群基本完工。

二 北京坊项目：多元主体参与跨界融合发展的实践

（一）多元主体参与实现各界共赢

北京坊项目在运行中不仅重视机制方式的多元化，更重视实施主体的多元化。构建这种有效的多元机制，可以让政府和企业回归公共服务和监督管理的角色本位。特别是在北京坊项目实施过程中，将项目资源分配都交于市场运行之后，主体企业能更好地发挥市场机制的作用，工作团队可以更好地把握细节，政府可以腾出更多的行政资源加大在公共服务和公共建设方面的优化力度，有效地达到效益共赢。

北京坊项目完全依托市场机制运行，完全实现了"政府掌舵，市场运行"的思路。项目实施主体是大栅栏投资有限公司，直接负责开发的是大栅栏投资有限公司旗下的永兴置业。2003 年，成立北京大栅栏投资有限公司，承担月亮湾环境综合整治工程、煤市街道路拓宽工程、大栅栏奥运商业示范街改造工程、大栅栏西街改造工程、大栅栏地区市政基础设施改造工程、北京坊试点地块土地整理等项目。2010年7月，北京市大栅栏投资有限公司与北京市宣武区城市建设综合开发总公司、北京创通基础设施建设投资公司、北京市天桥开发公司合并重组成立西城区属国有企业——北京市广安控股有限公司。北京市广安控股有限公司现以历史文化街区改造运营为中心，由广安控股统筹规划。北京坊项目在保障房建设、经营性地产开发项目及文化商业地产投资项目方面完全市场化运行。

在项目实施期间，北京市规划委不断组织方案公示座谈会，邀请公众代表参加方案讨论。鉴于项目的重要性，西城区政府与规划委严把质量关，多方听取文物、规划、建筑、设计等方面专家的意见，向公众开放评议渠道，组织网上公示和现场论证会，邀请社会各界参与讨论。综合前期专家、公众及有关部门意见，项目在两个创新方案的基础上进行整合深化。2013年1月15日，西城区政府动员社会各界对北京坊进行项目反馈，并根据反馈意见对项目方案进行优化并讨论，对历史建筑的统领地位，对建筑尺度、材质、色彩和细部进一步予以深化指导，并对地下空间的利用提出具体要求。

西城区政府对北京坊新引进的产业严格把关。按照北京大栅栏琉璃厂风貌业态领导小组、西城工商分局制定的《关于大栅栏琉璃厂历史街区业态发展的指导意见》的要求，将老字号及相关产业、文化、商业、旅游业等6类产业列为支持行业，将各类批发市场、一般旅馆、低端餐饮业等17类业态列为从严限制行业。根据此建议，北京坊新引进的经营主体集中在艺术工作室、创意咖啡厅、创意茶室、主题餐厅、文化设计及销售等文化服务行业。在行政程序上，政府积极配合这些优势产业的发展，努力打造文化创意产业示范区。政府还利用企业的纽带功能，通过其协调北京坊及周边各单位的工作，进一步完善基础设施建设，为周边居民基本生活解决了不少难题。在政府的统筹领导之下，2017年底，地铁2号线贯穿北京坊，这使整个大栅栏地区的往来游客和居民出行便利。北京坊项目在规划中新添了650个地下停车位，缓解了北京坊周边停车难的问题，疏解交通；还配置了100台绿色直流快速充电桩，让环保电动车可以在15~20分钟内完成充电，方便了居民生活，也进一步推动了西城区的生态文明建设。

（二）促进跨界融合创新城市设计

北京坊的建筑从规划到设计，再到实施，全程都有国内外顶尖大师和团队参与，属于集群建筑的精品。八幢建筑以劝业场为中心铺陈展开，形成了独具特色的建筑群落。"和"，整齐和谐，协调一致，秩序井然，是多样的统一；"违"，变化多样，参差错杂，异军突起，是统一中的对立。项目总顾问吴良镛在北京坊项目的规划设计方面，提出了"和而不同、违而不犯"的建筑原则，为北京大栅栏这样的历史文化街区的更新改造工作提供了一种新的建筑设计模式。

北京坊在设计初始时，为了使其具有一定的自协调性，就在建筑师的设计风格上做了筛选，这里的每幢建筑都不仅是视觉的表现，还是打造"北京文化新坐标"的一部分。考虑到大栅栏地区特殊的地域环境、历史文化，在整个设计过程中，无一细节不表现对其特殊历史文化的重视。此外，多幢建筑借鉴了中国传统建筑中北方四合院的建筑风格，这主要体现在建筑的外观和材质上。如建筑材质使用的是北京四合院的传统灰砖，建筑屋顶则选择了以筒子瓦及有一定高度的墙院进行围合的方式，这使建筑整体风格保留中式建筑的神韵和精髓。室内空间的设计更多地体现了人性化和现代化，为地区打造了一个舒适安逸的文化生活休闲体验场所。

项目本着有机更新、提高生活品质，处理好城市历史文化保护区的保护与发展之间的矛盾，构建和谐社会、宜居城市的目标，特别注重将新建建筑有机地融合进历史文化街区的传统文化秩序，取得风貌的协调，更好地烘托历史文化遗产。整个建筑群采用了传统的木、石、砖、瓦等建筑材料，在拼砌方式和纹样形态上下足功夫，并且结合现代建筑结构的安全要求、节能标准进行创新。例如在瓦当施工中，将传统的水泥卧瓦方式改为挂瓦；在木结构走廊中加入有机玻璃屋顶，实现自然采光，完美地实现了传统文化与现代文化的融合。在生态修复方面，以海绵城市和精品城市建设为目标，进行街道环境铺装改造，用渗水砖代替传统的地砖，设置绿化屋顶并结合花坛建成雨水花园，加强北京坊内的雨水蓄滞建设，并在建筑建设过程中全部采用节能环保材料，最大限度地实现绿色生态发展。尊重城市肌理的形态，抽取传统空间原态原型，利用新材料和理念创造新的空间环境。例如，在煤市街和西河沿街，以平屋顶带女儿墙的民国风格为主，用平坡结合方式体现合院关系，与历史呼应。

（三）融合文化产业提升区域品质

北京坊项目在建设中牢牢把握打造"北京城市文化地标"的规划思路，打造精品力作。通过"邻里共生态"的文化产业模式，打造以劝业场为核心的文化传播交流和高端文化品牌合作的平台，并且在保留胡同肌理与地标建筑的同时，展现当代建筑的独立精神，凝聚艺术核心资源与高品质业态品牌，打造中国式生活体验区。项目的建设紧紧围绕"中国屋檐下的世界生活"的理念以及"慢手工"的设计思路，将业态落位以"场景、社交、极致"、"艺术、休闲、品味"、"个性、文艺、情调"、"国际、前沿、有机"、"设计、创意、发现"、"影视、科技、动漫"六个文化主题呈现，将中国元素、电影、艺术、体验、生活、阅读等多元内容完美地融合在北京坊之中。

北京坊的建筑群体与大栅栏地区的整体风貌相一致，而每个单独的个体建筑又不同程度地糅合了现代审美观念和都市时尚潮流，形成了独具特色的街区新地标。在北京坊建筑的二层和三层，别致地设立了空中漫步走廊，将各个建筑相互联系起来，提升了上部建筑的可达性及可游览性，丰富和拓展了建筑物的内部空间和视野。在建筑内部的纵向连通方面，则设计了由扶梯、直梯和步行楼梯构成的立体交通体系，方便快捷地将北京坊建筑的各个楼层贯通在一起。

文化平台和文化空间的打造、重组是北京坊的一大亮点。北京坊项目在有限的空间中，不断融入新的创意和公共艺术的元素，整个项目不仅是一个文化空间载体，更是一个具有独特魅力的文化坐标。通过打造艺术的五个板块"空间博物馆化""作品焦点计划""整体环境园林化""历史遗留文物化""空间要素媒体化"，更推进北京坊转化为一个文化概念。例如，将拆迁后的谦益祥北侧和西侧墙体就地保护并设计成为公共空间博物馆；将北京坊南侧边界墙体打造为露天美术馆，结合中国传统的长廊元素，作为艺术的展示架，加入北京文化、中国文化等传统艺术作品和历史文化展示；在通道、街道、屋顶、胡同每个点都摆设每一年的代表性文化作品，开展临时艺术展览活动等。通过合理的空间布局以及空间利用，最终让北京坊形成一体化的文化空间体系，全方位提升区域的文化品质。

三 北京坊项目的启示

（一）创新参与机制实现各界共赢

在北京坊项目的规划和建设中，参与主体的多元化优势十分明显。西城区政府与企业以及建设管理各个部门、专家学者、社会大众等多元参与主体通过充分沟通和协商，在建筑规划和设计上达成一致。这种在民主参与和民主协商基础上制订出的方案能够有效地兼顾各方利益，减少矛盾纠纷，受到利益相关方的赞同和认可。政府部门在其中充分发挥了领导统筹作用，特别是在项目建设前期率先编制了建设规划导则，为后续各个建设阶段的工作提供了科学性和政策性的指导，明确了北京坊项目的建设原则和功能定位，使整个项目有了明确的目的指向性。鉴于北京坊所处地段为北京市的核心重要地段，其规划必须控制在合理的规模以内，使其完全融合历史风貌。各主体在北京坊项目的不同开发时期对不同开发单元分别进行了大量的论证工作。整个过程，政府的各个部门、项目实施主体、专家学者、社会大众都参与其中，通过新的科技、新的技术以及新的理念协调各方利益，并且全程由顶尖的专家学者指导。相比于传统的城市建设项目过程仅限于政府和项目实施主体封闭决策的过程，多元主体参与机制更加透明、更加民主也更加高效。

（二）开展跨界融合打造精品项目

在北京坊项目启动的最初阶段，政府召开了大量具前瞻性的听证会、讨论会，在听取相关领域专家学者的建议和社会各界人士及人民群众的意见后，大栅栏北京坊项目以保护古都风貌为前提进行织补式建设。为使建筑风格保持自然和谐，北京坊在具体建筑的更新改造中特别注意对建筑物选材、布局、结构、颜色搭配等多项细节的设计。北京坊项目的建筑群体在色彩选择上以冷色系的灰色为主，建筑物立面则多采用砖、瓦、木等传统建筑原材料，保留了中国传统文化元素，并按照文物保护专家的建议，根据民国时期的建筑测绘图，完美地修复劝业场、盐业银行、金店等文物建筑。公共文化建设由专业的美工团队主持，合理地利用了北京坊的每一处公共空间，充分体现了北京坊的品质和地理价值。而在产业引入面，除了延续传统文化之外，更进一步引入现代化的生活元素以及配套产业。北京坊项目对每一个细节都做了充分的处理，让各行各界的需求和意愿都融入北京坊之中，完美地实现了跨界融合，这对于其他历史街道的规划和开发具有普遍的借鉴意义。

（三）引导创新业态推动区域升级

北京坊项目开发前，该区域的业态十分低端，主要的经营产业是小餐饮、小旅馆、小洗浴、小发廊、小食杂、小修理、小复印等（见图1）。同时，该区域的人口密度高达44000人/平方公里，是北京人口密度最高的区域之一。北京坊开发后，产业布局以文化优势产业为主，剩余20%以高品质配套产业为主。项目实施后疏解了1078户3883人，推动了大栅栏地区的功能疏解和人口疏解工作（见图2）。

目前，已确定入驻北京坊的商户包括众多独特的品牌，彰显了项目的唯一性、独特性及影响力。北京坊成功地从一个老旧历史街区转变为具有中国文化特色的创意产业、休闲及旅游产业、特色商业相融合的文化创意聚集区和传统文化体验区。

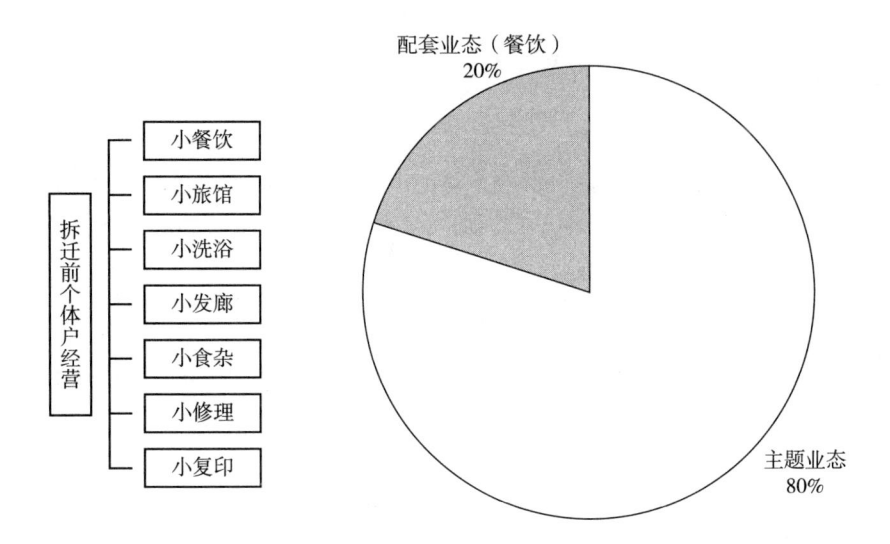

北京坊：探索多元主体参与的跨界融合发展机制

图1 北京坊项目建设需要疏解的低端业态

拆迁前个体户经营：小餐饮、小旅馆、小洗浴、小发廊、小食杂、小修理、小复印

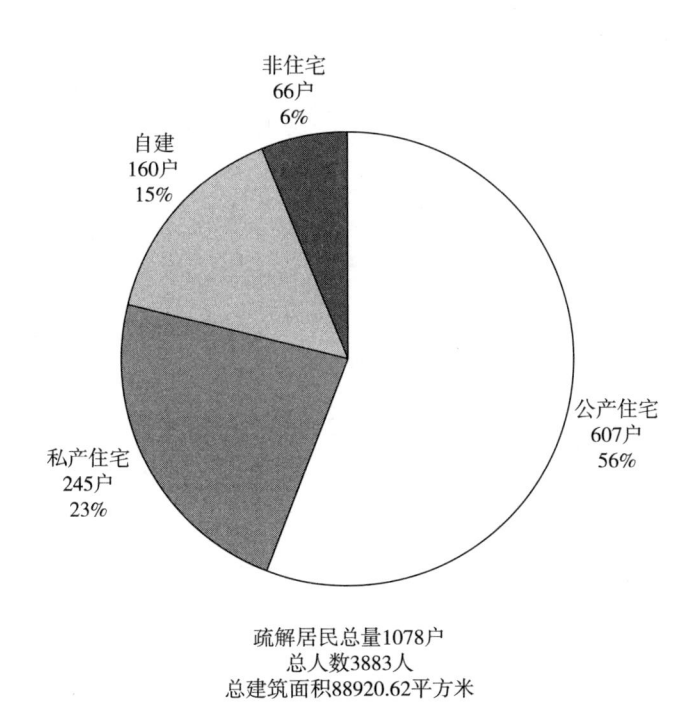

配套业态（餐饮）20%
主题业态 80%

图2 北京坊项目的人口疏解效果

非住宅 66户 6%
自建 160户 15%
私产住宅 245户 23%
公产住宅 607户 56%

疏解居民总量1078户
总人数3883人
总建筑面积88920.62平方米

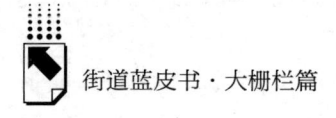

参考文献

张婷：《大栅栏北京坊电动汽车充电站投运》，《国家电网报》2017年3月23日。

裴秋菊：《北京坊：历史街区中走出的现代建筑群》，《中国文化报》2017年2月4日。

曹蕾、巩峥：《大栅栏北京坊打造文化新地标》，《北京日报》2015年12月21日。

张淑玲、曹蕾：《大栅栏北京坊亮相》，《北京日报》2017年1月17日。

张景华、董城：《吴良镛领衔打造北京坊亮相大栅栏》，《光明日报》2017年1月17日。

B.14 "石头社区故事汇"：探索社区文化宣传新模式

摘　要： 大栅栏街道石头社区率先进行尝试，通过2年多的时间编辑出版了两册《大栅栏石头社区故事汇》，向公益组织、居民团体、社会大众赠阅，并将故事编成话剧搬上舞台。在社区党委主导下，通过社会组织参与、基层取材、基层推广的方式，石头社区积极开展社区文化宣传工作，并卓有成效。本报告以"石头社区故事汇"项目为调研对象，在客观反映该项目意义、运行机制的基础上，充分借鉴石头社区的经验，提出文化宣传工作创新的思考与启示，并将其作为社区文化宣传的探索成果，充分地发掘参考价值。

关键词： 大栅栏街道　石头社区　社区文化宣传

一　"石头社区故事汇"项目的背景与意义

石头社区地处西城区大栅栏地区中南部，位于天安门西南，西起石头胡同，东至煤市街，北及大力胡同，南至珠市口西大街，由培英胡同、博兴胡同、棕树斜街等13条街巷组成。辖区内有大栅栏街道办事处、丰泽园饭店等20多家机关、企事业单位。石头社区为了进一步满足社区居民学在社区、玩在社区、乐在社区的需求，打造助老服务特色品牌，全面提高居民的幸福指数和社区文化事业水平，开展社区营造，展现家国情怀，特开展了社区故事汇项目。

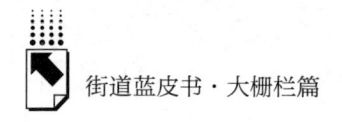

（一）石头社区的历史与背景

石头社区拥有众多的老街巷，其名称来源于石头胡同。石头胡同始建于明代，明代修建城墙、皇宫所用石料曾存放在这里，故得名石头胡同，至今未改。石头社区在新中国成立前是老北京五行八作的集中地，也是中国著名的人文景观街道之一。清嘉庆年间，安徽嵩祝戏班进京后曾驻此地。旧社会，石头社区所在地有一大片胡同，三教九流俱全，是当地居民日常生活消费的场所，汇聚了大昌油盐店、祥聚公饽饽铺、白面房、当铺、西医诊所、棺材铺、恒庆澡堂等生活必需品店铺和大北照相馆、大陆戏园、三合成书茶馆、大昌酒馆、大烟馆等文娱消费场馆。此外，石头胡同内还保存有望江楼会馆、盂县会馆、严陵会馆、龙岩会馆。

石头社区在高度城市化和市场化的大环境中能够坚持自身的历史传统和文化特色，得益于国家和政府的保护和重视。早在1949年2月，时任北平市市长叶剑英就高瞻远瞩地认识到对老城区胡同进行管理和改造的重要性。刚刚解放不久的北平社会秩序混乱、百废待兴，在此背景下，北平市政府发布了对胡同进行管制的若干暂行条例。1949年11月，胡同整治行动拉开帷幕，从此以后胡同的功能由旧时代的五行八作转型为以居民为主的生活居住区。直到今天，石头社区仍是一条散发着古老原生态居民生活气息的胡同区，保留着老北京的历史文化风貌，承载着老北京的文脉。

（二）"石头社区故事汇"项目的意义

"石头社区故事汇"项目自2015年9月开始实施至2016年11月，已出版《大栅栏石头社区故事汇》（一）、《大栅栏石头社区故事汇》（二）两本书籍共1000册；另外，社区联合四九剧社，根据社区故事进行创意编排的原创舞台剧《石头记》共公演三场。"石头社区故事汇"项目通过社区老居民口述历史的方式，发掘传承历史，发扬社区文化；宣传凡人善举，弘扬社区正能量；激发集体记忆，加强社区凝聚力；丰富助老服务，提高幸福指数；为推动和谐社区的建设而创新。今天的故事，将成为明天的历史。"石头社区故事汇"项目不仅为社区历史文化保存而努力,也为石头社区文化引来更多的社会关注,提升了社区的知名度。这种创新为社区文化宣传工作提供了新的思路。

1. 发掘传承历史发扬社区文化

石头社区是大栅栏目前原生态保存最完整、最能反映大栅栏地区特色的传统居民区,具有较高的历史价值、文化价值和老北京情感价值。梨园文化、文物古迹等都是居民对石头胡同的记忆。传承石头胡同地区历史文化是一项重要的工作,石头社区每年都会出版文化主题的书籍、画册等,以此来反映社区文化,宣传地区特色。2015年,为了进一步加大文化宣传力度,探索文化宣传工作的新模式,石头社区依托辖区历史文化优势,通过编辑出版居民自己的亲身故事《大栅栏石头社区故事汇》,来记录社区变迁和发展的历程,叙述社区的凡人善举和历史文化;通过居民的亲身记忆来丰富社区文化,传承地区非物质文化和历史精神。截至2016年11月,一共出版了两种书,并成功公演了3场舞台剧。这些成果大大提升了社区的文化品质,受到居民的高度好评。

2. 宣传凡人善举弘扬社区正能量

《大栅栏石头社区故事汇》收录了大量社区助老队、义务门联雕刻人李永海、盲人按摩师等故事,以《大栅栏石头社区故事汇》为宣传资料,可以让更多人了解石头社区的凡人善举。将凡人善举、身边好人学习宣传活动融入日常社情民意,可以巩固居民群众的思想基础,倡导向身边好人学习,做好事、献爱心;引导居民积极参与、自觉践行、弘扬正气、传递正能量。通过"石头社区故事汇"项目,居民群众对社区建设、社区养老、社区志愿者等息息相关的社区运行认识更加深刻,对好人好事、凡人善举有了更多的理解,营造了"讲文明、树新风、讲道德、做好人,弘扬社会正能量"的社区氛围。

3. 激发集体记忆加强社区凝聚力

"石头社区故事汇"项目是一个系统工程,是石头社区文化建设的重要组成部分。该项目注重软性的、精神层面的文化建设,这可以激发居民的集体记忆，唤起居民的共鸣和强烈的社区认同感、归属感，对于建设和谐社区具有基础性作用。通过凡人善举的故事让居民在心理上彼此贴近；通过身边互帮互助的故事，构建社区中居民自由交往、相互信任、充满生机与活力的和谐氛围。社区共同的价值观是社区增强凝聚力、形成社区文化、提高认同感的精神基础。通过历史人文资源来唤起居民的共同记忆，确立共同价值；树立石头社区的共同价值观，让居民关心社区的历史文化，从而形成对社区前途、命运的一些共同认知、共同判断。《大栅栏石头社区故事汇》记述的历史故事给外部留下深刻的印象。外部人员可以根据这些故事，对整个石头社区的民情民意、历史文化、社区氛围进行了解，加深对石头社区承载的历史文化的理解。

4. 丰富助老服务提高幸福指数

"石头社区故事汇"项目吸纳了大量的年轻志愿者参与，在编录口述史的过程中，高龄居民与年轻志愿者密切互动，让年轻人更加深入了解胡同文化、体察老年生活。志愿者在记录的同时，还帮老人打扫卫生、收拾家务，有的甚至专程来陪老人聊天，给老人过生日。这让老年人在活动中受到更多的社会关注，获得一定程度的精神慰藉。"石头社区故事汇"项目的展开，将吸引更多的志愿者加入，不断扩大居民的参与面，进一步提高居民的幸福指数。

（三）"石头社区故事汇"项目的发展历程

《大栅栏石头社区故事汇》（一）自2015年9月启动，2016年4月7日新书正式发布，历时7个月，收集10个故事，其中包括一品香澡堂的历史故事、名人王瑶卿的故事和8位社区平民百姓的故事。《大栅栏石头社区故事汇》（二）于2016年3月启动。5月，在北京新闻研究中心和北京先河社工服务中心的支持和帮助下，社区组建了《大栅栏石头社区故事汇》（二）的创作团队，吸纳了大量的居民、大学生志愿者以及相关热心人士参与创作。创作团队历时9个月，收集了10个故事，涵盖社区名人、胡同文化、社区志愿团队和社区志愿者、胡同百姓等。

两部新书发布期间，社区还与四九剧社合作，在《大栅栏石头社区故事汇》（一）的基础上，巧妙构思，形成剧本，经过反复排练，最终形成原创舞台剧《石头记》。2016年7月18日《石头记》在石头社区老街坊乐园小剧场上演。排演《石头记》的初衷就是挖掘社区内丰富的人文典故素材，传承弘扬历史文化，把社区里京剧教育家王瑶卿先生、京剧名家余三胜、鸿记一品香澡堂等耳熟能详的历史文化串起来搬上舞台。舞台剧《石头记》还为社会上关注口述史、关注老北京文化、关心大栅栏的各界朋友做了专场演出，并在演出后举行了座谈，观演双方对社区故事的挖掘、演绎有了新的认识，对社区层面的这种将艺术与社区文化历史相结合的尝试给予了充分的肯定。

在《大栅栏石头社区故事汇》的编写过程中，其他社会组织也积极提供帮助。梧桐社区大学给予资金支持，清华大学的信义社区主动帮助联系发动大学生志愿者，还有北京先河社会工作服务中心也提供了培训和校阅支持。《大栅栏石头社区故事汇》从社区百姓记录故事的一个想法到新书装订成册并发布的过程，是社区文化建设的一次有益尝试，是运用社区营造方式发动社区居民参与的具体行动，让每一个参与者和读者都对社区文化的力量都有了新的认识。

表1 "石头社区故事汇"项目发展历程

重要时间节点	项目主导和参与主体	重要事件
2016年4月	街道宣传部	《大栅栏石头社区故事汇》（一）新书发布
2016年7月	石头社区、北京四九剧社掌门人刘彪老师	以书中的三个故事为原型创作的舞台剧《石头记》在石头社区老街坊乐园上演
2016年5月	北京新闻研究中心和北京先河社工服务中心、社区居民、大学生志愿者、社会热心人士	组建了《大栅栏石头社区故事汇》（二）创作团队
2016年11月	街道宣传部	《大栅栏石头社区故事汇》（二）新书发布
下一阶段	北京先河社工服务中心	《大栅栏石头社区故事汇》（三）的故事线索正在征集中

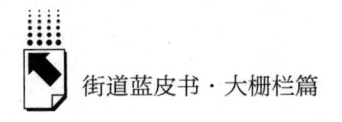

二 "石头社区故事汇"项目的运行模式

（一）社区党委主导

石头社区除大力筹建社区基础设施、积极完善社区活动配套设施之外，在社区营造、社区软条件提升、社区文化氛围营造方面也投入了大量的资源。自2015年起，街道办开展了社区营造工作，石头社区积极参加社区营造培训，石头社区党委积极响应街道办创新社区营造的号召。在社区党委牵头下，居委会和社区居民一起开展数次讨论，最终确定了"石头社区故事汇"项目。

项目由社区党委主导，向社区居民征集选题，向其他社会组织寻求帮助，招纳大学生志愿者，邀请口述史专家对参与采访写作的人员进行培训。为了挖掘社区故事，石头社区居委会在编写《大栅栏石头社区故事汇》之前，将老居民请到活动室，以座谈会的形式讨论项目的故事选题，经过多次讨论，最终确定10位老居民作为本次故事汇的口述者。通过编写团队的大量讨论研究，确定每个故事选题的撰写人，由社区的社工陪同大学生志愿者到口述故事的老居民家里进行专门访谈。

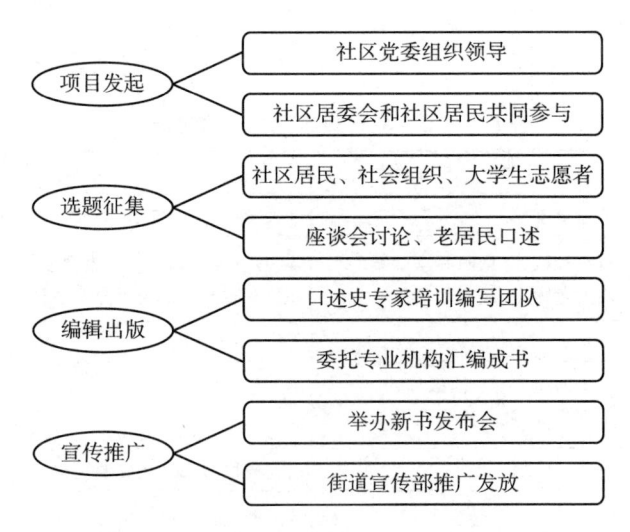

图1 《大栅栏石头社区故事汇》运作模式

（二）社会组织参与

在《大栅栏石头社区故事汇》编写之初，没有专业的写作人员。石头社区居委会经多方联系，得到了社会公益机构和人士的多方帮助，包括北京先河社工服务中心、北京新闻研究中心、《东方历史评论》杂志社、清华大学的志愿者组织等。其中，北京先河社工服务中心的贾肇宝自己完成了王瑶卿的故事《胡同里的艺术殿堂》，还为《大栅栏石头社区故事汇》（一）撰写了序。志愿者们入户收集老照片、记录老人的故事，根据老人的口述内容整理故事原稿，每出一稿都交给审稿组。两本书的内容都由北京新闻研究中心顾兰英亲自把关。经过反复批改，社区的社工陪同志愿者到口述者家里，将整理好的故事原稿给口述者看，对故事有出入的地方进行修改。为了保证故事的真实性，社工和志愿者多次到口述者家里一遍又一遍地推敲故事稿，直到口述者满意为止。每一个故事都经过反复推敲修改，完全符合口述的内容，最大限度地反映真实客观的历史。

（三）取材以人为本

林语堂在《大城北京》中说："那些宫殿的确可以吸引游客，而北京的真正魅力却在于普通百姓，在于街头巷尾的生活。人们永远也不会理解究竟是什么使北京的穷苦百姓如此乐天而自信，原来这是他们的天性使然。"北京除了文物古迹之外，"人"是最主要的非物质文化资源。以记述"人的故事、人的历史"为理念，在取材过程中石头社区坚持以人为本，以人的故事为脉络，以传承石头社区的人文历史为目标。例如，《大栅栏石头社区故事汇》的第一辑收录了王敬琥"大老祖"王瑶卿的故事，第二辑收录了王敬琥的祖父、京剧胡琴伴奏开创人王少卿的故事。著名京剧艺术家王凤卿的故事将被收入第三辑。除了胡同里曾经出现的名人，《大栅栏石头社区故事汇》还收录了大量普通人的故事。先期完成的两辑中，不乏门联雕刻艺人、盲人按摩师和社区助老队队员的凡人善举、好人好事。这些普通的故事记录下石头社区的真情实景，也为石头社区的精神文明建设增添了更多历史文化要素。

表2 《大栅栏石头社区故事汇》内容摘选

故事摘选	讲述者	编写者	故事内容
《胡同里的艺术殿堂》	王瑶卿之重孙：王敬珑	贾肇宝	梨园"通天教主"王瑶卿的故事。王瑶卿是京剧艺术的改革家和教育家，曾是四大名旦的老师。新中国成立后任中国戏剧学校校长，为推动国粹文化发展立下了汗马功劳
《胡同里的助老队》	社区助老队员：杨淑香	顾兰英	社区助老队的发展历程和故事。自2006年起，石头社区的一些居民自发照顾老人。2010年，队伍不断扩大正式组建社区助老队，到今天一直持续照顾社区老人
《一个老北京人的家族兴衰》	梁华亭之孙：梁仕厚	志愿者	中和戏院掌门人梁华亭的故事。梁华亭原是一名木匠，给戏院修桌椅板凳，后来在鼓师老丈人的协助下，转行成为戏院经纪人，并一步步成长为中和戏院的掌门人

（四）基层推广宣传

在基层宣传方面，《大栅栏石头社区故事汇》作为街道社区公益微创投项目的一个重点工作，石头社区居委会采取了社区报连载、赠阅传阅等多种公益形式发布，并且通过见面会的形式与居民分享参与项目的感受和收获，与民情民意接轨，进一步继承社区历史文化，弘扬社区正能量。历史是昨天的故事，今天的故事将成为明天的历史。社区通过讲故事、写故事、演故事等一系列文化营造活动，推动社区居民关注历史、提升居民的参与能力和归属感，增强了社区的凝聚力，展现了胡同的精彩，促进了文化的传承。

三 "石头社区故事汇"项目的启示

（一）创新社区文化宣传工作

新的时期、新的形势、新的任务，对基层文化宣传工作提出了新的要求和新的挑战。如何更好地服务人民、改革创新，是社区文化宣传工作面临的现实问题。文化宣传工作必须直面社区工作的复杂性，直面文化宣传的迫切性。

目前很多社区的文化宣传工作注重组织活动、给居民谋福利，很少涉及居民的精神层面。文化宣传是否有成效，很大程度上取决于居民从中的获得感，也就是说居民从文化宣传中得到了什么才是最重要的。《大栅栏石头社区故事汇》是一项接地气儿的创新，让文化宣传活动与居民社区共建有机地结合在一起，围绕社区文化宣传中心工作，融入了民情民意。通过宣传百姓身边的故事，大力地发掘社区的历史文化，宣传社区的好人好事，宣扬社区的正能量，弘扬时代精神；让居民参与其中，为自己的社区宣传，从文化宣传中有很高的获得感，加深邻里间的认识与理解，使居民团结在一起，发挥居民的主人翁精神和团队精神，更好地参与社区建设工作，打造和谐的社区生活。

（二）提升社区居民凝聚力

提升社区居民凝聚力是构建和谐社区的基础工作。社区概念最早来自西方发达国家，西方社区社会发展已经相当成熟，我国的社区是随着城市化发展而逐渐发育起来的。社区居民还没有形成自觉的社区意识，对社区生活方式缺乏深刻的认知，相互之间的沟通联系不充分，客观上冲击了中国传统的熟人社会圈，不利于社会主义和谐社会的构建。要建设和谐社区就需要不断地提升社区居民的归属感、幸福感，增强社区的凝聚力，激发集体的历史文化共鸣，形成共同的文化价值观，在文化思想方面构筑有效的宣传载体。每一个社区都有各式各样的文化资源，保留发挥这些资源的作用，不仅是社会组织的责任，也是每一个居民的责任。

"石头社区故事汇"项目是成功的社区文化资源整合尝试，项目通过基层取材、基层推广的形式，让居民增进对社区、邻里、凡人善举的了解，形成了对石头社区的归属感。社区借助"石头社区故事汇"项目，鼓励和调动当地居民参与社区活动，让他们在亲身实践中学习了解石头社区的历史文化和发展现状，激发他们对所在社区文化的认同感，从整体上提升了社区的和谐程度。此外,"石头社区故事汇"项目充分挖掘和整合了社区内的人文资源和宣传资源,为不同类型和不同层次群体的文化提供了展示和宣传平台,有利于打造有石头社区特色的文化宣传品牌,以品牌化宣传为特色带动地区宣传工作不断创新和发展。"石头社区故事汇"项目取材于基层社区的群众生活,代表着最真实的基层文化宣传需求,其文化宣传内容和形式符合石头社区文化宣传工作的实际情况,在促进社区文化事业发展、培养居民人文精神、提升社区凝聚力、构建和谐友好文明社区方面发挥了积极的建设性作用。

(三)丰富社区文化活动

社区文化环境作为社区的软实力不仅塑造着居民的日常生活方式和行为方式,也是社区的外在形象的重要体现。社区文化设施建设和社区文化环境建设是影响社区文化建设的两个重要因素,这两个重要因素也是顺利开展社区文化工作的前提和保证。石头社区除注重设施建设之外,重点加强对社区文化资源的挖掘,通过"石头社区故事汇"项目宣传历史文化、弘扬社区正能量,树立了正确的大众化文化观,潜移默化地引导社区成员过健康文明的生活,让社区文化宣传工作实现质的提升。"石头社区故事汇"文化建设项目,使社区居民的文化生活变得更加生动和丰富,以故事汇的形式将群众喜闻乐见的基层文化进行重新整理和组合,寓教育性、思想性、知识性于文娱活动之中,大力提升基层社区文化的品质。如将搜集和汇编的故事排演为舞台剧为居民公演,通过这种雅俗共赏的方式,向群众宣传积极向上的社会理念,引导群众学习优秀的社区榜样,追求正确的社会价值观念,在潜移默化中提升社区居民的文明意识和社区归属感。总之,大栅栏石头社区以"石头社区故事汇"项目探索社区文化宣传工作新模式的实践给地区居民的文化生活带来了新的内容和新的体验,不仅为广大居民提供了喜闻乐见的文艺精品,满足了居民的精神文化需求,很好地促进了社区文化活动的蓬勃开展,而且切实让居民参与到社区文化活动当中,为社区文化宣传活动带来新思路和新活力。

（四）社会组织参与社区建设

石头社区居委会作为社区建设的主体，在社会建设中具有独特的意义和作用，推动社会建设的重要力量。从文化宣传方面而言，石头社区居委会具有推动改善社区氛围与价值倡导的功能。石头社区将"石头社区故事汇"项目纳入文化宣传的日常工作，重视居民的民情民意和社会组织的专业性。在"石头社区故事汇"项目中，利用社区各类文化资源，保证社区文化的广泛性、普及性，在项目展开过程中尊重讲述者的意见，尽量真实客观。

另外，社会组织给予石头社区很多的帮助。例如，梧桐社区大学给予资金支持，清华大学的信义社区主动帮助联系发动大学生志愿者，北京先河社工服务中心提供了培训和校阅支持。此外，还有王世宏、顾兰英、李远江、贾肇宝以及清华大学志愿者等专业人士的热情参与。

将社区文化与社区建设和社区组织的发展结合起来，提出明确具体的目标，采取相应的培育和管理措施，形成社区口述历史工程明确、具体、可操作的运行体系。这为社区文化宣传活动的开展提供了参照性强的范例，具有非常高的借鉴价值。

参考文献

《大栅栏石头社区故事汇发布老居民变"主角"》，http：//bj. people. com. cn/n2/2016/0407/c82838 - 28100194. html，2016。

《大栅栏石头社区故事汇发布：居民讲述胡同变迁》，http：//www. bj. chinanews. com/news/2016/0408/51272. html，2017。

《社区故事汇：留住北京的胡同记忆》，http：//news. 163. com/16/1101/19/C4QEQJS8000187V5. html，2016。

贾肇宝：《胡同里的艺术殿堂》，《北京大栅栏》2016年3月31日。

马甜：《老居民变主角，讲述身边的故事》，《北京大栅栏》2016年4月15日。

马甜：《志愿者成主角，讲述公益历程》，《北京大栅栏》2016年11月29日。

B.15
基层消防小微治理模式的创新与探索

摘　要： 消防安全工作是保障社会稳定发展的一项重要民生工程，大栅栏街道作为重要的历史文化保护区，是西城区的重点消防区域。为加强居民防火意识，消除安全隐患，综合提升街区消防安全环境，大栅栏街道立足街区环境特点，按照科学发展观的要求，积极探索地区消防安全领域的小微治理模式，成立了一支女子消防队，为地区消防安全工作做出了重大贡献。女子消防队是社区消防工作的一种有益尝试，是大栅栏街道不断创新基层社会治理模式，不断提升基层公共服务水平，不断提升地区发展品质的重要体现。

关键词： 大栅栏街道　基层消防工作　女子消防队　微型消防站

一　大栅栏女子消防队成立的背景

2006年大栅栏第一支女子消防队诞生在铁树斜街社区，这里分布有观音寺、五道庙、梨园会馆、谭鑫培故居等区级文保单位，是地区重点消防院，经过十年左右的发展，这支队伍越来越得到居民的支持和认可。从一定程度上讲，它既是群众消防实践的成果也是群众智慧的结晶，也是大栅栏基层消防安全工作的新探索。

（一）基层消防力量相对不足

1. 街区特殊环境限制专业消防力量发挥有效作用

大栅栏是消防安全隐患的重点防控区。这里保留着大量的文物古迹，建筑以砖木结构为主，很容易发生火灾，消防任务比较严峻。其次，大栅栏是老北京胡同记忆的主要承载地，纵横交错的胡同比较狭窄，消防车难以进入，逃生通道不顺畅，一旦发生火灾，很难及时扑救。最后，当地住房又以平房居多，基础设施陈旧，消防设施配备更新滞后。这些都限制了专业消防资源的有效分配和及时到位，导致消防力量相对缺口较大，整个地区的消防环境质量不高。

2. 原有的义务消防队难以常态化发展

面对地区严峻的消防安全形势和繁重的消防安全任务，大栅栏街道强调群防群治，重视发展基层志愿消防力量，以适应地区消防安全工作的发展形势。在成立女子消防队之前，大栅栏街道组建过社区义务消防队，队员都为男性，但由于他们白天都有各自的工作，只能以兼职的形式参与社区消防工作。因此，他们在参与地区消防活动、开展巡视工作、走街窜户方面存在时间不统一、人员不齐备等客观问题，队伍难以实现常态化运转，不能有效发挥消防辅助功能。而大栅栏地区特殊的消防安全环境需要一支相对规范化、专业化和常态化的志愿消防力量协助开展工作，这种刚性需求推动大栅栏积极探索成立女子消防队。

（二）适宜队伍成立和发展的条件

1. 文化支撑条件

发展志愿消防力量是弥补基层消防力量不足的有效方法，大栅栏街道历来就有志愿行为的传统，是学雷锋"综合包户"活动的发源地，这为成立女子志愿消防队伍提供了良好的精神文化氛围。铁树斜街在最初组建女子消防队时，一方面考虑到家庭妇女既是消防工作开展的重点对象，又是群防群治的重要力量，将她们组织动员起来，可以为地区消防工作做贡献；另一方面，认识到地区深厚的志愿文化熏陶奠定了群众参与志愿行为的良好基础，为组建和发展女子消防队提供了适宜的文化环境。消防队在队员招募时特别看重队员的服务意愿和责任心，多从平常提出防火建议最多、积极参加社区活动、热心社会公益、愿意拿出自己闲暇时间为社区服务的女性居民中挑选队员。

2. 符合居民消防安全需求的条件

大栅栏地区的人口结构特点和居民生活特点，加剧了地区消防安全工作的严峻形势，增加了基层消防工作的压力。大栅栏生活着大量的老北京原住居民，其中以老年人为主的弱势群体居多，居民整体消防安全意识较差。而且许多独居老人生活节俭，有拾荒的生活习惯，废旧物品杂乱堆放现象普遍，容易滋生火灾隐患。对此，女子消防队可以提供上门帮扶和耐心劝导，快速打开工作局面。此外，在大栅栏一院住几户或者几十户的大杂院仍然很多，普遍存在乱拉电线的行为，加之许多电线老化严重，一到夏季或遇雷雨天气很容易起火，这是潜伏在居民身边的重大安全隐患。而专业消防力量却因客观条件的限制难以及时到位，女子消防队可以发挥机动灵活的优势，有效杜绝消防隐患。因此，成立女子消防队是顺应地区居民消防安全需求的必然选择，可以满足居民的基层消防安全需求。

表1　大栅栏地区消防安全形势和需求

背景环境	安全隐患	消防需求
历史文保区	文物及木质结构古建筑容易起火	定期检查和更新消防设施
街巷胡同纵横	消防通道狭窄	微型消防车和机动消防队
基础设施陈旧	老化电线容易起火	经常性的消防巡察和入户宣传消防知识
辖区弱势群体多	消防知识和消防意识薄弱（如拾荒老人堆积废旧物品的习惯容易滋生火灾隐患）	经常性的消防巡察和入户宣传消防知识
外来流动人口多	群租房较多，私搭电线现象普遍	经常性的消防巡察和入户宣传消防知识

二 大栅栏女子消防队的实践经验研究

大栅栏女子消防队是基层社区消防的一次创新，通过十年的发展不断成熟，在队伍建设、工作机制、品牌建设等各方面取得了丰硕的成果。

（一）构建志愿性质 + 专业定位的消防队伍

1. 党员带头成立队伍

消防安全是一项重要的民生工作，党和国家高度重视基层消防安全工作的开展和落实，以对人民高度负责的态度严抓基层消防力量的建设，鼓励基层消防力量的发展和创新。大栅栏街道以党委为核心，发挥党对基层消防安全事业的引领作用，积极发挥党员先锋模范作用，带头组织和发动群众力量，吸引和号召更多的志愿者参与到基层消防安全事业中来，形成群防群治、齐抓共管、通力合作的基层消防安全局面。

对地区实际情况进行综合考察后，铁树斜街社区党委书记江萍带头成立了北京市最早的、由居民组建的、参与社区实际消防工作的女子消防队。队伍建设得到社区党委和居委会的大力支持，一批社区党员、志愿者和热心公益的居民积极参与。女子消防队的根基在群众，力量来源于群众，应加强党对队伍的领导和建设，在具体工作中亲人民、讲人情、重民主，保障人民群众的根本利益，提高党在基层的凝聚力，巩固党在基层的群众基础。

2. 依托消防中队强化专业性

大栅栏女子消防队成立的初衷是为地区消防事业做贡献，致力于改善地区消防安全环境。但是单纯开展消防常识的普及和宣传活动，功能太单薄，难以充分发挥队伍作用，因此，专业化成为队伍建设的努力方向。消防安全作为一个专业性领域，对队伍的专业素质要求较高，女子消防队由来自辖区的女性志愿者组成，她们自身就是消防宣传和保护的对象，因此，必须以专业队伍建设的标准来保证队员自身的安全，尤其是在碰到紧急火情时，队伍必须具备应急救援能力。大栅栏消防中队驻扎在铁树斜街社区居委会对面，在专业力量的指导下，系统地开展消防知识培训和实践演练培训，内容包括日常巡查、初期火扑救、消防宣传和教育等（见图1）。女子消防队最初确立的专业化发展目标，使其具备了协助地区消防机构开展实际工作的资质，这支队伍发展到今天已经成长为健全的微型消防站，成为保一方安全的消防防护利盾。

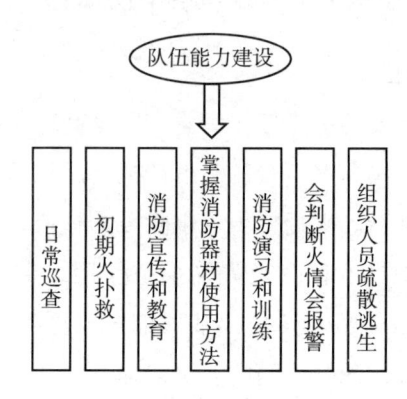

图1　大栅栏女子消防队的能力建设

3. 配备专业设备提升队伍战斗力

大栅栏街道的消防安全形势严峻，成立女子消防队是对政府消防力量的有效补充。女子消防队工作重在平时宣传，但也需要具备应对突发事件的能力。因为大栅栏的街区特点，火灾等威胁消防安全的事件随时可能发生，而大型的消防力量却受客观环境限制难以及时到位，要充分发挥女子消防队的作用，必须根据队伍特点配备专业的工作设备。铁树斜街社区为女子消防队量身配备了移动电台、电动三轮车、灭火器、灭火毯、消防手套、消防头盔等，方便队员即时沟通联络，保障了队伍的机动性和战斗力。2015年，在街道办事处的关心支持下，消防队又进一步添置了简易消防车和消防器材，整体装备水平大幅提升，充分调动了队伍的工作积极性，有效提高了队伍的工作效率。

（二）开启消防安全工作新模式

1. 树立"宣传为先"的工作理念

基层消防安全工作覆盖范围广，面临的任务艰巨，工作开展难度大，如果就问题解决问题，只做事件处理不能从根本上消除安全隐患，必须树立预防观，切断问题产生的源头。大栅栏女子消防队树立了"宣传为先"的工作理念，立足于队伍优势，深入群众开展消防安全宣传工作，通过普及消防安全知识，让居民了解社区的消防安全基本情况，具备消防常识和逃生方法，熟悉消防设备的位置，掌握消防工具的使用情况。通过开展形式丰富的消防宣传活动，让居民认识到消防工作的重要性，调动居民参与消防安全活动的积极性，在潜移默化中增强居民的安全意识，消除安全隐患。这种宣传大于消防的思想意识，充分发挥了女子消防队耐心、细心、善于沟通的优势又保障了队员的安全。把宣传工作放在第一位就明确了队员的首要任务是宣传，碰到火情，首先要报警，在保护自己的前提下，判断火情，量力而行。

2. 明确责任，落实宣传排查措施

女子消防队广泛开展消防宣传工作的过程也是深入社区对基层消防安全情况进行排查摸底的过程，极大地提升了有关部门开展消防宣传和防火检查的效果。要保障消防宣传排查工作的顺利推进和有效落实，一方面必须明确队伍整体责任，合理进行任务分配，加强队伍的自我宣传、自我检查、自我管理能力，在消防事故多发时段、大型活动期间、重要节日庆典期间主动承担起协助公安消防部门开展宣传教育活动的责任，积极做好与街道社区、企事业单位的责任对接工作，与地区单位联合开展宣传排查工作。另一方面，必须树立队员的责任意识，要做到对群众负责、对自己负责、对工作负责，在具体工作中要做到"一懂三会"[1]，熟悉自己负责片区的消防安全情况，

---

[1] 即懂本单位（居民院）的火灾危险性，会报火警、会扑救初起火灾、会火场逃生自救。

牢记片区住户存在的具体消防隐患,及时做好建档工作,保证消防宣传和排查工作的规范性,使每个工作环节都能有序推进。

3. 构建地区消防安全移动"防护网"

为更好地推进和落实宣传排查工作,女子消防队积极构建地区消防安全移动"防护网",充分发挥队伍开展活动方便、工作方式亲和、队伍灵活机动的优势,提升地区消防安全工作的覆盖率,做到及时发现消防隐患、火情灭早灭小。铁树斜街女子消防队根据排查摸底获得的基础资料,绘制了铁树斜街社区消防器材点位图,队员可以通过点位图准确获取辖区内消防工具的位置信息,以便发现火情、快速反应、及时扑救。借助移动电台和手机等设备,以"接力"为联络方式,建立了社区女子消防队员联络网,及时发布和传递消防信息,有效加快了队伍的反应速度,增强了队伍服务地区消防工作的能力。通过对社区消防宣传排查工作进行分片分区分组管理,形成消防责任网,对队员进行合理分工和调配,使社区每个重点防火单位、院落、住户都有专门的宣传员和检查员。

4. 完善消防安全工作制度

女子消防队是在民间组织和成长起来的一支消防力量,它由业余队员组成,但具备专业队伍的资质。自成立以来,队伍不断完善各项制度建设,为工作的顺利进行和队伍的长期发展提供了可靠保障。建立了规范严格的日常巡查制度,合理配备、安排人员力量,保障消防安全排查工作扎实落地;建立社区消防安全台账,深入院户了解情况,建立详细的消防信息档案,为开展后续工作奠定基础;不断完善社区消防安全跟踪反馈制度,通过定期上门复查核实,强化以查促改效果;进一步完善消防安全工作的流程,尤其是制订合理的应急预案。在队伍建设方面,制定规范的队伍章程,强化队员培训制度,固定每月一次的专业培训项目和时间;进一步完善考评制度和队伍扩编标准;统一发放工作手册和制服,重视队伍形象建设(见表2)。通过各项工作制度的不断建立和完善,女子消防队不断壮大成为一支人民群众信得过、靠得住的民间消防力量,队伍的宣传覆盖率和影响力不断。

表2 大栅栏女子消防队工作制度建设

工作制度	建设内容
日常防火巡查制度	分班编组落实日常巡查工作 保障24小时值班值守任务 建立地区消防安全台账
灭火救援应急处置制度	制订应急预案 定期开展消防演习 核实火情,及时报警并疏散人群 协助地区公安消防部门开展初期火灾扑救工作
队伍建设制度	队员培训和考核制度 确立队员扩编标准 制订工作手册和采购统一制服
消防器材管理和维护制度	定期检查和维护保养、报修、申请补充

(三)打造地区基层消防安全队伍品牌

1. 注重女子消防队的品牌建设,发挥品牌辐射效应

大栅栏的第一支女子消防队从建立到发展,没有可借鉴的模板,扎根群众、深入实践,使大栅栏逐渐摸索出一个基层消防安全的微治理模式。为了更好地发挥女子消防队的作用,实现队伍的可持续发展,大栅栏十分重视品牌建设和培养,力争将这支队伍树立成地区基层消防治理创新的标杆,逐渐将这种模式向其他社区推广,发挥品牌辐射效应,以点带面,使街道整体消防安全工作实现平衡发展。铁树斜街女子消防队在街道和社区的重视和领导下,在队员的共同努力下,队伍规模不断扩大,队伍素质不断提高,队伍能力不断增强,品牌影响力越来越大。2007年入选"北京骄傲";2016年在第三届全国119消防奖评选活动中,获得"先进集体"荣誉称号。该年,队伍正式升级为微型消防站,成为社区知名的安全护航队。女子消防队在实践中不断优化调整工作方法和活动项目,发展出一些群众喜欢和支持的消防安全项目,不断加强对活动的规范化和品牌化管理,如与消防中队对接,每月开展一次专业消防训练,定期举办消防宣传月活动,上门普及消防知识等。通过打造一批口碑好的活动项目,不断增强队伍凝聚力,不断获得群众

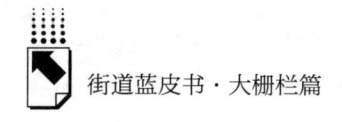

的支持和认可，实现志愿消防服务的常态化发展。

2. 搭建多样化的消防宣传平台

多样化的平台建设可以使队伍更好地把握消防安全工作的群众性和服务性，有利于消防工作的发展和创新。宣传工作是女子消防队的首要任务，要推动宣传工作向纵深发展，需要搭建更加多元的宣传平台，以丰富的活动内容和形式，提升品牌影响力。为此，女子消防队一方面对传统的宣传平台进行整合和优化，继续发挥其群众动员作用，如发放消防温馨提示卡，创办宣传海报和漫画，编制消防常识顺口溜，制作社区消防宣传片等；另一方面，主动适应社会发展，创建新的宣传平台，采用微信等新媒体技术，增强消防宣传工作的互动性。此外，还特别重视搭建和维护与其他部门或单位之间的合作平台，积极参加和协助公安消防部门做好大型赛事、重要节日庆典活动的消防安全工作，形成联动机制；通过与两新组织合作开展消防宣传工作，进一步拓展队伍的活动空间，进一步扩大消防宣传的覆盖面。

三 大栅栏建设女子消防队的实践探索带来的启示

大栅栏通过发动群众力量和群众智慧，组建了女子消防队，有效地补充了基层消防安全力量，在维护地区安全方面发挥了积极作用，是大栅栏社会治理创新的具体实践。女子消防队经过十年左右的发展，取得了骄人的成绩，本报告对其工作经验和实践成果进行学习和考察，发现其背后的工作机理和运行规律，挖掘其模式的推广价值，希望对基层消防安全工作的发展具有重要的启示意义。

（一）引入社会微治理模式，开拓消防安全新局面

1. 以微型消防站为抓手，不断提升基层消防安全水平

消防安全是地区发展的重中之重，大栅栏地区的消防安全工作要不断完善，以适应社会转型的新需求，更好地提升地区的发展品质。随着地区消防形势的变化和消防需求的日益多样化，基层消防工作对女子消防队提出了更

高的要求。为继续发挥队伍优势和作用，女子消防队以建设微型消防站为抓手，不断加强消防站的规划建设，完善队伍功能和体制。如配备了相应质量和数量的消防设备和工作人员，建立了设备室、装备室、备勤室、联络指挥室等，使队伍能够在消防宣传、安全教育、处置初级火灾方面发挥专业消防队的功能，能够有效承接政府消防机构因客观条件而受限的职能。大栅栏将这支女子微型消防队建设成社区名副其实的消防英雄，大大提升了基层消防安全水平。

2. 强化地区资源整合，不断实现志愿性和专业性的有机结合

女子消防队是在地区党委的带领下发展起来的，要继续发挥党委的领导核心作用和凝聚力，强化地区消防资源的整合，加强队伍建设，巩固工作成果，不断实现志愿性和专业性的有机结合。在队伍建设和能力提升方面，要充分挖掘社区干部、党员、网格员、志愿者的力量，发挥其带头模范作用，鼓励和号召地区有热心、有意愿、有时间的妇女积极参与和配合女子消防队的工作，要继续搞好与驻区消防部门的合作，依托专业消防力量，提升队伍建设水平；积极与驻区企业和单位开展合作，利用其空间和人力资源联合开展消防宣传工作。通过强化资源整合，既可以将地区闲散的志愿消防力量化零为整，又可以让专业消防力量发挥光热，不断凸显了志愿性和专业性的有机结合。

3. 依托网络化管理，不断升级基层消防管理模式

西城区正在加快建立和完善全响应网络化社会治理体系，以不断提升社会治理能力和社会服务水平，为居民提供更加舒适宜居的城市生活环境。大栅栏积极响应西城区委、区政府的政策和精神，顺应网络化社会治理发展的趋势，积极探索基层消防安全治理的创新模式。大栅栏女子消防队依托一系列的工作网络，有效地提高了队伍的快速反应能力和工作效率。如依托即时广泛的联络网，实现人员的有效对接，保障工作的稳定开展，碰到紧急火情，可以做到人员的快速响应和及时到位，使报警扑救工作有条不紊地进行，最大限度降低居民的损失。依托严格紧密的责任网，对工作和队伍进行分片分区分组，将工作细化到每一天、每个人，有效落实责任制，着力实现

日常消防巡视排查无缝隙、平时消防宣传工作不间断，将消防安全知识送到居民身边，使安全意识深入人心。通过网络化管理不断升级基层消防管理模式，使女子消防队成为居民身边随时响应的消防指导员和防火卫士。

（二）秉持以人为本理念，深入推动消防工作向基层覆盖

1. 因地制宜，推动消防工作的属地化

大栅栏街道考虑到消防安全的重要性，在综合考察地区消防环境特点的基础上成立了女子消防队，因地制宜开展基层消防安全工作。女子消防队是立足地区安全利益、适应地区消防基础环境和特点发展起来的民间志愿消防力量，充分调动了地区消防力量，有效整合了地区消防资源，在改善地区消防环境方面取得了很好的成效。消防工作要发挥实效必须考虑当地实际情况，立足地区发展大局，走出一条适宜地区自身发展的特色消防道路。

2. 以群众利益为中心，推动消防工作的社会化

消防安全是事关群众生命财产安全的民生工作，做好消防工作需要把人民群众的根本利益放在第一位，要把将群众利益作为队伍前进的动力。要保障义务消防队的工作顺利进行，离不开人民群众的支持和理解，不管是宣传消防安全知识还是进行巡视排查工作，最终还是要落实到人防工作上，只有保障人民群众的生命财产安全，维护好地区消防安全的良好环境，才能得到群众的广泛支持和认可。因此，女子消防队开展各项工作只有站在人民群众的立场上，将群众利益作为工作的出发点和立足点，发挥志愿队伍优势，才能不断吸引更多的居民参与到基层消防事业中来，让更多的居民从内心接受和支持基层消防工作。女子消防队来源于群众，服务于群众，其队伍基础在群众，因此，只有以群众利益为中心开展消防工作，做到对居民的生命财产安全负责，对女子消防队队员的人身财产安全负责，才能不断巩固和发展队伍的基层群众基础，才能推动基层消防工作的社会化发展。

3. 以群众需求为导向，提升消防工作影响力

消防安全工作虽然关乎群众切身利益，但要得到群众的支持和认可，就要以群众需求为导向，不断改善工作方法，不断创新工作手段，提升消防工

作的影响力。大栅栏女子消防队深入基层调研，对地区的消防安全情况进行摸底建档，根据当地居民生活环境的变化和利益需求的变化不断丰富宣传方式和方法，使队伍的地区影响力不断提升。如根据不同群体的特点和需求，分类分层次开展消防工作，针对中小学生、居民、单位职工、流动人员等不同对象采取不同形式的宣传教育培训方法，使基层消防安全工作深入群众，将消防安全知识送到居民身边，将女子消防队打造为百姓心中的消防英雄，全面提升基层消防工作的影响力。

（三）加强各项保障机制建设，确保消防安全工作扎实落地

1. 必须具备完善的工作运行机制

女子消防队之所以能够充分发挥自身优势和消防功能，离不开其不断健全的工作运行机制，机制建设是保障队伍各项工作有章可依、有效落实的必要条件。明确领导责任机制，在社区党委和居委会领导下，加强对队伍的顶层设计，做好工作统筹，确保队伍发展的正确方向。科学合理地工作分配制度和任务认领机制，合理划分责任片区，有效配备和安排人员力量，确保工作的衔接和推进，使基层消防工作扎实落地。建立健全工作规章制度，制订工作计划、应急预案、活动手册，完善工作流程，提高工作效率。建立队伍巡检排查的长效机制，落实该环节的具体责任，做好社区消防台账。

2. 必须具备健全的队伍建设机制

女子消防队自成立以来，在社区消防安全宣传和巡检排查等工作方面发挥了积极作用，是改善地区消防安全环境的重要力量。这支来自民间的志愿队伍，依托专业消防中队的力量有效地提升了队伍的专业性，但在组织纪律上还存在一定的差距，队伍力量比较单薄，要充分继续发挥队伍实效，实现队伍可持续发展，必须具备健全的队伍建设机制。首先是完善的队伍章程，女子消防队的队员兼有消防工作对象和消防工作者的双重身份，她们是居民的代表，发挥着积极的表率作用，其组织性和纪律性直接关系到队伍在群众中的影响力和形象。其次是严格的队伍扩编制度，在队伍扩建方面要本着对队员负责，对人民服务的原则，成熟一批，培养一批，实现精英化发展要发

挥老队员的传帮带作用，提升队伍的团结力和凝聚力。女子消防队自 2006 年成立以来，只扩编了两次，在队员的准入方面严格把关；强化队伍培养机制建设，重视培养队伍的综合素质，一方面重视消防理论知识的培训，另一方面加强实际操作技能的培训；建立健全队伍的考核激励机制，激发队员的积极性和主动性，使队伍常葆服务热情。

3. 必须具备配套的设备和资金保障机制

要搞好基层消防安全工作，弥补基层消防力量的不足，需要加强和重视对群众消防力量的培养，鼓励民间志愿力量的积极参与。大栅栏女子消防队在消防宣传、消防巡查和初火扑救工作方面发挥了有效作用，是配合地方公安消防部门做好地区消防安全事业的得力助手。充实的消防设备和可靠的资金保障机制，既保证了队伍的日常运行，又使队伍在关键时刻靠得住，其微型消防站的功能得到充分彰显。因此，要保证队伍的实际战斗力，必须为其配备完善的消防设备，保障队伍日常培训和演练项目的正常开展，保障队伍进行应急救援的硬件设施。同时要提供可靠的资金保障机制，保证资金来源，规范资金使用情况，为队伍的日常项目开支和设备更新提供有利条件。

参考文献

江萍：《守护首都平安的消防"花木兰"》，2016。

高琦祎：《大栅栏的"巾帼消防队长"——记北京前门大栅栏街道女子义务消防队队长江萍》，《劳动保护》2013 年第 3 期。

孟宪尉、韩敬：《"娘子军"走街串巷送安全 两会期间北京大栅栏女子义务消防队深入家庭查隐患》，《人民公安报·消防周刊》2015 年 3 月 9 日。

《大栅栏"女子消防队"穿梭胡同排除安全隐患》，《西城女性》2015 年第 22 期。

Abstract

It is essential for the capital to establish an effective megacity governance system. As the core functional zone of the capital Beijng, Xicheng District has taken the lead to do a good job with "four concepts" and persisted in the strategic vision of carrying forward scientific governance in depth and improving the development quality in all aspects. The district has continuously reinforced its function as "four centers", strived to improve the level of "four services", and made important breakthroughs in urban governance capacity and urban development quality. Sub-districts play an irreplaceable role as the pioneer and main force of microscopic governance. The 15 sub-districts of Xicheng District have made use of various resources of respective areas based on their own development situations. Their practices include exploring the ways to establish a regional mode for Party construction, strengthening lean urban management, improving qualities public services, refining the integrated enforcement system, and exploring innovative practices for grassroots governance. They have continuously added new connotations into grassroots governance and provided duplicable and easy-to-operate experience for grassroots organizations, and their experiences and practices are of great importance for Chinese metropolises to and find new ways out to strengthen grassroots governance.

Based on the historical and cultural characteristics and advantages of traditional and time-honored brands in Dashilar Sub-district, the "Beijing Sub-district Development Report No. 2 - Dashilar Sub-district" lays stress on the governance of historical and cultural blocks, and comprehensively analyses the relations between organic urban renewal, the culture and urban sustainable development. This report reviews the sub-district's typical practices, including promotion of regional party building through project system, supply of public culture supported by small and micro-sized museum clusters, the launch of the community publicity campaign by means of the community storytelling activity, and integrated development mode of multi-player involvement in Beijing Fun.

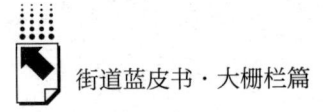

On this basis, this report proposes that Dashilar Sub-district, an important historical and cultural block in the capital, should begin with comprehensive governance: to strengthen the protection of intangible cultural heritages, improve the management of completeresponse grids, strengthen the management and service for migrant densely populated areas, grope for modes of grassroots publicity in the context of new media, and advance higher-quality regional development under the premise of protection and utilization of historical and cultural blocks.

Contents

I General Report

B. 1 Dashilar: Innovation in the Governance Mode for
Historical Blocks / 001

Abstract: Culture is an inherent soul of a country. According to the *Beijing Urban Master Plan* (2016 −2035) issued in 2017, "It is necessary to propel the overall protection and revival of the old city, and build the representative place that embodies China's outstanding traditional culture". "The Thirteenth Five-Year Plan" for Xicheng District emphasizes that: "We must be steered by the construction of 'Culture and Morality', and gain ground in promoting construction of the four-in-one famous downtown protection system". Dashilar is not only one of the first batch of protected historical blocks in Beijing, but also an important "experimental field" for historical block revival in Beijing. In recent years, throughout the course of protection and revival of Yangmeizhu Xie Street and Beijing Fun, Dashilar Sub-district gains abundant experiences in the protection and revival of historical and cultural blocks, with plentiful fruits. Meanwhile, a series of problems also spring up in follow-up development. To this end, based on the systematic study on the practices of Dashilar Historical Protection Block, this report reviews relevant experiences and practices of historical block protection in foreign countries, with a view to provide insights and references in terms of solvingdevelopment problems in and improving development quality for Dashilar.

Keywords: Dashilar Sub-district; Protection of Historical Blocks; European Paradigm; Protection Planning

Ⅱ Data Reports

B. 2 The Survey Report on Regional Public Services Based on
Resident Population in Dashilar Sub-District　　　　　／019

Abstract: With the in-depth development of China's reform, it is necessary to promote the transformation and development of the government and to build a service-oriented government, so as to meet the needs of China's social development. Public services refer to various resources offered by the Government for people, The Government continuously improves the people's living standards by boosting the equalization of urban and rural basic public services and improving urban and rural public service systems. This report conducts a survey on community public services and residents' quality of life through issuing questionnaires to resident in nine communities of Dashilar Sub-district, Xicheng District. This report looks into the specific situations about public services rendered by DashilarSub-district, collects the residents' satisfaction evaluation on community services, makes conclusions through data analysis, and finally puts forward countermeasures and suggestions.

Keywords: Dashilar Sub-District; Community Residents; Public Services; Quality of Life

B. 3 The Survey Report on Regional Public Services Based on
Working Population in Dashilar Sub-District　　　　　／039

Abstract: Regional public services are foundations in support of regional development. The regional working population provides human resources for supporting regional development. Therefore, it is of great practical significance to investigate the understanding and satisfaction degree of the regional working population for regional public service supply. This report conducts a survey on the supply and demand situation and degree of satisfaction through issuing questionnaires to working people in nine communities of Dashilar Sub-district, Xicheng District. This report collects evaluation on regional public service situations in Dashilar Sub-district, identifies the existing problems, and puts forward countermeasures and suggestions to improv the supply of regional public services based on the data and information from the survey, so as to pertinently improve the regional public service system, provide a reassuring, comfortable, convenient and livable working and living environment for regional working population, and help them contribute more to the harmonious development of this region.

Keywords: Dashilar Sub-District; Working Population; Public Services; Quality of Life

III Theory Reports

B. 4 Reflection on the Soft Development Mode of Historical and Cultural Blocks
—*Case Study on Dashilar Revival Plan* / 063

Abstract: Beijing is one of the first-batch famous historical and cultural cities in China, and development of historical and cultural protection zones is its top priority. As one of the core functions of the capital, making greater efforts in building Beijing into a national cultural hub poses higher requirements for the development of historical and cultural protection zones. "Soft Development" is a new type of governance concept and mode, which is outreaching from urban revival to historical and cultural protection zones. The introduction of this concept into the development of historical and cultural protection zones aims to enhance the development quality and sustainability of historical and cultural protection zones through elastic, flexible, scientific and humanistic approaches. Dashilar is not only an important historical and cultural protection zone in Beijing, but also a

245

domestically well-known commercial tourism experience zone in China. Dashilar is always confronted with the problem of how to balance the economic development with historical and cultural protection. In recent years, Dashilar proposes a revival concept with "Soft Development" as the core, blazes the path for the sustainable development mode of historical and cultural blocks by improving regional image, revitalizing hutong culture and promoting industrial renewal, and makes useful explorations into the development of historical and cultural protection zones in Beijing.

Keywords: Dashilar Sub-District; Historical and Cultural Blocks; Soft Development Mode; DashilarRevival Plan

B.5 The Research on Promoting Urban Sustainable Development Through Cultural Function
—*Case Study on Promoting Construction of Cultural Function in Dashilar* / 079

Abstract: Sustainable development is an important topic in the field of urban science. Sustainable development emphasizes that urban development shall not only conform to the macro-level development law, but also adapt to micro-level basic conditions. The urban function is oriented based on the combination of urban current development conditions and future development goals. The scientific and reasonable orientation of urban functions is a significant condition for realizing a city's sustainable development. The "National Cultural Hub" is the core function of Beijing Located in core functional zone of Beijing, Dashilar is an important cultural space in Beijing with rich cultural resources. How to promote the development of cultural function through leveraging the advantages of Dashilar and making the best use of these cultural resources are of great significance for promoting sustainable development of Beijing The exploration and innovation in urban sustainable development also demonstrates the important reference and exemplification value for other cities.

Keywords: Dashilar Sub-District; Functional Orientation; Sustainable Development; Cultural Function

B. 6 The Research on Innovation in Publicity Work of Goverments at the Grassroots Level Under the Background of New Media / 098

Abstract: Publicity work features strong ideological and political attributes, and undertakes the publicity, education and creation of ideology, values and spiritual civilization. The priorities and difficulties of publicity work come to light at the grassroots level. In particular, with the advent of new-generation information technology and industrial revolution, huge changes have taken place in social production and life styles. Particularly, the emergence of new media technologies sharply increases the degree of freedom and participation of the entire public opinion realm. Dashilar Sub-district takes the initiative to apply new media technologies, innovates publicity work modes and carriers, actively builds the new media publicity platform, and witnesses satisfactory results in strengthening ideological education, establishing correct values and promoting construction of spiritual civilization. This report analyzes and summarizes practical experience and innovation modes of Dashilar Sub-districtin, explores grassroots publicity work under the background of new media and probes into the internal mechanism and operational law of this innovation mode from the theoretical perspective, aiming to provide theoretical support for better exerting the publicity function at the grassroots level.

Keywords: Dashilar Sub-District; New Media; Publicity Work of the Government; Publicity Mechanism with Focus on "The Four News (New Ideas, New Cultures, New Customs and New Habits)"

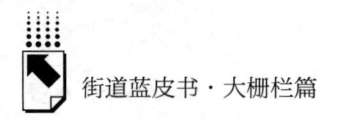

Ⅳ　Survey Reports

B. 7　The Survey Report on Migrant Population Service Management in Dashilar Sub-district Under the Background of Population Control　　　　/ 114

Abstract: Today China is in a critical period of economic restructuring and social transformation. As the migrant population service management system is relatively backward, the large-scale and ever-growing migrant population leads to various pressures and challenges. In case of no prompt and effective corresponding measures to address this dilemma, this will directly undermine social harmony and stability. In particular, the current development of Beijing entersa stage of minimization-oriented development, while decentralization of non-capital functions will inevitably bring about adjustments in the number and structure of migrant population. Dashilar Sub-district is a typical area with large local migrant population. In order to contribute to new development of the capital and improve the quality of regional development, Dashilar Sub-district regards migrant population service management as an important goal and core content of the regional work, while centering closely on the overall goal of decentralization of non-capital functions. In specific practices, Dashilar Sub-district strictly complies with the principle of "Fair Treatment, Service First, Reasonable Guidance and Well-established Management", makes down-to-earth efforts to improve the management mode and equalization of basic public services, and fulfills migrant population work in a coordinated manner, so as to do a good job in migrant population service management and to make important contributions to maintain regional stability and push forward the construction of a harmonious society.

Keywords: Dashilar Sub-District; Economic Development; Urban Construction; MigrantPopulation; Dashilar; Service Management

B. 8　The Survey Report on Protection of Intangible Cultural

　　　　Heritages in Dashilar Sub-district　　　　　　　　　／127

Abstract: Beijing used to be the national capital of six dynasties in Chinese history and boasts of the time-honored history and culture. It has a galaxy of intangible cultural heritage resources constantly accumulated and passed down in the course of historical development. These intangible cultural heritages are not only living fossils of urban development and cultural memory of Beijing, but also symbolize the spirit and wisdom of Beijing. Located at the core functional zone of the capital, Qianmen Dashilar has always been a bustling commercial center of Beijing since Ming and Qing Dynasties. It is the epitome, essence and origin of the capital culture, and brings together many intangible cultural heritages (including Chinese time-honored brands). As one of the largest historical and cultural blocks in Beijing, Dashilar is dotted with intangible cultural heritages, which constitute the city's valuable wealth and intangible assets. Dashilar attaches great importance to the protection of intangible cultural heritages. In order to highlight regional development characteristics, build regional cultural brands and push forward continuous innovation and development of the regional culture, Dashilar conducts in-depth exploration into protection of intangible cultural heritages within its jurisdiction. Some of its successful measures and experience in practice are worthy being learned by other regions. This report summarizes the positive outcomes of its practice, further casts light on some problems in work, and puts forward some suggestions for further improving the protection of the intangible cultural heritages in Dashilar.

　　Keywords: Dashilar Sub-district; Intangible Cultural Heritages; Chinese Time-Honored Brands; Cultural Excellence Projects

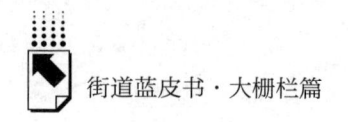

B. 9 The Research on Promoting Regionalized Party Building Mode Through Project-based Management
——*Case Study on Dashilar Sub-district* / 144

Abstract: With the deepening of China's social reform, the CPC Central Committee forms a profound understanding on the law of social construction and development, and the CPC'sruling ideas and ruling philosophies undergo necessary adjustments. According to the gist of the Eighteenth National Congress of the CPC, grassroots party organizations shall play their roles as the leading core in social management innovation, and unswervingly innovate grassroots party building in light of new changes and new demands of grassroots society. Regionalized party building is an important way to strengthen the building of grassroots party organizations, achieve full coverage over the party work, and innovate grassroots party building. Under the overall goal of "conducting dynamic party building, constructing charming blocks and building harmonious Dashilar", Dashilar Sub-district upholds the spirit of reform and innovation, sets foothold on its own block positioning, raises the awareness of the "forbidden area", insists on the criteria of the capital, puts forward the new work idea of fulfilling overall social management by means of regionalized party building and promoting the development of regionalized party building through project-based management, strives to play the roles of grassroots party organizations as the battle fortress, continuously consolidates and strengthens the political function and service function of grassroots party organizations. This report probes into the practices of regionalized party building through project-based management in Dashilar Sub-district from the theoretical level, identifies new laws and new problems and pertinently proposes some solutions, so as to provide useful reference for Dashilar Sub-district to further advance social governance innovation under the impetus of party building work innovation.

Keywords: Dashilar Sub-district; Regionalized Party Building; "Four-style" Work Mode; Win-Win Mode for Business District

B. 10　The Survey Report on Incorporating Governmental Cadres
　　　　into the Grid in Dashilar Sub-district　　　　　　　　　　／ 160

Abstract: In order to contribute to development of the capital, improve the quality of the city and accelerate social transformation, Xicheng District takes the initiative to promote the construction and development of the full-response grid social governance system. The grid social governance mode has brought about positive results in decentralization of non-capital functions. Due to its important geographical location and complicated block environment, Dashilar assumes an arduous task of social governance. In order to achieve the social governance goals of "More Stable Social Order, Cleaner Urban Environment, Better Service for the People, More Advanced Civilization, More Scientific Management and More Harmonious Social Relationship", Dashilar Sub-district actively launches the pilot campaign for incorporating governmental cadres into the grid. This report crystallizes in-depth surveys on the work of incorporating governmental cadres into the gridin Dashilar Sub-district through interviews and records. On the basis of the survey, this report summarizes some advanced experience and excellent exemplars in the pilot for incorporating governmental cadres into the grid, analyzes the existing problems from the theoretical level, and puts forward corresponding suggestions for improvement.

Keywords: Dashilar Sub-district; "One Grid and Five Functional Undertakers"; Diary on People's Conditions; 1248 Work Mechanism

V　Case Reports

B. 11　Civilization Persuasion Team: New Upgrade of
　　　　Volunteer Services in Dashilar Sub-district　　　　　　　／ 177

Abstract: Dashilar Sub-district always attaches importance to the cultivation and development of volunteer services. Its profound historical and cultural legacy and unique block environment provide a suitable development climate for volunteer services. The "integrated household contracting" project witnesses the glorious history of 34 years. With the deepening of social reform, the development of volunteer services is also confronted with a lot of new problems during transformation. In order to echo with new development trends of the times and continue to carry forward the spirit of volunteer services, Dashilar Sub-district should innovate and upgrade volunteer services. The establishment of the Civilization Persuasion Team is an innovative exploration it made in the field of volunteer services, which not only marks a new development stage of volunteer services in Dashilar, but also kicks off its new upgrade of volunteer services. This report takes the "Civilization Persuasion Team" as an example, reviews and summarizes its background and innovation practice, and discusses new development trends of volunteer services in Dashilar Sub-district, which provides significant enlightenments for the upgrade of volunteer services in Dashilar, and proffers useful suggestions for innovation of urban governance and improvement of the social public service system in Beijing.

Keywords: Dashilar Sub-district; Civilization Persuasion Team; New Upgrade of Volunteer Services; Normalization of Volunteer Services

B. 12　Setting "A Good Sample of Beijing" for Quality of Grassroots Public Culture in Dashilar Sub-district Through Small and Micro-sized Museum Cluster　／ 192

Abstract: Dashilar Sub-district is not only abundant with historical and cultural resources, but also has a wealth of ancient city architectural relics, cultural relics and intangible cultural heritages. In order to better carry forward the Chinese outstanding traditional culture on the basis of inheritance, promote its development on the basis of publicity, make innovation on the basis of development and disseminate on the basis of innovation, Dashilar Sub-district promotes and supports the construction of the small and micro-sized museum cluster, provides a convenient place for residents to visit and experience cultural relics and intangible cultural heritages, enriches the profound connotation of Dashilar historical and cultural blocks, and gradually explores and sets "A Good Sample of Beijing" for quality improvement of block culture.

Keywords: Dashilar Sub-district; Small and Micro-sized Museum Cluster; "A Good Sample of Beijing"

B.13　Beijing Fun: Exploration into the Crossover Integrated Development Mechanism for Multi-player Involvement　/ 203

Abstract: Since the launch of the Dashilar Historical Block Revival Project, as an icon for exploration and innovation of Xicheng District in terms of protection and development of historical and cultural protection zones, Beijing Fun has become a key part of thisProject, and it has attracted extensive attention from the governments and all walks of life. This report firstly analyzes the crossover integrated development mechanism of multiple players, and makes selective analysis of the multi-player involvement mechanism and crossover integrated operation mode of the Beijing Fun Project, with a view to providing insights and references for other historical and cultural protection zones.

Keywords: Dashilar Sub-district; Beijing Fun; Multi-player Involvement; Crossover Integration

B.14　Collected Stories from Shitou Community: Exploration into a New Mode of Community Culture Publicity　/ 217

Abstract: The new era, new situations and new tasks pose new requirements and new challenges to culture publicity work. In this context, Shitou Community of Dashilar Sub-district is the first to make an attempt, to spends more than two years in editing and publishing *Collected Stories from Shitou Community* (I&II), distributes and presents it to nonprofit organizations, residents groups and general public free of charge, and adapts these stories into dramas for performance on the stage. Under the leadership of Shitou Community Party Committee, through the participation of social organizations, material collection and promotion at the grassroots level, Shitou Community actively carries out the community culture publicity plan and harvests wonderful fruits. This report takes the *Collected Stories from Shitou Community* as the research object. On the basis of objective explanation for the significance and operation mechanism of this project, this report fully draws on the experience of Shitou Community, and puts forward the thoughts and enlightenments for innovation in culture publicity work. These thoughts and enlightenments are deemed as exploration outcomes of community culture publicity for fully gaining insights into the important reference significance of Shitou Community.

Keywords: Dashilar Sub-district; Shitou Community; Innovation in Community Culture Publicity

B.15 Innovation and Exploration into Small and Micro-sized Governance Mode of Firefighting at the Grassroots Level   / 228

Abstract: Fire safety work is an important livelihood project to ensure the stable development of the whole society. As an important historical and cultural protection zone, Dashilar Sub-district is a key firefighting zone in Xicheng District. In order to strengthen the residents' awareness of fire prevention, eliminate potential safety hazards and comprehensively improve the fire safety environment of local blocks, Dashilar Sub-district takes the environmental characteristics of local blocks into account, follows the requirements of the "Scientific Outlook on

Development", actively explores the small and micro-sized governance mode in the field of fire safety, sets up the first women's fire brigade, and makes significant contributions to regional fire safety work. The women's fire brigade is a useful attempt for community firefighting work, which is an important manifestation for continuous innovation in the social governance mode at the grassroots level, continuous improvement in the level of public services at the grassroots levelas as well as continuous improvement in the quality of regional development in Dashilar Sub-district.

Keywords: Dashilar Sub-district; Firefighting Work at the Grassroots Level; Women's Fire Brigade; Micro-sized Fire Station

权威报告·一手数据·特色资源

皮书数据库
ANNUAL REPORT(YEARBOOK) DATABASE

当代中国经济与社会发展高端智库平台

所获荣誉

- 2016年，入选"'十三五'国家重点电子出版物出版规划骨干工程"
- 2015年，荣获"搜索中国正能量 点赞2015""创新中国科技创新奖"
- 2013年，荣获"中国出版政府奖·网络出版物奖"提名奖
- 连续多年荣获中国数字出版博览会"数字出版·优秀品牌"奖

成为会员

通过网址www.pishu.com.cn访问皮书数据库网站或下载皮书数据库APP，进行手机号码验证或邮箱验证即可成为皮书数据库会员。

会员福利

- 使用手机号码首次注册的会员，账号自动充值100元体验金，可直接购买和查看数据库内容（仅限PC端）。
- 已注册用户购书后可免费获赠100元皮书数据库充值卡。刮开充值卡涂层获取充值密码，登录并进入"会员中心"—"在线充值"—"充值卡充值"，充值成功后即可购买和查看数据库内容（仅限PC端）。
- 会员福利最终解释权归社会科学文献出版社所有。

社会科学文献出版社 皮书系列
SOCIAL SCIENCES ACADEMIC PRESS (CHINA)
卡号：274876587297
密码：

数据库服务热线：400-008-6695
数据库服务QQ：2475522410
数据库服务邮箱：database@ssap.cn
图书销售热线：010-59367070/7028
图书服务QQ：1265056568
图书服务邮箱：duzhe@ssap.cn

S 基本子库
SUB DATABASE

中国社会发展数据库（下设 12 个子库）

全面整合国内外中国社会发展研究成果，汇聚独家统计数据、深度分析报告，涉及社会、人口、政治、教育、法律等 12 个领域，为了解中国社会发展动态、跟踪社会核心热点、分析社会发展趋势提供一站式资源搜索和数据分析与挖掘服务。

中国经济发展数据库（下设 12 个子库）

基于"皮书系列"中涉及中国经济发展的研究资料构建，内容涵盖宏观经济、农业经济、工业经济、产业经济等 12 个重点经济领域，为实时掌控经济运行态势、把握经济发展规律、洞察经济形势、进行经济决策提供参考和依据。

中国行业发展数据库（下设 17 个子库）

以中国国民经济行业分类为依据，覆盖金融业、旅游、医疗卫生、交通运输、能源矿产等 100 多个行业，跟踪分析国民经济相关行业市场运行状况和政策导向，汇集行业发展前沿资讯，为投资、从业及各种经济决策提供理论基础和实践指导。

中国区域发展数据库（下设 6 个子库）

对中国特定区域内的经济、社会、文化等领域现状与发展情况进行深度分析和预测，研究层级至县及县以下行政区，涉及地区、区域经济体、城市、农村等不同维度。为地方经济社会宏观态势研究、发展经验研究、案例分析提供数据服务。

中国文化传媒数据库（下设 18 个子库）

汇聚文化传媒领域专家观点、热点资讯，梳理国内外中国文化发展相关学术研究成果、一手统计数据，涵盖文化产业、新闻传播、电影娱乐、文学艺术、群众文化等 18 个重点研究领域。为文化传媒研究提供相关数据、研究报告和综合分析服务。

世界经济与国际关系数据库（下设 6 个子库）

立足"皮书系列"世界经济、国际关系相关学术资源，整合世界经济、国际政治、世界文化与科技、全球性问题、国际组织与国际法、区域研究 6 大领域研究成果，为世界经济与国际关系研究提供全方位数据分析，为决策和形势研判提供参考。

法律声明

"皮书系列"（含蓝皮书、绿皮书、黄皮书）之品牌由社会科学文献出版社最早使用并持续至今，现已被中国图书市场所熟知。"皮书系列"的相关商标已在中华人民共和国国家工商行政管理总局商标局注册，如LOGO（ ）、皮书、Pishu、经济蓝皮书、社会蓝皮书等。"皮书系列"图书的注册商标专用权及封面设计、版式设计的著作权均为社会科学文献出版社所有。未经社会科学文献出版社书面授权许可，任何使用与"皮书系列"图书注册商标、封面设计、版式设计相同或者近似的文字、图形或其组合的行为均系侵权行为。

经作者授权，本书的专有出版权及信息网络传播权等为社会科学文献出版社享有。未经社会科学文献出版社书面授权许可，任何就本书内容的复制、发行或以数字形式进行网络传播的行为均系侵权行为。

社会科学文献出版社将通过法律途径追究上述侵权行为的法律责任，维护自身合法权益。

欢迎社会各界人士对侵犯社会科学文献出版社上述权利的侵权行为进行举报。电话：010-59367121，电子邮箱：fawubu@ssap.cn。

社会科学文献出版社